대학생이 꿈꾸고 대학생이 만드는

대학문화

대학생이 꿈꾸고, 대학생이 만드는
대학문화

초판1쇄 인쇄 2011년 2월 25일
초판1쇄 발행 2011년 3월 4일

지은이 갈홍식 외 35인
펴낸이 조인원
펴낸곳 룩스문디

책임편집 이해미
편집 김성률
표지디자인 이수정
본문디자인 에테르
행정 최선희
마케팅 박영휘
물류 장세정
인쇄 새한문화사

주소 서울시 동대문구 회기동 1번지
전화 02-961-0106~8, 팩스 02-962-8840
설립 1960년 9월 16일 제5-8호
등록 1977년 11월 8일 제6-5호
홈페이지 www.khupress.com
전자우편 press@khu.ac.kr

ISBN 978-89-8222-382-2 03300

룩스문디는 경희대학교 출판문화원에서 펴내는 교양서 임프린트입니다.

TOWARDS GLOBAL EMINENCE

대학생이 꿈꾸고 대학생이 만드는

대학문화

갈홍식 고아라 김민혜 김병희 김보미 김수연 김수현 김유진 김지민
노유진 류보미 문주영 박기완 박소연 박영휘 박인정 박재영 박종윤
박준호 박진연 박채리 서은석 손 요 안정열 오세욱 원용웅 윤소라
이예하 이한수 이현주 이혜라 장경국 장지영 주영욱 최상배 최원준

루스문디
LuxMundi

차례

1. 대학교육의 새로운 지형도

2. 대학문화를 디자인하다

3. 누구를 위하여 학교는 움직이나

4. 취업사관학교에 오신 것을 환영합니다

5. 소통의 주파수를 돌려라!

6. 오피니언 리더와 팔로어 사이에서

7. 열심히 공부한 대학생이여, 지금 당장 세계로 떠나라

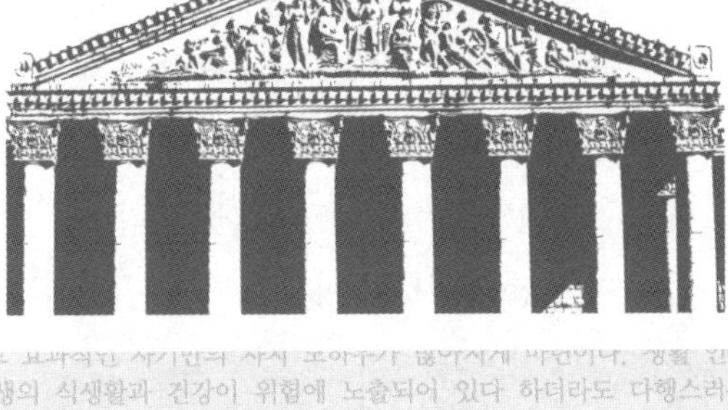

21세기 대학문화를 펴내며

요즘 사람들은 대학에 대해서 어떤 생각을 가지고 있을까. 기성세대들은 87년의 6월을 이끌어낸 대학생들을 기억할 것이다. 대학생들은 비판하고 토론하고 사회가 변화하기를 바랐다. 가난을 부끄러워하지 않고, 독재에 맞서며 민주주의를 갈망했다. 대학생들은 우리 사회의 희망이었다. 대학가의 낭만은 캠퍼스의 젊음이 토해낸 열정이 청동기 시대의 소도처럼 신성불가침한 공간을 만들어 냈기 때문에 가능했다. 먹고 살기 위해 모든 것을 뒷전에 놓던 시대에 미래를 배우던 학생들은 특권을 가진 존재였다. 소수자였던 그들은 철저하게 엘리트였고, 사회에서는 그들에게 미래에 대한 고민을 맡겼다. 대학가, 대학문화 안에서 대학생들은 암울한 시대에 희망을 만들어냈다.

그러나 시간이 지나면 새것도 빛이 바래듯, 대학문화도 예전과는 달라졌다. 사회는 여전히 대학가에서 흘러넘치는 청춘의 열기를 동경하고 지성인으로서의 비판의식을 바라지만, 냉정히 말한다면 대학생들은 더 이상 엘리트가 아니다. 고교 졸업생의 80% 이상이 대학에 진학하는 시대에 대학생이라는 타이틀만 가지고 엘리트 대접을 바랄 수는 없다. 소수 엘리트들이 지배했던 신성한 대학문화는, 대한민국 20대 젊은이들의 문화라고 해도 그리 어색하지 않다. 20대의 대부분이 대학생이기 때문이다. 과거 대학생들이 누린 '대학생'에 대한 동경이나 혜택, 낭만은 잘 보이지 않는다. 극심한 경쟁을 뚫고 대학에 입학한 오늘날 대학생들을 기다리고 있는 것은 IMF 이후 2~3배로 오른 학비와, 바늘구멍보다 좁은 취업 걱정이다.

형식적인 민주화가 이루어진 후 대학가는 토론과 결집의 구심점을 잃어버렸다. 학생회는 현실과 동떨어진 이념과 공감 받지 못하는 이슈로 학생들에게 외면당하고, IMF와 신자유주의로 대변되는 경쟁 구도는 '생존'이라는 이름으로 자리하고 있다. 1학년 때부터 취업과 고시를 시작하고, 스펙을 쌓기 위해 학원을 다니며, 영어 공부를 위해 유학을 생각하는 모습은 어느 대학에서나 익숙한 풍경이다. 지금 대학생들의 고민은 '어떻게 살 것인가'가 아니라 '어떻게 먹고 살 것인가'가 되어 버렸다. 물론 이것은 대학생들의 잘못이 아니다. 생존경쟁으로 재편성된 사회 구조 속에서 살기 위해 적응해야만 했던 대학생들은 그에 순응하지 못하면 도태된다는 것을 그들의 선배들로부터 배웠다. 이렇게 지금의 대학문화는 과거와는 참 많이 다르다.

그럼에도 불구하고 대학생들은 여전히 자신들의 열정을 쏟아낼 공간을 무대를 찾고 있다. 그들은 대학이라는 공간 안에서 자신들의 언어로 말하고 자신들의 문화로 교류한다. 학생들은 대학 안에서 자유를 누리고 그것을 발판 삼아 주체할 수 없는 젊음과 '끼'를 분출한다. 1980년대의 대학과 마찬가지로 지금의 대학은 여전히 대학만의 문화가 존재한다. 2010년의 대학생들은 기성세대들의 비판에 대해 이렇게 이야기한다.

"우리들이 가진 열정과 당신들이 가졌던 열정의 위치 에너지는 변함없다. 우리와 당신들이 구별되는 점은 운동에너지의 방향이 다르다는 것뿐이다."

과거의 선배들이 민족이나 통일과 같은 문제에만 몰두했던 것과는 달리 지금의 대학생들은 자신이 하고 싶은 일을 찾는다. 다양성이 존중되고 개성이 중시되면서 학생들은 자신의 미래를 스스로 개척하는 역량을 기르는 것에 온 힘을 다한다. 과거의 대학생들은 자신들의 열정을 하나의 거대한 이슈로 바꾸어 표출했지만 지금의 대학생들은 실개천처럼 우리 사회 곳곳에 자신의 열정을 심는다. 공동체와 집단이 중시되었던 과거와는 달리 권위가 해체된 캠퍼스에서 창의성과 열정을 녹여낸 학생들의 활동 범위는 캠퍼스라는 지평선을 넘어 세계로 확장되고 있다. 당당함은 젊은 세대들의 상징이다. 과거의 대학생들은 엘리트로서 사회에 대한 책임감과 부채의식이 있었다. 그렇기 때문에 대학생으로서의 특권의식을 나타내지 않기 위해 노력했다면 현 세대의 대학생들은 자연인으로서, 소비자로서, 학생으로서의 권리의식에 투철하다. 대학생이기 때문에 더욱 당당히 불합리함을 따지고 대학생이기 때문에 피해를 감수해야 한다는 생각은 하지 않는다. 감히 그림자도 밟지 못했던 교수님들의 실수를 지적하고 수업시간에도 당당히 교수님과 토론하기를 마다하지 않는 것이 지금의 학생들이다.

당당함과 자신감은 연애관도 바꾸어 놓았다. 수줍은 여학생과 남성미 넘치는 남학생간의 로맨스는 옛 이야기다. 스스로의 감정에 솔직한 학생들은 남녀를 불문하고 자신이 원하는 상대에게 적극적으로 구애하고 또 '쿨' 하게 연애를 끝낸다. 사랑을 위해 모든 것을 다 주는,

촌스러운 신파극의 시대는 끝났다. 자신의 감정에 충실하고 또 상대방의 감정을 이해할 줄 아는 것이 대세다.

소통의 필요성이 중요해지고, 소통의 방법이 다양해지면서 대학생들은 자신의 의견을 표출하고 토론하는 것을 꺼리지 않는다. 선배들은 하늘같은 말씀으로 후배들을 지도하는 존재가 아니라 몇 년 먼저 취업 공부를 시작한 경험을 가진 조언자다. 자신의 일은 자신이 개척하고 누구도 자신을 도울 수 없다는 것을 아는 대학생들은 더 영리해졌고 대학생들의 변화에 학교는 소통을 통해 반응한다. 인터넷과 SNS가 가져온 즉각적인 피드백과 파급효과는 기성세대가 관심을 가지지 못했던 교내의 민주화를 이끌어 내고 있다. 그리고 대학의 내부를 스스로 비판하고 성찰하면서 좀 더 건강한 대학문화를 만들고자 노력하고 있다.

여기 대학생들이 바라보는 여러 대학문화를 통해서 우리는 대학생들 나름의 삶의 방식을 이해할 필요가 있다. 새로운 것을 가장 빨리 받아들이고 흡수하는 집단은 여전히 대학생들이기 때문이다. 무엇이 필요한지와 무엇을 해야 할지를 가장 빨리 이해하고 민감하게 받아들인다. 그렇기 때문에 여전히 대학문화는 시대를 선도한다. 시대가 변했지만 1980년대와 2010년의 대학에서 변하지 않는 것은 바로 시대를 느끼고 앞서나가는 그들의 거침없는 도전 정신이 새로운 시대에 새로운 대학문화를 만들고 있다는 점이다. 그들의 이야기를 들어보면 반 발짝 앞선 우리의 미래가 보이고, 그들의 고민에는 현재 우리 삶의 맨 얼굴을 들여다 볼 수 있다. 이 책을 통해 빛을 찾아 어둠을 벗겨내려는 대학생들의 진실어린 목소리를 들어보길 바란다.

2011년 2월, 대학문화편집위원회

1

대학교육의 새로운 지형도

독서, 세상이라는 페이지를 펼쳐라!

최원준

"지금으로부터 20년 후, 당신은 자신이 했던 일보다는 해보지 못한 일로 인해 더 실망하게 될 겁니다. 그러니 옭매듭을 풀어 던져버려요. 그러곤 무역풍을 타고 안전한 항구로부터 긴 항해를 떠나요. 탐험하고, 꿈꾸고, 발견하세요."

마크 트웨인

『허클베리 핀』, 『톰소여의 모험』으로 유명한 마크 트웨인이 쓴 글귀다. 미국의 소설가이자 독설가로 유명한 그에게는 특별한 이력이 하나 더 있다. 바로 '미시시피 강 수로 안내인'. 남북전쟁이 발발하여 수로 안내인 일자리를 잃게 될 때까지 미시시피 강에서 겪은 경험은 훗날 그의 작품 세계에 많은 밑거름이 되었다.

그는 새벽녘 미시시피 강의 몽환적인 물안개와 황혼의 아름다운 석양 속에서 자신과 다른 모습으로 살아가는 사람들을 보며 무엇을 느꼈을까? 미 대륙의 거대함, 자연의 경이로움, 행복, 일상의 참혹함……. 글쎄, 빈약한 나의 추리력에 기대어 상상의 나래를 펼치기보다는 그가 쓴 책 한 권을 펼쳐 보는 게 의문에 대한 답을 찾는 가장 빠른 방법일 것이다.

독서를 말하다

인간은 시공의 제약에 놓여 있는 존재다. 현재의 나는 과거의 나일 수 없으며 지금 대한민국에 있는 나는 스페인 안달루시아에 있는 알람브라궁전의 매력적인 기둥과 마주할 수 없다. 그러한 이유로 우리는 다른 사람의 경험에-자기는 경험하지 못한-호기심을 갖는다. 바다 넘어 미풍에 실려 온 이야기는 사람의 입과 입을 통해서 전해진다. 그 이야기는 책으로 쓰이고, 그 책을 읽은 사람은 다시 새로운 이야기를 하고 그 생각을 글로 담아낸다. 이러한 과정을 통해 우리는 셀 수 없이 많은 담론의 총아인 책과 만나게 된다.

독서는 삶을 윤택하게 하고 때로는 돈보다 더 유용한 삶의 수단이 된다. 어느 책이라도 좋다. 어떤 분야든 상관없다. 다독이고 정독이면 더욱 좋다. 책은 경험의 한계를 뛰어넘게 하는 좋은 도구이며 우리가 미처 깨닫지 못한 것을 일깨워주는 고마운 스승이자 감동과 카타르시스를 선물하는 훌륭한 배우다. 그러나 우리는 독서의 중요성은 알되 독서란 무엇인가에 대해 생각해본 적이 드물다.

다소 거창한 서두가 염려스럽지만 나는 독서에 대해 얘기해보고자 한다. 너무나 식상해서 비교 대상으로 삼고 싶지는 않지만, 최근 발표된 유엔 보고서에 따르면 우리나라 국민의 독서량은 OECD 국가 중 최하위라고 한다. 열 명 가운데 아홉은 하루 독서 시간이 10분이 되지 않고 성인 네 명 가운데 한 사람은 일 년 내내 책을 한 권도 읽지 않는다. 시간 제약에서 비교적 자유로운 우리 대학생 또한 별반 다르지 않다. 대학생의 하루 독서 시간은 24분 이하로 일반인의 독서량과 함께 당당히 OECD 국가 중 꼴찌다.

내가 대학교 생활을 시작한 10년 전으로 거슬러 올라가 그 이유가 무엇인지, 왜 독서가 필요한지 시대의 지성인인 우리 후배들에게 말해 보고자 한다.

Text VS. Hyper Text

1999년은 여러 가지로 의미있는 해였다. 나를 비롯한 80년 이후 세대들이 본격적으로 대학교에 입학한 해였고, 모교는 개교 50주년을 맞았다. 축하행사로 '열린 음악회' 가 열렸고 가수 송대관은 노천을 가득 메운 수천 학우의 성원에 무려 네 곡의 앙코르 곡을 불렀다. 011, 017의 휴대폰과 016, 018, 019로 대변되던 PCS 사이의 SMS 전송이 가능해진 것도 그해 5월이었다.

1999년부터 정보통신 혁명과 함께 인터넷 사용이 일반화되었다. 당시 우리들에게 최고의 놀이터는 바로 인터넷이었다. 대학교 주변을 중심으로 막 생겨나기 시작한 PC방은 '클릭' 한 번으로 오락, 여가, 정보, 추억, 만남을 간단히 해결해주는 공간이었다. '네이버', '다음' 등 검색 기능으로 무장한 포털 사이트들이 본격적으로 서비스를 제공하기 시작한 것도 그해였다. 시간과 공간에 구애받지 않고 원하는 자료를 불러올 수도 있게 되었다. 리포트를 작성하기 위한 장소로는 도서관보다는 인터넷 접속이 가능한 곳이 더 선호되었다. 전공 서적의 목차를 보고 그 책을 읽고 필요한 부분을 발췌하고 그것을 자신만의 언어로 옮기는 과정은 과감히 생략되었다. 원하는 정보를 찾기 위해, 하나의 경구를 찾기 위해 여러 권의 책을 읽을 필요도 없어졌다. 랜

LAN 선이 구비된 곳에서 적당한 검색어를 넣으면 문제는 간단히 해결되었다. "그거? 책에서 봤는데?"라는 말 대신 "인터넷에서 봤어", "검색해 봐"라는 말로 바뀌어갔다.

우리는 책을 통해서 어떤 질문에 대해 총체적으로 이해할 수 있고, 그 이해하는 과정 속에서 문제 해결 능력이나 분석력이 길러진다. 책은 분명 힘을 가지고 있다. 하지만 언제부터인가 리포트를 쓰더라도 '긁기-복사-붙여넣기' 등의 간단한 작업으로 문제를 해결함으로써 스스로 문제를 해결할 수 있는 능력을 상실하고 있다. 그것은 더 나아가 현 시대를 살아가는 우리가 직면하고 있는 문제에 대해서도 분석적이고 종합적인 접근보다는 파편적이고 단편적인 결론으로 이끄는 것은 아닌지 우려를 낳고 있다. 책에서 봤다는 말은 공신력의 상징이자 말싸움에서 이길 수 있는 가장 큰 무기였지만 어느덧 그 권위를 인터넷에 내어주고 있었다.

상상할 수 없을 만큼 복잡한 얼개로 연결된 거미줄 위에, 원전은 또 다른 원전을 이어주는 '가교의 역할을 하는 매개체(내가 생각하는 'Hypertext'의 정의다)'로 그 성질이 뒤바뀌어버린 것이다.

하지만 여기서 한 가지 반론이 제기될 수 있다.

"웹 상의 문서나 종이매체인 책이나 그 구성은 문자로 되어 있으니 같은 것 아닌가?"

나의 대답은 "아니다. 엄연히 다르다"이다.

인터넷은 '찾아보기Index'이라고 할 수 있다. 일반적으로 백과사전이나 정보 취득 차원에서 보는 책을 제외하고는 찾아보기를 먼저 보는 독자는 별로 없다. 찾아보기 항목은 책의 내용적 측면이 아닌 기술적 측면을 보완하는 '기능적 페이지'다. 인터넷은 이 기능적 페이지에서 출발한다. 어떤 정보를 찾기 위해 일단 특정한 검색어만 알면 쉽게 그 문제를 해결할 수 있다.

독서가 페이지를 넘겨가며 하나의 단어를 알아가고 그 조합들의 의미를 곱씹어가는 과정이라면 인터넷 검색은 스킵의 과정이다. 알아야 하는 것과 알 필요 없는 것을 구분해주는 알고리즘이며 간단함, 편리함 그리고 신속성을 가진 큰 의미의 전자사전이다.

독서는 스스로에게 주는 선물

멋진 책은 오케스트라와 같다. 피아노의 멜로디, 팀파니의 리듬, 그리고 바이올린 선율의 완벽한 조화가 듣기 좋은 음악으로 귀결되는 것처럼, 적절한 단어의 조합이 유려한 문장을 만들고 그러한 문장의 합이 '읽을 만한 책' 을 만들어내기 때문이다. 하지만 요즘 나의 후배들은-그리고 현대인들은-그러한 음악을 즐길 여유를, 아니 권리를 박탈당하고 있다는 느낌이 든다.

앞서 이야기한 '인터넷혁명' 이라는 원흉이 우리들 손에 책 대신 마우스를 쥐게 만들었다면, 팍팍한 삶은 독서에 대한 마지막 칼로리마저 다 태워버린 듯하다. '88만원 세대' 가 말해주듯 먹고살기가 참 힘들다. 졸업 후 자연스럽게 이어져야 할 사회인으로서의 지위를 획득하기가 말 그대로 하늘의 별따기다. 학점, 어학, 자격증, 공모전 등. 취업의 긴 터널을 빠져 나가기 위해서 오로지 기업이 원하는 객관적 조건에 자신을 맞춰야 하기에 자연의 아름다움과 더불어 사색할 시간은 사치에 불과하다. 읽는(혹은 외우거나 푸는) 책은 상식사전이나 기출문제집이 전부다. 나머지 정보는 인터넷 취업카페를 통해 얻으면 그만이다.

나 또한 그러한 '취업전쟁' 을 겪었다. 전쟁터같은 직장에서 누구도 대신 책임져 주지 않는 일을 처리할 때, 독서의 힘은 바로 그때 발휘된다. 나 자신이 똑똑하고 타인보다 우월하다는 말은 절대 아니다.

모르는 것을 해결하고 응용해야 할 때, 고객이나 상사, VIP를 갑작스럽게 대면할 때 등 순발력을 발휘해야 하는 순간 꾸준히 해온 독서는 위력을 발휘한다. 독서가 주는 현실적인 선물이다.

탐험하고, 꿈꾸고, 발견하라!

몇 년 전 중앙일간지 특별기고란에 노벨 화학상을 수상한 미국 어느 대학 교수의 글이 실렸다. 수상소감이라든지 연구 업적을 기술한 인터뷰 형식의 기사였다. 그런 유의 기사에 항상 등장하는 상투적인 질문 하나가 있다.

"한국에서도 자연과학 분야의 노벨상 수상자가 나올 수 있을까요?"

노교수는 즉답 대신에 자신의 경험에 빗대어 반문을 했다.

"내가 재직하는 대학교에서는 매 학기마다 지역민을 상대로 하는 교양 강좌가 열린다. 사진이나 체육활동 강좌에서부터 인문, 자연과학 등 다양한 과목이 개설되는데 내가 하는 화학 강좌는 매년 수강생들로 강의실이 가득 찬다. 젊은 직장인, 자영업자에서 일흔을 넘긴 노파까지 수강생의 분포는 매우 다양하다. 그들은 어떠한 학문적 성취를 이루려고 수업을 듣는 것이 아니다. 단지 자신이 몰랐던 것을 알고 싶어서, 경험하고 싶어서 수강을 하는 것이다. 일흔의 노파가 미립자와 쿼크를 단순히 상식 차원에서 공부하는데 노벨 수상자가 나오지 않을 수 있을까?"

독서는 우리 삶을 윤택하게 해줄 뿐만 아니라 노교수의 대답처럼 자신 안에 잠재되어 있는 가능성을 발휘하게 해준다. 뿐만 아니라 때때로 우리에게 돈보다 더 유용한 수단이 되기도 한다. 책은 경험의 한계를 극복해주는 좋은 도구이며 우리가 미처 깨닫지 못한 것을 일깨워

주는 좋은 스승이고, 감동과 카타르시스를 선사하기도 한다.

글의 첫머리에서 밝힌 마크 트웨인의 충고를 잘 따르고, 그 의미를 스스로 깨닫고 실천하는 사람은 용기 있는 사람일 것이다. 자아를 찾아 세상 속으로 몸을 던질 수 있는 결단력은 아무나 가질 수 없기 때문이다. 지성인이라는 수식어가 어울리는 우리 대학생에게는 그러한 용기가 필요하다. 더 넓은 세상과 만나고 소통하며 세련된 대안을 제시할 의무가 있는 사람들이기 때문이다. 책 속으로 자신만의 항해를 시작하길 바란다. 우리가 끊임없이 자신의 항로를 개척해 나갈 때, 역사는 진보할 것이며, 인생은 아름다운 자신의 맨 얼굴을 드러낼 것이다.

진리의 상아탑은 지금 어디에

김민혜

작년 가을에 있었던 일이다.

한 교수님이 '성적에 인자' 하다는 이야기를 듣고, 교직 과목 하나를 신청했다. 그런데 강의 시작 전 본래 교수님이 아닌 다른 강사로 바뀌었다. 강사는 해외에서 갓 공부를 마치고 돌아와, 한국에서 처음 수업을 맡으신 듯했다. 모두가 빨리 끝나길 기대했던 강의 첫 시간부터 과목의 개념, 학문 체계, 토론과 피드백 중심의 수업 진행과 엄정한 평가 방식들을 쉼 없이 이야기 하셨다. 결국 편한 수업과 괜찮은 학점을 기대했던 학생들이 첫 강의 이후 수강 정정 기간 동안 4분의 1 정도 빠져 나갔고, 남은 학생들로 다시 조 편성을 해야 했다. 남은 학생들은 매 주마다 쏟아지는 어마어마한 양의 조별 과제를 해결하기 위해 머리를 맞댔다. 이어 치열한 토론을 하고 교수님으로부터 날카로운 피드백을 받았다. 그리고 마지막 날, 평가 기준을 철저하게 따른 점수를 받았다. 이 강의의 결과는 어떻게 되었을까.

요즘 대학생들의 공부법

교복을 입고 다니던 고등학교 시절, 한 반에 35명이 빼곡히 앉아있는 교실에서 공부하면서 대학에서는 어떤 공부를 어떻게 하는지 상상하곤 했다. 대학에 가면 수능 유형 문제집만 계속 풀면서 오답정리를 하던. 단순한 공부에서 벗어나 진정한 공부를 하게 될 거라 생각했다. 고등학생인 나에게 대학은 학문의 전당 그 자체였던 것이다. 수만 권의 책이 꽂힌 도서관에서 학위 논문들과 원서들을 잔뜩 쌓아놓고 읽으며 제각기 다른 성격의 친구들 여럿이 함께 모여 소크라테스처럼 대화법으로 학문의 진리를 추구하는 그런 모습을 그렸다.

그러나 대학 강의실에서도 고등학교 교실과 거의 비슷한 풍경이 펼쳐졌다. 중등교육과정에서 습득한 암기와 요약 위주 학습방법에서 벗어나지 않았다. 모범생들은 교수님의 말씀을 적고 요약해서 시험 보기 전에 열심히 외웠다. 수업 시간에 갑자기 뛰쳐나갈 정도로 '자유로운 영혼'을 가진 친구들도 모범생 친구의 노트를 빌리고 시험에 뭐가 나올 것 같은지 물어보았다. 커닝을 위해 예상 답안이나 공식을 책상에 몰래 적어놓는 것도 고등학교 때와 비슷했다. 이렇게 단순 암기한 것들은 깊이가 없기 때문에 지식의 확장으로 이어지지 못하고 순식간에 사라졌다. 마치 엄청난 양의 공부를 했는데도 수능이 끝나면 삼각함수 공식 하나 제대로 기억나지 않는 것처럼. 고등학교를 졸업할 때처럼 우리는 대학에서도 도대체 뭘 배웠는지 생각나지 않는다.

그리고 중등교육과정에서 습득한 암기식 공부 방법이 그대로 대학 공부로 이어지는 상황에서 어떻게 하면 성적을 잘 받을 수 있을지 잔머리만 늘었다. 소위 '잔머리 응용 학습방법'이 생긴 것이다. 만약 공부를 열심히 하지 않았는데도 성적을 잘 받는 학생이 있다면, 그는 이미 '잔머리 학습으로 성적을 잘 받는 법'을 터득한 대학생일지 모른다. 이들은 수업계획서에는 여러 가지 평가 기준이 있지만, 그대로 평가를 하는 교수님이 많지 않다는 것을 눈치 챈 학생이다. 출석과 과제를 착실히 하는 학생에게 점수를 주는 교수, 안면이 있는 학생에게 좋은 점수를 주는 교수, 성실하게 해도 나름대로의 창의력을 발휘해야만 점수를 잘 주는 교수, 시험 성적으로만 평가하는 교수 등 유형을 파악하여, 자신의 스타일에 맞춰 수강하면 좋은 점수를 받을 수 있다. 쉽게 성적을 잘 받을 수 있는 과목만 골라서 듣고, 전날 술 마셔서 결석했는데 병원 진단서를 가져와 출석으로 인정해 달라고 한다. 과제는 인터넷에서 구매해 그럴듯하게 짜깁기해 제출한다.

특히 학생들은 인터넷을 통해 엄청난 속도로 잔머리 두뇌를 활성화시킨다. 바쁜 교수는 과제를 꼼꼼하게 읽어보지 않기 때문에 학생들은 리포트 판매 사이트에서 과제를 구매해 제출한다. 예를 들자면, 요즘 대학에서는 학생들이 자체적으로 혹은 수업 방식 중 하나로 인터넷에 카페나 클럽을 만들어 과제물이나 조 발표물을 올리고 있다. 거의 전국의 각 대학들이 이러한 방식을 사용하기 때문에, 이를 역이용하여 과제와 관련된 클럽이나 카페를 찾으면 과제를 손쉽게 해결할 수 있다. 학문에 대한 지적 호기심을 포기하고 양심을 버리고, 잔머리만으로도 괜찮은 학점을 받을 수 있다는 얘기다.

또 남은 시간에는 취업에 필요한 토익TOEIC이나 제2외국어, 컴퓨터 활용 능력 등의 공부를 한다. 아니면 공무원 시험이나 사법시험과 같은 고시 공부를 한다. 공부의 목적이 장기적인 자아실현을 위한 것이 아닌 취업이라는 단기 목표에 맞춰져 있다. 이전에는 그래도 대학의 낭만을 즐기겠다며 대부분의 학생들이 동아리 활동을 즐겼으나, 요즘 신입생들은 대학에 오자마자 바로 학원을 다니며 취업 준비를 하고 있다.

대부분의 학생들이 이러한 공부 방법을 당연하게 생각한다. 대학에서 스스로 자신만의 깊이 있는 학문 체계를 만드는 학생들도 있으나 과연 얼마나 될지는 의문이다. 이미 대학생들은 궁금한 것을 도서관에서 책을 통해 해결하기보다 '네이버 지식인' 에 물어보거나 검색하는 데 익숙하다. 학문에 대한 열정은 사라지고 잔머리를 이용해 적당히 학점을 받고, 취업을 위해 토익이나 자격증 공부를 하고 있는 것이 대학의 현주소다. 그리고 '지금, 여기' 에는 취업에 절절매는 안타까운 88만원 세대인 우리가 있다.

진리의 상아탑이 무너진 대학

우리는 대학이 '상아탑象牙塔' 이라고 불리는 이유를 다시 생각해 볼 필요가 있다. '상아탑' 이라는 말은 1837년에 프랑스 시인이자 비평가인 샤를 오귀스탱 생트뵈브Charles Augustin Sainte-Beuve가 또 다른 시인 알프레드 드 비니Alfred Victor de Vigny의 예술적 태도를 '상아탑에 있다' 고 표현한 데서 유래했다. 세속적인 것을 떠나 고고한 예술을 추구하는 모습이라 말하면서도 한편으론 사회와 유리되어 있다는 것을 비꼬는 말이었다. 대학을 '상아탑' 이라고 부르는 이유도 이와 비슷하지 않을까. '학문의 진리를 연구하는 순수한 공간' 이란 긍정적인 의미와 함께 '사회와 동떨어진 공간' 이라는 비판이 함께 담겨 있는 것이다.

산업혁명 이후 사회가 경제 논리로 운영되기 시작하면서, '대학의 학문이 사회와 동떨어져 있다' 는 말은 '돈을 벌 가능성이 없다' 는 의미로 축소되었다. 요즘 대부분의 학생들과 학부모들은 대학을 좋은 직장과 개인의 경제적 안정을 얻기 위한 수단으로 생각하고 있다. 대학생들의 대학 진학 목적이 이렇다 보니, 대학과 전공에 대한 기준이 취업으로 바뀐 듯하다. 문학이 재미있어서 국문학을 전공하는 내게 사람들은 "국문과 나와서 뭐해?"라는 염려 후 "아, 선생님 하려고?"라며 진로를 결정해준다. 돈과 직접적인 관련이 없는 전공은 연민의 대상인 것이다.

여기에 '일제식 교육'과 '주입식 교육'이 더해져 대학에서의 교육 문제를 더욱 심화시킨다. 순종하는 노동자를 만들기 위해 개인차를 무시한 채 모두 똑같은 방식으로 학습하게 하는 '일제식 교육'과 교사가 일방적으로 문제를 제기하고 설명하는 방식으로 진행되는 '주입식 교육'에 우리는 이미 익숙해져 있으며, 대학 강단에 선 교수들 또한 이렇게 수업을 진행하고 있다. 교육 상황이 이러한데도 대학생들은 어떤 비판 의식도 갖지 않은 채, 돈으로 삶의 기준을 판가름하는 사회에 적응해 어떻게 하면 좋은 곳에 취직하여 돈을 많이 벌까만 궁리하며, 취업을 위해 '학점, 영어 점수, 자격증, 인턴 경험' 등으로 대학생활을 채우고 있다. 그 결과 우리는 대학에서 해야 할 일과 진정으로 공부해야 할 것을 간과하고 있다.

컬럼비아대학 데니얼 벨Daniel Bell 교수는 대학 교양 교육에 대한 보고서에서 많은 학생들이 취업을 위한 실용 학문을 추구하고 있으며, 이를 통해 나온 인재들은 경험이 부족하고 무책임하다는 점에서 '제대로 된 인재'가 아니라고 지적했다. 현대 사회는 유능한 젊은이들에게 정작 그들 스스로를 위한 것이 아니라 부모와 친구들을 기쁘게 하기 위해서 혹은 취업을 위해서 지속적으로 압박을 가하고 있다. 때문에 대학생들은 성숙하고 인간적이며 자유로운 경험을 과소평가해 지나치게 되었고, 사회에 나오면 유능하지만 위험할 정도로 무책임하다는 것이다. 따라서 일을 하면서 도덕적이고 정치적인 결과를 무시할 가능성이 높다. 그런데도 사회는 눈 앞의 이익을 위해서 그에게 일을 맡긴다. 이 과정이 반복되면서 인류가 지금까지 쌓아온 인문학적인 가치들은 이미 많은 부분 파괴되었으며, 우리가 사는 사회는 돈의 논리와 황폐해진 사람들만 남게 되었다.

대학 교육의 희망: 교양 교육과 프로젝트 교육

중세에는 대학생이 많지 않았다. 그도 그럴 것이 대학생활이 요구하는 장기적 체류 경비를 부담할 능력 있는 사람들은 귀족 계층이나 도시 중산층, 부유한 도시 상인 출신이나 그 자제들이었다. 이들은 대학에서 지적인 탐구심을 충족시키고, 사회적으로 위신과 권위를 갖게 되었다. 당시 가난한 사람들도 대학이 갖는 정신적 보상뿐만 아니라 사회인지 측면에서 부가가치를 알고, 집안 형편이 어려워도 대학에 진학하였다. 그러나 많은 수가 중도에 하차하고, 성공을 거둔 사람은 많지 않았다. 중세 시대 대학 모습이 지금 대학에서의 우리 모습과 많이 닮아 있지 않은가!

생활 수준이 향상되면서 대학에 진학하는 학생 수가 늘어났고, 학문이 세분화되었다. 바로 여기서 문제가 생겼다. 대학에서 양성하는 고급 인력이 과잉 생산되기 시작한 것이다. 서울대 산림자원학과 윤여창 교수의 말을 빌리자면, 전국에 산림을 관리하는 사람은 약 3,000명이라고 한다. 그런데 이 중에서 대학 수준의 고급 인력은 100여 명밖에 필요하지 않는데, 전국 대학에서 1년 동안 졸업하는 인력은 7,800명이나 되어 제대로 된 대우를 받지 못한다는 것이다. 취업률은 대학과 학과에 대한 이미지 형성에 중요하기 때문에, 학생이라는 '고객'을 유치해야 하는 대학의 입장에서도 이를 무시할 수 없게 되었다.

결국 대학은 좋은 연봉을 받기 위한 취업사관학교가 되어야 하는 것일까. 그렇다면 4년이라는 시간과 매 학기마다 부담해야 하는 비싼 등록금이 너무 허무하게 소모되는 게 아닐까. 그렇다고 다시 진리를 향한 탐구라는 상아탑으로 돌아가야 할까? 이쪽이든 저쪽이든 많은 대학들이 학교 교육 방침을 어디에 맞춰야 할 것인지 골머리를 앓고 있다. 실용 학문과 비실용 학문(?)을 구분하자는 여러 가지 논의가 진행되고 있지만, 여전히 대학의 정체성은 그 방향을 잃고 흔들리고 있다.

취업과 학문 탐구라는 양 갈래의 길에서 대학은 '교양 교육'이라는 새로운 길을 모색했다. 이러한 상황에서 대학은 교양 교육에 대한 관심을 갖기 시작했다. 1995년 미국에서 열린 Business-Higher Education Forum에서 발표된 자료에 따르면, 기업 경영인들은 대학생들에게 실용적인 지식이나 기술이 아닌 전혀 다른 무언가를 원한다는 것이다. 그들은 탁월한 커뮤니케이션 기술과 평생 동안 학습할 수 있는 능력과 책임감을 가지고 있고, 다양성을 인정하며, 변화에 적응할 수 있는 능력-전문 교육보다는 교양 교육과 더 연관성 있는 특성들-을 지닌 졸업생을 찾고 있었다.

헤럴드 사피로Herald Shapiro는 "교양 교육은 우리 자신과 우리 시대를 더 잘 알고, 우리 선현들의 위대한 전통과 업적을 발견하고 또한 그것을 이해하기 위해서 필요한 것이다"라고 주장한다. 그리고 그것은 우리 자신의 삶을 고양시키고 우리와는 전혀 다른 사람들에 대한 공감대를 형성할 수 있는 가능성을 검토하기 위해서 우리의 마음과 정신을 자유롭게 하는 것이다. 또한 그것은 스스로 책임감 있게 삶을 선택할 수 있는 의식 있는 시민이 되기 위해서 필요한 것이다. 그가 교양 교육의 정의에서 말하는 교육의 목적이 바로 기업 경영자들이 대학생으로부터 원하는 모습이다. 대학의 목표를 졸업 후 첫 직업을 준비시키는 것이 아니라 마지막 직업을 준비시키는 것에 둔다면, 대학 교육의 정체성을 찾을 수 있다고 생각한다.

교양 교육의 방식도 변해야 한다. 지금까지 대부분의 수업 방식이 교수의 수업을 '듣는' 것이었다면, 이제는 학생이 '만들어 가는' 수업을 해야 한다. 이미 학생들 스스로 교수자가 선택하고 전달하는 내용을 받아들이는 수동적인 역할을 지칭하는 기존의 패러다임에 젖어 있다. 학생은 주체적이고 능동적인 존재라는 인식의 패러다임을 변화시키기 위해서는 수업이 변해야 한다. 그에 걸맞은 수업 방식이 바로 프로젝트 수업이다. 프로젝트 교육은 기획 단계에서 틀을 짜고 일관되게 일을 추진하고 깔끔하게 마무리해서 리포트를 제출하는 것까지의 전 과정을 학생들이 진행한다. 매사추세츠공과대학MIT의 경우 프로젝트 교육을 활발하게 진행하고 있으며, 이후 사회에 진출한 학생들은 기획력, 조직력, 추진력 등 다양한 면에서 좋은 평가를 받고 있다.

학교 홍보대사 활동을 하면서 학교를 방문한 고등학생들과 함께 법대 모의 법정실에 들어간 적이 있었다. 그곳에 들어가자, 고등학생들은 연달아 탄성을 지르며 휴대폰으로 열심히 사진을 찍어댔다. 그리고 대학에 오면, 이곳에서 텔레비전 드라마에 나오는 것처럼 학생들이 치열하게 서로를 변호하고 싸우며 공부하느냐고 물었다. 함께 홍보대사를 하던 김은설 학우가 당황해하며, 이곳에서 수업을 하지 않는다고 대답했다. 실제 법대 수업은 대부분 교수의 일방적인 설명으로 진행되며 가끔 이해를 위해 판례를 이야기하는 정도다. 수능을 대비한 고등학교의 교실처럼, 모의 법정실은 사법고시를 준비하는 강의실의 연장인 셈이다.

자아 탐색의 과정은 계속되어야 한다

다시 처음에 말한 강의평가 이야기로 돌아가자. 우리는 다음 학기에 그 강사를 볼 수 없었다. 후문으로는 언제든 고용이 해지될 수 있는 시간 강사 신분인데다가, 강의평가 점수가 낮아서 수업을 맡지 못했다고 했다. 다른 교수님들은 취업률을 높이기 위해 후한 성적을 주는데 너무 정직한 학점을 주신 게 화근이었다. 비록 나 또한 좋지 않은 성적에 길길이 날뛰며 분노의 이메일을 보내던 학생 중 한 명이었으나, 일 년이라는 시간이 지난 후 나는 조금 다른 눈으로 그 수업을 평가할 수 있었다. 돌이켜보면 그분은 주입식 수업과 형식적인 발표 수업, 취업을 위해 대강 듣는 대학 수업으로부터 우리를 진정으로 해방시킨 사람이 아니었을까. 우리는 A+ 성적보다 성적표에 점수가 찍히기까지의 과정이 더 중요하다는 사실을 간과하고 있는 것은 아닐까.

학생들의 공부 방식이 바뀌면서 대학은 정체성 위기에 처해 있다. 이 문제는 명문대를 강요받는 고등학생, 높은 연봉의 직장을 추구하는 대학생, 돈으로 삶의 성공이 평가되는 사회적 풍토와 그 역사적인 배경들이 모두 혼합된 연쇄적인 현상이기 때문에 단지 대학이 변한다고 해서 문제를 완전히 해결할 수는 없다. 다만, 위기에 처한 대학이 교양교육을 강화해 고등학교 시절까지 제대로 하지 못했던 자아와 적성을 탐색하는 시간을 갖게 하고, 프로젝트 수업 활성화를 통해 수동적이던 학생을 주체적이고 능동적으로 변하게 만드는 연결 고리가 되었으면 한다. 대학에서 무엇을 좋아하는지 알고, 사회에 나아가 내가 좋아서 선택한 일을 하며, 사는 내내 노동의 즐거움을 느끼고, 성숙한 인간으로 거듭날 수 있는 사회를 꿈꿔본다.

대한민국은 시험공화국

장경국

대한민국에서 태어났다는 것은 참으로 축복 받은 일이다. 사계절을 맘껏 즐길 수 있다는 것, 편리한 대중교통수단과 초고속 인터넷 등 정보통신기술의 혜택을 받을 수 있다는 것은 행운이다. 반면 대한민국의 일원이라면 '시험'이라는 단어에서 벗어날 수 없다.

매 학기 치르는 중간·기말고사에서부터 대학입시에 이르기까지 우리는 항상 시험으로 평가받는다. 자신의 능력을 인정받고, 실력의 우위를 평가한다는 점에서 시험은 의의를 가진다. 시험을 잘 보기 위해서는 희생하고 노력해야 한다. 그러나 시험은 아직도 우리에게 승자와 패자, 더 얻은 자와 덜 얻은 자를 구분 짓는 단순한 잣대에 불과한 것은 아닐까. 과연 시험으로 우리의 모든 것을 판단하는 것이 가능할까.

시험=족쇄?

시험은 '재능이나 실력 따위를 일정한 절차에 따라 검사하고 평가하는 일'이다. 대한민국에서 사는 한, 시험은 태어나서 죽을 때까지 치러야 한다. 초등학생에서부터 직장인들까지 시험 속에서 살아야 한다. 초등학생들은 일제고사와 특목고 입시 준비를 위해 부지런히 시험 준비를 해야 한다. 직장인들은 승진시험이다 평가시험이다 해서 밤낮을 지새워야 한다. 공정한 방식으로 사람의 실력을 점검하고 평가한다는 점에서 시험은 탁월한 수단임에 분명하다. 하지만 우리나라에서 시험이 일종의 족쇄로 느껴지는 것은 왜일까?

외국의 실례를 살펴보자. 대학 진학만을 목적으로 하는 우리와는 달리 대부분의 외국 초중고 커리큘럼은 Music Theory and Composition(음악이론과 작곡), Creative Writing(창작 쓰기), Journalism(저널리즘), Ceramics(세라믹), Art History(미술사), Band(기악밴드), Orchestra(오케스트라), Graphic Design(그래픽 디자인), Musical Theater(뮤지컬) 등 평가보다는 학생들의 흥미와 참여에 비중을 둔 수업들이 많다. 이러한 수업들은 시험보다는 실기 위주이기 때문에 흥미를 유발해 각자의 능력을 어떻게 키우는지가 더 중요하다. 반면 정해진 틀에 맞춘 커리큘럼과 세계 제일의 교육열 속에서 대학 진학을 준비하는 우리 학생들은 자신을 위한 공부가 아니라 상급학교에 가기 위한 공부를 하고 있다. 우리 학생들에게는 흥미와 열정을 바탕으로 한 자기주도식 공부는 낯설게만 느껴진다.

대학생, 지금부터 '진짜' 시험의 시작

대학수학능력시험 혹은 수시모집을 거쳐 입학한 대학교. 대학생이라는 말은 듣기 좋지만 어른이라는 부담감은 피할 수 없다. 고등학교 때까지 치열한 전쟁을 치른 탓일까. 누구도 구속하지 않는 자유로운 대학생활을 맞이한 신입생들은 시험을 잠시 잊기도 한다. 선배, 동기들과 사귀고, 교복을 벗어 던진 후 나만의 스타일에 대해 고민하고 이성친구의 매력에 가슴 설레는 시간을 갖기도 한다. 그러다 보면 어느덧 시험 기간이다. 열심히 시험을 위해 준비한 자는 학기 말에 웃음꽃을 피우겠지만, 그렇지 못한 자는 시험 앞에 다시 무릎을 꿇게 된다. 문제는 대학 시험은 고등학교 때와는 달리 자기가 스케줄을 짜서 공부하고 대비해야 한다는 것이다. 고등학교 때처럼 교실에 앉아서 다 같이 같은 과목을 대비하면서 서로 정보를 공유하고 이끌어주는 경우는 없다. 이제는 스스로 찾아서 해야 한다.

신입생들이 학교 입학 후에 가장 어려워하고 궁금해 하는 것이 전공 공부 방법이다. 이해가 가지 않는 부분에 대한 도움, 시험 정보, 교수님의 출제 경향, 전공에 대한 진로 등은 선후배 간의 피드백과 개인의 노력 여하에 따라 어느 정도 보완이 된다고는 하지만 대부분 스스로 '우물'을 파지 않으면 아무것도 얻지 못한다. 시험을 잘 보기 위해서는 어떤 형태로든 노력하는 것 외에는 답이 없다. 우리는 여전히 시험 안에 놓여 있고 자유로울 것으로 생각했던 대학에 들어오자마자 진짜 시험이 시작된 것이다. 중간고사, 기말고사를 포함하여 각종 자격시험과 취업시험, 그리고 고시에 이르기까지 그야말로 대학생들은 중고등학교 때 경험해보지 못했던 더 다양하고 큰 시험에 봉착하게 된다.

시험, 피할 수 없으면 즐겨라

대학생 100명을 대상으로 한 '시험, 과연 우리에게 필요한가.' 라는 설문을 통해 시험에 대한 인식을 살펴보았다. 81퍼센트에 해당하는 학생이 긍정의 뜻을 밝혔다. 그 이유로는 '다른 방법으로는 평가할 방법이 없기 때문에' 라고 응답한 사람이 대부분을 차지했다. 하지만 아이러니하게도 그 다음 질문에 있는 '가능하면 시험이 없었으면 좋겠다' 에도 대부분 긍정적으로 대답하였다. 시험으로 평가받을 수밖에 없지만 시험은 피하고 싶다는 심리를 엿볼 수 있었다. 우리 학생들은 마치 '피할 수 없으면 즐겨라' 는 말처럼 어쩔 수 없는 상황에 순응하고 있는 모습을 내비쳤다.

이어, 평가 방법에 대한 만족도 측면에서도 38퍼센트에 해당하는 학생만이 '만족한다' 는 의견을 보인 반면 대부분의 학생들이 평가 방법에 대한 불만을 갖고 있는 것으로 조사되었다. 그만큼 학생들은 시험에 의한 평가 외에 다양한 방법의 평가를 원한다는 것을 확인할 수 있었다. 그렇다면 학생들을 평가하는 시험 방식에는 어떤 것들이 있을까?

학교-교수-학생 간의 소통의 장 필요

중간, 기말고사 기간 일주일 전, 그렇게 활기차고 북적북적했던 대학은 어느새 고요하다 못해 때로는 적막감마저 느껴진다. 각자 도서관에 자리를 차지하고 시험공부에만 집중한다. 간혹 열람실 자리가 내 집인 양 가림판으로 지붕을 만들어 영역 표시를 한 학생들도 눈에 띈다. 하지만 시험 기간임에도 불구하고 휘파람을 불며 태평하게 캠퍼스를 활보하는 학생들도 있다. 과제나 리포트 또는 발표로 시험을 대신한 덕분이다. 사실 학기 초 수강신청을 하기 전에 강의계획서를 면밀히 살펴보면 위와 같은 즐거운 상황을 맞이할 수도 있다.

강의계획서를 살펴보면 평가 방식이 다양하다는 것을 알 수 있다. 중간고사를 과제로 대체하는 과목에서부터 흔히 말하는 지필고사 혹은 토론, 면접, 발표, 팀 프로젝트 등 각 과목의 특성에 맞게 다양한 평가 방법이 마련되어 있다. 학생들은 자신에게 적합한 시험 방법이 포함되어 있는 과목을 고르기 위해 시험 전 수강신청이라는 전쟁 아닌 전쟁을 치르기도 한다. 이러한 측면에서 본다면 대학생들은 자신이 볼 시험 방법을 선택할 수도 있다고 볼 수 있다. 평가 방식에 대한 선택을 하기 전에 또 하나 주의할 점이 있다. 바로 절대평가와 상대평가, 즉 시험 결과를 반영하는 방법이다. 말 그대로 절대평가란 개인 한 사람만의 성적을 놓고 평가하는 것인 반면에 상대평가는 가장 잘한 학생을 기준으로 성적에 순위를 매겨 평가하는 방식이다. 절대평가는 학점 인플레이션을 유발할 수 있다는 점에서, 상대평가는 모두 다 잘했을 경우에도 노력에 대한 대가가 아닌 경쟁에서의 승리 여부를 평가한다는 점에서 단점이 있다.

대학 내에 멀티미디어체계가 구축되면서 이전에 비해 다양한 수업 방식과 시험 방법이 생겼지만, 아직은 모든 학생들을 충족시킬 만한 시험 방법은 나오기 어려운 것이 현실이다. 학교와 교수, 학생이라는 세 개의 개체가 더욱 긴밀한 협조와 의사소통을 통해 더욱 다양한 시험 방법을 모색해 보고 가장 합당한 평가를 위해 상호간 지속적인 교류가 필요하다.

'몇 번이라도 좋다. 이 끔찍한 생이여, 다시!'

대학생들의 평가 방법을 통해 우리가 어떠한 방식으로 평가를 받아왔으며, 현재 어떻게 평가하고 있는지에 대하여 알아보았다. 그렇다면 앞으로 우리는 시험을 통해 평가받는 현실을 어떻게 이해하고 수용해 나가야만 할까? '시험으로 평가받을 수 있을까?' 라는 근본적인 질문을 통해 시험이라는 존재가 우리 삶에서 얼마나 크게 자리 잡고 있는

지 알게 되었다. 시험을 통해 평가하는 자나 평가받으려는 자나 원하는 것은 바로 '합리적인 방식을 통한 공정한 평가' 이다. 어떠한 형식의 평가이든 합리성과 공정성이 담보되어야 한다. 마치 부족한 퍼즐을 한 조각씩 채워나가듯이 시행착오를 거쳐 시험에 대한 방식 및 태도에서 완성도를 높여 나가는 과정이 필요하다.

최근 한 광고 카피를 통해 'The Winner Takes It All' 이라는 문구를 보았다. 팝 그룹 아바Abba가 부른 노래 제목이기도 해서 이미 알고 있었음에도 불구하고, 보면서 마음 한 구석에 씁쓸한 감정이 생기는 것은 왜일까. 승자가 모든 것을 갖는, 시험을 통해 모든 것을 얻는다는 식의 승자독식 사고에서 벗어나 시험 준비를 통해 얻을 수 있는 값진 노력과 열정을 기억한다면 이야기는 달라질 것이다. 시험을 통해 '시험에 드는 자' 가 되는 것이 아니라 '시험을 통해 시험을 이겨내는 자' 가 되는 것이 우리가 나아가야 할 가장 바람직한 길이라고 생각한다. 앞으로 다가올 수많은 시험들과 경쟁 속에서 살아남는 것이 삶의 목표라면 그것도 나쁘지 않겠지만 그 과정 속에서 느끼게 될 희망과 환희 그리고 젊은 날의 열정은 언제나 우리들 가슴 속에 영원히 담겨져 있을 것이다.

"몇 번이라도 좋다. 이 끔찍한 생이여, 다시!"라는 니체의 말처럼 시험 역시 앞으로 우리가 몇 번을 더 보게 될지 모르겠지만 이 사실 하나만은 확실하다. 시험을 통해 한층 더 성숙하고 발전하는 나 자신을 발견하게 될 것이다.

교수님! 과제는 읽어보셨나요?

박인정

2007년 여름, 새내기였던 필자는 넘치는 의욕으로 한 교양 강의를 들었다. 과목명부터 어렵게 느껴져 망설였지만, 대학교에 온 이상 원하는 과목을 듣겠다는 각오로 수강하게 되었다. 수업은 예상대로 난이도가 높았고 매 시간 과제의 홍수 속에서 허우적거릴 수밖에 없었다. 심지어 기말고사가 끝난 후에도 과제를 내주신 덕분에 일본대사관으로 위안부 할머니들의 시위에 참가하고 감상문을 작성해야 했다. 누구보다 열심히 한 과목이었는데 결과적으로 이 과목은 나에게 상처를 남기고 말았다.

필자가 낸 많은 과제들을 교수님이 읽어보셨는지 알 수 없었고, 그에 대한 어떠한 평가도 없었다. 가장 충격적인 것은 마지막 과제였던 시위에 참여하고 제출하는 감상문의 경우였다. 시위 참여 후 집에 오는 길에 이미 학점이 나온 것이다. 어떻게 해당 교수님은 과제를 내준 후 제출도 확인하지 않은 채 성적 입력을 마무리하신걸까. 이 일로 그

전에 낸 과제들은 읽어 보셨는지 의문이 들었고 '과제는 그저 제출하기만 하면 되는 것인가?' 라는 회의가 생겼다. 또 다른 수업에서도 제출한 과제가 수신 확인도 되지 않은 채 성적이 입력된 적이 있다. 한 학기 내내 10페이지 이상 분량으로 준비한 과제였지만 교수님은 내용에는 관심이 없었다.

누구나 학교를 다니면서 이런 일을 한 번쯤 겪었을 것이다. 이럴 때 우리는 묻고 싶다.

"교수님! 과제는 읽어보셨나요?"

교수님! 저희는 과제의 피드백을 원합니다

사실 대학생에게 과제란 달갑지 않은 존재이다. 우리가 초·중·고등학교 총 12년 동안 학교를 다니며 익숙했던 공부 방법은 무엇인가? 초등학교 때는 어느 정도 자율성과 창의성을 중요시했다고 하나, 고등학교에서 배우고 익숙해 온 것은 입시 위주의 주입식 교육과 '1+1=2' 라는 이미 나와 있는 결론에 대한 학습이다. 그러나 대학교 수업에서 우리에게 원하는 것은 '생각' 이다. 과제 역시 자기 자신이 바라보는 사회 현상에 대한 분석 또는 책을 읽고 독후감이 아닌 자신이 공부한 내용에 대한 해석과 같이 생각을 필요로 하는 것들이 많다. 그동안 익숙해온 방식이 아닌 자신을 되돌아보고 더 많은 자료를 찾아 읽으며 해내야 하는 과제는 달갑지 않은 동시에 부담스럽기도 하다.

그러나 이런 과제들은 그만큼 배움을 제공한다. 수행하기 힘든 과제일수록 스스로에게 남는 것이 많다. 자신의 생각을 정리하는 과정에서 우리는 생각하는 지성인의 모습을 찾아가게 되며, 진정한 공부의 재미도 느낄 수 있다. 몰랐던 사실이나 생각하지 못했던 관점에서 바라보는 세상에 대한 배움은 투자한 시간이 아깝지 않고 값지다.

그러나 학생인 우리가 스스로 배움을 얻는 데에는 한계가 있게 마련이다. 논리적 전개에 맞추어 생각을 펼쳐나감에 있어 비약은 없는지, 놓치고 지나간 부분은 없는지 등의 여부는 스스로 파악하기에 어려움이 있다. 따라서 교수님들의 코멘트가 절실하다.

과제에 교수님들이 해준 피드백은 자신이 제대로 했는지에 대한 평가인 동시에 우리에게 교수님의 의중을 파악할 수 있도록 한다. 또한 자신의 부족한 부분에 대해 깨달을 수 있기 때문에 좀 더 발전하는 데 밑거름이 된다. 자신의 부족한 부분을 채워나가며, 교수님이 원하는 방향으로 착실하게 수업 진도를 따라간다면, 좋은 학점은 자연적으로 따라올 수밖에 없지 않을까?

다른 측면에서 과제의 피드백은 형식적으로 과제 제출을 요구하는 교수님들의 행태를 저지하는 수단으로 사용될 수도 있다. 물론 피드백이 없다고 하여 교수님들이 과제 평가를 대충 한다는 의미는 아니며, 앞서 말한 과제 확인을 안 하는 극히 일부 교수님들을 전체로 일반화하고자 하는 것도 아니다. 다만, 일부 교수님들이 과제 제출을 형식적으로 요구한 후 정작 학점은 친분 혹은 미모 등에 따라 학점을 준다는 소문을 잠재울 수 있는 확실한 방법이 될 수 있다고 생각한다. 자신의 과제가 그저 형식적인 제출의 의미로 평가되는 것을 원하는 학생은 없다. 과제 하나를 하기 위해 따르는 노력만큼 정당한 평가를 받기를 원한다. 그중 하나가 피드백이다. 교수님의 피드백은 학생들의 노력에 대한 약간의 보상 역할을 할 수 있으리라 생각한다.

제 성적은 왜 C+인가요

매 학기 성적이 나오면 학생들은 교수님께 메일을 보낸다. 필자의 경험상 메일은 이번 학기 수업 잘 들었다는 인사말로 시작된다. 교수님

덕분에 많이 배웠다는 이야기와 수업을 매우 열심히 들었음을 강조하는 내용도 빠지지 않고 들어간다. 그렇지만 메일의 핵심은 따로 있다. 바로 왜 이런 학점을 주었는가에 대한 물음이다.

초등학교부터 12년 동안 학교를 다닌 후 수능을 보고 대학교에 들어온 만큼 대한민국 대학생들은 시험에 대한 '감'이라는 것이 있다. 시험을 보고 나오는 순간 '잘 봤다' 혹은 '망했다'라는 느낌이 들며, 어떤 성적이 나올지도 어느 정도 예상 가능하다. 그러나 예상을 벗어나는 과목들은 늘 존재한다. 그럴 때 학생들은 메일을 통해 교수님께 자신이 받은 점수에 대한 의문을 해결하고자 한다. 특히 과제가 있는 과목의 경우, 과제에 따라 학점이 좌우될 수 있기 때문에 자신의 과제 점수를 알려달라는 메일을 보낸다.

만일 과제에 대한 피드백이 원활하게 이루어져서 자신의 과제 점수를 안다면 굳이 이런 메일을 보낼 필요가 있을까? 교수님들도 성적 입력 후 밀려오는 메일에 일일이 답장을 보내야 하는 수고를 덜 수 있지 않을까? 과제에 대한 피드백이 때마다 이루어졌다면 메일을 보내는 학생의 번거로움과 답장을 해야 하는 교수님의 수고로움이 사라지리라 생각한다.

피드백이 Ctrl+C, Ctrl+V를 사라지게 한다

현재 대다수 학생들은 과제에 대한 피드백을 원하지만 원하지 않는 학생들도 있다. 과제에 대한 피드백은 리포트를 구매하여 제출하는 학생들에게는 치명적이다.

인터넷에서 리포트를 구매해서 과제를 제출하는 데는 1시간도 채 걸리지 않는다. 일단 인터넷 사이트에서 여러 개의 리포트를 구매한다. 리포트는 한 편 당 1,000원 정도의 가격이다. 앞 부분을 살짝 보고 구매하기 때문에 소위 '낚이는' 경우도 있지만 대다수의 리포트들은 값어치를 한다. 마음에 드는 리포트를 구매한 후에는 '복사하기Ctrl+c'와 '붙여넣기Ctrl+v'의 시간이다. 다운받은 리포트에서 원하는 부분을 복사하고 붙여 넣으면 어느새 하나의 리포트가 완성된다. 마지막에 자신의 이름을 적어 넣으면 끝이다. 이러한 과제 제출은 대학가의 큰 문제거리다. 인터넷에 떠도는 수많은 리포트들을 교수님들이 전부 파악하기는 불가능하기 때문이다. 인터넷에서 긁어온 리포트를 찾아주는 프로그램이 있다는 이야기를 듣기도 했지만 현실적으로 찾아낼 수 있을지는 미지수다.

이런 상황에서 과제의 피드백은 문제를 해결하는 하나의 방법이 될 수 있다. 자신이 제출한 과제에 교수님이 코멘트를 달아 다시 돌려준다면 학생 입장에서 과제에 대한 책임감이 생길 것이다. 또한 교수님이 코멘트를 작성하는 과정에서 같은 과제 혹은 같은 내용이 반복되는 리포트를 발견할 가능성도 높아진다. 나아가 강의 시간에 과제에 대한 피드백을 바탕으로 한 강의가 이뤄진다면 어찌 공부를 하지 않을 수 있을까? 즉, 과제에 대한 피드백이 인터넷 속 리포트의 바다에서 헤엄치고 있는 학생들을 효과적으로 물 밖으로 꺼내는 방법이 될 수 있다고 생각한다.

제자들아! 우리도 해주고 싶지만…

그렇지만 무조건 과제에 대한 피드백을 요구하기에는 현재 대학의 현실을 고려해야 한다. 한 예로 필자가 듣는 전공과목의 경우 80명 이하의 수업은 찾아볼 수가 없다. 늘 개강 초 수강 정정 기간에는 80명의 수강 인원이 부족하다며 인원을 늘려달라는 요청이 줄을 잇는다. 학부생들과 복수전공자, 타 학부지만 수업을 듣기 위해 오는 학생들까지 수업을 듣고자 하는 이들은 많지만 교수님이 하실 수 있는 강의에는 한계가 있기 때문이다.

2009년 1학기의 경우, 필자의 학과 교수님이 강의하신 전공 세 과목의 총 수강인원은 250명에 육박했다. 다행히 과제를 좋아하지 않는 교수님이라 시험만으로 성적이 산출되었다. 만약 이 교수님이 학생들에게 과제를 내주었고, 전원에게 과제에 대한 피드백이 이루어져야 한다면? 우리에게는 하나의 과제일 뿐이지만 교수님에게는 수강 인원만큼 과제가 생기게 된다. 지금처럼 강의가 대형화되어 있는 상황에서 교수님에게 과제에 대해 일일이 피드백을 하라고 하는 것은 실현 불가능한 일이다.

대학생도 '참 잘했어요' 도장이 받고 싶어요

문득 초등학교 시절을 떠올려 본다. 받아쓰기와 알림장, 덧셈과 뺄셈 연습 등 매일매일 해야 하는 숙제들이 많았다. 지금 생각해보면 쉬운 숙제지만 학교 가는 것조차 버거웠던 1학년에게는 엄청난 숙제였다. 그럼에도 불구하고 열심히 했던 것은 숙제를 검사받은 후에 마지막 페이지에 있던 '참 잘했어요' 도장 때문이었던 것 같다. 자신이 노력한 것에 대해 보상받는 기분과 칭찬 받았다는 기쁨을 함께 주는 동그랗고 빨간 도장 하나. 이 도장 하나가 지금도 많은 초등학생들이 숙제를 열심히 하도록 이끌고 있다.

사실 대학생들도 법적으로는 성인이지만, 아직도 배울 것이 많은 학생이다. 대학생들도 어쩌면 초등학생들처럼 '참 잘했어요' 도장을 받고 싶어하는 것은 아닐까. 물론 대학생들에게는 '참 잘했어요' 도장이 아닌 교수님의 애정 어린 코멘트와 평가가 과제에 적혀 우리에게 돌아오게 되겠지만, 그 의미는 어린 시절 받았던 도장과 같다. 담임선생님이 애정을 갖고 학생들의 숙제를 하나하나 검사했듯이 교수님들은 과제의 피드백을 통해 학생들에게 관심을 표현할 수 있고, 커뮤니케이션을 할 수 있다. 학생들 역시 초등학생들처럼 과제를 더 열심히 하고자 하는 유인誘引이 되고 좀 더 큰 보람을 얻을 수 있을 것이다.

그렇지만 현 시점에서 과제에 대한 피드백은 실현 불가능하다. 초등학교 시절 한 반은 40여 명이었지만, 대학교에서는 한 수업에 더 많은 인원이 수강한다. 여건이 뒷받침되지 않는 것이다. 따라서 학교 측에서 과제에 대한 피드백이 가능하도록 여건을 개선해야 한다. 교수진 확충과 강의실 증설 등 하나둘씩 강의의 질을 높이기 위한 방법이 강구되어야 한다. 좀 더 나은 학교 생활과 학생들의 학업 성취도 향상의 첫걸음이 과제의 피드백이 아닐까 생각한다.

교육 커리큘럼, 무엇이 문제인가

김병희

2009 교육통계연보에 따르면, 2009년 현재 전국의 대학 수는 177개이고, 학과 수는 10,745개에 이른다. 10,745개의 각각 서로 다른 전공에 속하는 대학생들과 교수 및 교직원들은 그들의 학과 커리큘럼에 만족할까.

공대생 잡는 ABEEK(공학교육인증)

학교와 학과에 따라 다르겠지만, 현재 상당수의 공대생들은 자신이 원하지도 않으면서 학과 커리큘럼 때문에 울며 겨자 먹기식으로 ABEEK를 이수하고 있는 실정이다. 인문계열 및 예체능계열 학생들은 ABEEK가 전혀 와 닿지 않는 낯선 용어일 것이다. ABEEK는 (사)한국공학교육인증원(이하 공인원)에서 만든 공학교육인증 프로그램으로써, 희망 대학에 한해서 시행하고 있다.

2009년 8월 기준으로 현재 전국 56개 대학에서 463개 프로그램이 시행되고 있다. 예를 들어 설명하면, 현재 경희대학교 화학공학과에서는 '화학공학전문' 이라는 공학교육인증 프로그램을 시행하고 있는데, 그 과의 학생들은 ABEEK에서 정한 교과목을 이수해야 한다. 정해진 커리큘럼에 따라 모든 과목을 무사히 이수하면, 나중에 졸업할 때 ABEEK에서 공학인증을 해주는 시스템이다. 공인원에서는 ABEEK를 이수하면 기본 소양 및 전공 기반 실력과 자질을 갖출 수 있고, 스펙으로 사용할 수 있어 취업할 때 가산점을 받을 수 있으며, 국제적으로도 그 능력을 인정을 받을 수 있다며 적극 권장하고 있다.

하지만 학생들의 반응은 차갑기만 하다. 공인원이 언급한 장점들이 과연 실효성이 있는지 의문스럽고, 무엇보다도 ABEEK를 이수하게 된 이후 의무적으로 수강해야 하는 과목 수가 살인적으로 늘어나 학교 생활이 상당히 힘들어졌기 때문이다. 많은 과목들에서 진도가 빨리 나가니, 학생들은 쉽게 갈피를 잡지 못하고, 결국 많은 과목들을 수박 겉핥기식으로 공부하고 있다. 또한 이런 살인적인 진도를 맞추기 위해서 몇몇 교수들은 밤늦게 또는 토요일에도 수업을 진행한다고 하니, 학생들뿐만 아니라 교수들도 상당히 힘들다고 한다. 이외에도 의무적으로 수강해야 할 과목들이 너무 많으니, 학생들이 한 번 들어보고 싶은 다른 과목이 있어도, 학점이 부족해서 포기하는 경우가 허다하다.

ABEEK가 의무적으로 지정한 과목은 대체로 전공과목의 실험, 실습, 설계이다. 실전 중심의 과목이기에 학생들은 이에 대해서는 크게 불만을 제기하지 않는다. 문제는 교양과목까지도 필수 과목으로 지정했다는 것이다. 교양과목들이 과연 도움이 되는지 의심을 품게 한다. 인하공대에 다니는 한 학생은 "2009년 현재 ABEEK에서 요구하는 교양선택과목 중에서 '공학과 윤리', '과학기술과 지식재산', '공학 커뮤니케이션', '창의적 사고훈련' 은 대체 무엇을 배우는 과목인지 전혀 알 수가 없다"라고 하면서 불만을 토로하였다.

공대생들은 공학인증이 질적 성장보다 양적 성장에 가깝고, 공대생 살리기보다 공대생 죽이기에 가깝다면서 공학인증의 실효성에 의문을 품고 있다. 국가 차원에서 ABEEK의 실효성을 재검토해서, 좀 더 우리의 현 실정에 맞게 제도를 개선하는 것이 시급하다.

암기 위주, 벼락치기 공부로 점철된 의학 계열 교육

교육량 하면 의대 및 의학전문대학원(이하 의전원)을 빼놓을 수 없다. 사람마다 다르겠지만, 보통 대학생들은 한 학기에 적게는 여섯 과목, 많게는 열 과목 정도를 수강한다. 하지만 의대생들은 이보다 대략 1.5~2배수의 과목을 한 학기에 수강한다. 많은 수의 과목들 때문에 의대생들의 공부는 암기 위주라고 해도 과언이 아니다. 물론 이해를 하면서 공부를 한다면 좋겠지만, 이해를 하면서 공부하기에는 주어진 시간 내에 모든 과목을 준비할 수 없기 때문이다.

아예 이해 없이 단순 암기를 해야 하는 경우도 있는데, 예를 들어 골학骨學은 신체 내에 있는 모든 뼈의 이름과 그 위치 및 구조를 외워야 한다(참고로 우리 몸을 구성하는 뼈는 206개다). 또한 대다수 영어 단어로 된 의학용어 암기는 필수다. 의학용어는 대부분 라틴어에서 유래해 어원이 다르기 때문에 영어권 사람들조차도 잘 모른다. 'hepatoma(간암)' 같은 단어를 예로 들 수 있는데, (hept-'가 '간'을 의미하고, '-oma'가 '종腫, 유瘤'를 의미한다) 일반 영어권 사람들은 'hepatoma'라고 하면 전혀 모른다. 'liver cancer' 라고 해야 알아듣는다. 이처럼 의학용어가 방대하여 학계에서는 의학용어사전을 따로 만들어 놓았을 정도다.

또한 과목 수가 많기 때문에 다른 학과보다 의대생들은 훨씬 시험을 많이 보는데, 평균적으로 1주일에 한 번 꼴로 시험을 본다. 이렇듯 자주 시험을 치르니 체계적으로 계획을 짜서 공부하기가 힘들다. 전체 시험 일정을 생각해서 몇 주 전부터 예습·복습을 하면서 시험을 준비하는 것이 아니라 한 시험이 끝나면 바로 다음 시험을 연이어서 계속 벼락치기 공부를 해야 하는 악순환인 것이다.

결국 이러한 체제 속에서 의대생들은 교과서를 보고 이해하는 정통적인 공부를 하기보다는 편법으로 족보 위주의 공부를 하게 된다. 이런 편법식의 공부와 단순한 암기 위주의 공부, 벼락치기 공부는 학생들의 학문적 깊이를 얕게 할 뿐만 아니라 그나마 있던 지식도 쉽게 잊어버리게 한다. 사람을 죽고 살리는 직업이 바로 의사인데, 그들이 이렇게 얕게 공부하는 현실은 안타까울 따름이다. 2008년에 일어났던 서울대 의대생들의 집단 휴대폰 커닝 사건은 이러한 현실을 잘 보여주어 더욱 씁쓸하게 한다.

자율전공의 無커리큘럼?

기존의 자율전공('자유전공'과 같은 뜻. 이하 자율전공으로만 표기)은 일단 무無전공으로 입학한 후, 1학년 동안 다양한 과의 수업을 들어보면서 자신의 적성을 찾다가, 1학년 마칠 때 자신이 원하는 전공을 배정받아 2학년으로 진급하는 시스템이다.

이러한 자율전공은 보통 교양학부 소속인 경우가 많다. 문제는 교양학부에서 자율전공에 대해 크게 신경을 쓰지 않는다는 것이다. 교양학부에서는 모든 전공의 교양 수업에 관여하느라 너무 바빠서인지는 모르겠지만 자율전공을 거의 방치하고 있다. 따라서 대부분의 자율전공은 그들만의 고유한 커리큘럼을 가지고 있지 않은 실정이다. 학생들에게 알맞는 적성을 찾아주겠다는 목표로 자율전공을 만들었으면, 적성검사 같은 프로그램이나 각 전공의 교수님이 그 전공에 대해 자세히 설명하는 일종의 개론 과목을 개설해야 하지 않을까.

적절한 커리큘럼이 없으니, 자율전공 학생은 전공 과목을 다양하게 들을수록 역설적으로 '망하기'가 쉽다. 여러 전공 과목을 많이 듣게되면 후에 새로 전공을 배정받을 때, 해당 전공의 필수교양을 많이 듣지 못한 상태로 진급하기 때문이다. 따라서 전공을 배정받은 2학년 때부터 1학년 전공 필수과목을 배워야 하는데, 2학년 필수과목까지 들어야 하므로 결국 학점이 모자라게 된다. 재수가 없는 경우 졸업하기 위해서 한 학년을 더 다녀야 하는 상황이 올 수도 있다.

해결책은 어떤 것이 있을까? 무엇보다도 제도적 보완이 필요하다. 자율전공 학생들이 타 전공 학생보다 많은 학점을 이수할 수 있도록 해야 한다. 또한 전공 배정을 받은 이후라도 일시적으로 몇 학기 동안은 그 전공 내규로 정한 최대 이수 가능 학점과 상관없이 더 많은 학점을 부여해야 한다. 이외에도 적성을 최대한 찾을 수 있도록 프로그램을 많이 제공하여 다양한 경험을 하도록 하는 것이 중요하고, 배정받은 전공이 마음에 들지 않을 경우 한 번 더 전공을 바꿀 수 있어야 한다.

특정 진로를 위한 자율전공

의학전문대학원(이하 의전원)과 법학전문대학원(이하 로스쿨) 제도가 등장하면서 새로운 부류의 자율전공도 생겨났다. 의과대학과 법과대학이 폐지된 학교는 그 인원을 충당하고자 자율전공을 만들었다(학교에 따라 다르지만, 의과대학을 폐지한 학교는 학부 과정에 자율전공 대신 PreMeidical School을 신설하여 운영하기도 한다. PreMedical School이란 의전원 입시를 위한 학과라고 보면 된다). 이러한 새로운 자율전공은 자체적으로 세부전공을 갖고 있다. 세부전공이 있다는 것은 대학 4년 내내 자율전공 소속이라는 것을 의미하는데, 이는 신입생 때만 자율전공 소속이었다가 2, 3학년 때 다른 전공으로 배정받는 기존의 자율전공 시스템과는 큰 차이점이라고 할 수 있다(학교에 따라 다르지만, 새로운 부류의 자율전공 중에서도 자체의 세부전공 외에 다른 외부 전공을 의무적으로 복수전공해야 하는 시스템의 자율전공도 있다).

이러한 새로운 자율전공에서 갖고 있는 세부전공은 대체로 크게 둘로 나눌 수 있다. 하나는 자연계열, 즉 자연과학의 학문적 통합을 다루고 또 다른 하나는 인문계열의 학문적 통합을 다룬다. 후자를 또 둘로 나눌 수 있는데, 하나는 경제·경영 중심의 인문계열 통합이고, 또 다른 하나는 법률·행정계열의 통합이다. 이렇게 학교에서는 자율전공이 학문적 통섭을 다루는 커리큘럼으로 운영된다고 소개하지만, 그 커리큘럼을 자세하게 들여다보면, 학문적 통섭이 아니라 의학전문대학원(이하 의전원)과 로스쿨을 대비하는 것이라는 생각을 지울 수가 없다. 물론 학교 차원에서 의전원 및 로스쿨을 대비하는 것이라고 노골적으로 홍보하지는 않는다. 다만 그 전공의 진로가 의학자나 법조인이라고 은근히 홍보한다. 의전원 및 로스쿨 대비, 즉 특정 진로만을 위한 학과가 과연 학문적 통섭이라 할 수 있을까.

무늬만 학문 간 통섭을 내세우는 학과들

진정한 학문적 통섭은 과연 무엇일까? 자칭 학문적 통섭이라고 내세우는 학과들은 위에서 말한 자율전공 이외에도 상당히 많다. 하지만 그 커리큘럼을 자세히 살펴보면 하나같이 다양한 분야의 과목을 따로따로 배우는 것에 불과하다. 진정한 학문적 통섭이라면 두 가지 이상의 서로 다른 학문 분야의 공통점과 차이점 등을 비교하고 분석하는 등 융합된 학문을 배우는 것이다. 예를 들어 미분적분학, 일반물리, 일반화학, 일반생물학 등 서로 다른 네 가지 분야의 과목을 따로따로 듣는 것은 학문적 통섭이라고 할 수 없다. 일반화학에서 다루는 분자 및 원자의 운동을 미분적분학을 이용해서 예측하거나, 일반생물학에서 다루는 생명현상을 일반물리의 개념을 이용해서 파악하는 것이 진정한 학문 간 통섭이라고 할 수 있다. 하지만 실제로 이렇게 학문 간 통섭을 다루는 학과들은 거의 없다.

학문 간 통섭은 왜 어려운 것일까. 여러 가지 원인이 있지만, 첫 번째로 획일화를 추구하는 우리나라의 교육현실에서 찾아볼 수 있다. 획일적인 교육을 받은 교수들은 자신의 연구 분야에만 관심이 있을 뿐 다른 분야에 대해서는 배타적이다. 이렇게 교수들이 열린 사고를 갖지 못하니 여러 학문이 융합된 학과에서 교수들이 자신이 맡은 분야의 과목만을 가르친다. 의공학과(의료공학, 생체공학)의 경우 의학과 공학의 융합이지만 의학교수는 의학만, 공학교수는 공학만 가르치고 있는 실정이다. 학교 측에도 문제가 있다. 학교는 일단 외형적인 것을 중시하기 때문에, 일단 학과의 이름만 바꾸어 그럴듯하게 만들었을 뿐 정말로 중요한 학습 내용에는 크게 신경을 쓰지 않는다. 학교는 학문 간 통섭보다는 앞서나가는 대학이라는 이미지 마케팅에만 관심이 있다는 생각을 떨칠 수 없다.

21세기는 학문 간 통섭이 필요한 시대다. 한 가지만 잘해서는 더 이상 가치를 창출하기가 힘들다. 즉 경쟁력이 없다. 이 사회는 여러 가지를 동시에 잘 하는 멀티형 인간을 요구하고 있다. 새로운 정보와 가치를 창출해내기 위해서는 다양한 분야의 지식을 융합해서 응용하는 창의성이 필요하다. 유전공학 기술의 윤리 문제, 낙태 및 대리모 문제, 뇌사 및 존엄사 문제, 법의학 등 이미 우리 사회는 학문 간 통섭을 요구하고 있다. 하지만 대학에서는 이러한 내용을 체계적으로 다루는 커리큘럼을 준비하지 못하고 있다. 학교가 올바른 뜻을 갖고 좋은 환경을 제공하고, 교수들이 서로 협력하여 학문 간 통섭을 먼저 실천해야 한다.

학부제와 학과제

비슷한 계열 학과들의 집합을 '학부'라고 하는 것은 다들 잘 알 것이다. 학부제는 학과제의 고정적인 전공 선택에 좀 더 유연성을 주고자 도입한 제도로, 1학년 때는 학부 공통 교양과목을 들어보면서 앞으로의 전공에 대비하다가 2학년 때 학부 내의 세부전공을 선택하는 시스템이다. 학생들이 전공을 배정받을 때 우선권을 얻기 위해 경쟁을 하게 되니, 대학생들의 실력 저하 현상을 어느 정도 막아주는 효과도 있다. 하지만 요즘 다시 학과제로 돌아서는 분위기다. 가장 큰 이유는 학부제가 학생들의 전공 생활에 대한 적응력을 떨어뜨리기 때문이다. 지도 교수와 선후배 관계도 2학년 때부터 시작하니 어색하고 엉성한 느낌이 있고, 전공에 대한 개론 수업도 2학년 때부터 듣게 되어 그만큼 전공에 대한 이해가 늦어진다.

그러나 이러한 문제들은 학교 시스템의 문제지 학과제, 학부제만의 문제로 보는 것은 아닌 것 같다. 각각 장단점이 있기에, 무엇을 택하든지 충분한 보조 선택을 만든다면 이러한 문제는 쉽게 해결된다고 본다. 예를 들어 같은 학부 내에서 전과가 자유롭게 된다면, 이는 학과제의 문제를 충분히 보완할 수 있을 것이다. 또한 각 학과에 관련한 과목을 개설하거나 각 전공별로 여러 지도 교수를 두거나 각 전공의 선배 가운데 멘토를 뽑아서 운영하는 멘토링 제도를 운영한다면 학부제가 안고 있는 문제를 해결할 수 있을 것이다.

한의대생 30퍼센트 인문 계열 입학 허용, 과연 합리적인가

2009년부터 경희대 한의대에서 신입생 정원 중 30퍼센트를 인문계열에서 뽑기 시작했다. 양의학은 자연과학의 현상이 중심이지만 한의학은 동양철학이 중심이기 때문에 인문학적 소양이 필요하다는 이유에서다.

그러나 이런 단순한 생각으로 인문계 학생을 한의학과로 뽑는 것은 비합리적이다. 무엇보다 큰 이유는 한의대생들도 양의학 과목들을 배워야 하기 때문이다. 의대에서 배우는 발생학, 생리학 등을 똑같이 한의대생도 배운다. 이러한 과목을 잘 이해하기 위해서는 기초 자연과학 과목들(일반화학, 일반생물학 등)도 이해하고 있어야 하는데, 자연계열 학생들도 잘 이해하지 못하는 기초 자연과학을 어찌 인문계 학생들이 제대로 이해할 수 있겠냐는 것이다. 게다가 한문이나 철학 등에 대해서 인문계 학생들이 더 잘 이해하지 않을까 하는 생각도 섣부른 판단이다. 인문계열에서도 한의대생을 뽑으려고 한다면, 한의예과 수업에서 기초 자연과학 과목들을 많이 개설하고 필수로 많이 이수하도록 해서 부족한 실력을 보충해야 한다.

겉포장보다는 내실을 기하는 커리큘럼 필요

지금까지 다양한 전공의 교육 커리큘럼 문제를 살펴보았다. 각각 특수한 상황에 의해서 고유한 문제를 지니고 있음을 알 수 있었다. 하지만 그 속에서 공통점을 찾을 수 있었는데, 학교가 커리큘럼을 짤 때 그 내면보다는 외양을 중시하는 경향이 있다는 것이다. 공학인증이든 자율전공이든 간에 의도는 비슷하다. '우리 학교는 이런 거 한다!' 는 식의 단순한 겉포장은 일시적인 이미지에 불과하다. 내실을 다져야만 그 학과가 학문적으로 건강하게 오랫동안 지속해 나갈 수 있다.

또 다른 문제는 학교의 일방적인 커리큘럼 제공이다. 학생들이 커리큘럼 수정을 아무리 요구해도 학교는 전혀 귀 기울이지 않는다. 교육 수요자인 학생들의 의견이 절대적으로 반영되지 않고 있다. 학생과 학교가 원하는 학문의 지향점은 분명히 서로 다르다. 학생들은 대체로 실제 응용할 수 있는 것들을 원한다. 좀 더 실무 중심인, 좀 더 취업에 도움이 되는 그런 과목들을 원한다. 이에 반해 학교는 주로 원론적이고 이론적인, 즉 학문적인 것을 원한다. 학과 공부 내용을 입사·공무원 지원·대학원 지원 시험공부 내용과 겹치게 해서 이중 부담을 줄인다면 얼마나 좋을까. 비싼 등록금을 내고도 배우고 싶은 것을 배우지 못하는 실정이다.

학교의 구성원은 학생, 교수 및 교직원으로 이루어졌다. 따라서 커리큘럼을 짤 때 결정권을 쥐고 있는 학교가 이러한 태도를 보이는 것은 문제가 있다. 물론 대학이 취업스쿨이 아니고 학문의 전당이기에 학생들의 모든 요구를 들어줄 수는 없을 것이다. 하지만 교수들과 심층적으로 전문적인 상의를 하고, 학생들의 공통된 요구를 파악해서 커리큘럼 수정에 참고한다면 분명 커리큘럼 문제는 해결될 것이다. 좋은 사례로 현재 공대에서 운영되고 있는 대기업 트랙track제도나 현장실습제도가 있다. 학교 차원에서 다양한 학과가 많은 프로그램들을 시범적으로 운영하고 지속적으로 수정해서, 대학교육 커리큘럼에 올바른 제도가 정착될 수 있기를 바란다.

잠깐의 클릭으로 결정되는 4개월

이혜라

마우스 오브 조로Mouse of Zorro, 이번 학기를 부탁해!

시원한 바람이 새로운 학기의 시작을 알린다. 개강일이 다가오면 학생들이 매서운 눈을 하고 온 집중을 쏟으며 모니터를 뚫어져라 쳐다보는 광경을 볼 수 있다. 매년 3월과 9월을 앞두고 학교나 근처 PC방, 그리고 각자 방에서 볼 수 있는 모습이다. "58, 59, 60, 땡!"

조로가 검을 휘두르듯, 빛의 속도로 마우스를 움직인다. 그러나 몇 개의 숫자로 나열된 과목 코드를 누르는 순간 상황은 종료된다. "신청되었습니다!", "수강 인원을 초과하였습니다" 눈 깜빡할 사이에 잔여 인원은 제로(0)가 된다. 이번 학기에도 실패다. 나보다 몇 개 더 성공한 친구가 부럽기만 하다. 그나마 마음에 들었던 나의 시간표는 한낱 휴지 조각으로 변한다.

학점을 채우기 위해, 과목명과 시간만 대충 어림잡아 클릭을 한다. 마음이 조마조마하다. 오른쪽에 자리 잡은 이번 학기 시간표는 엉망진창이 되고 생각지도 못한 수업은 애물단지가 된다. 벌써부터 막막해진다. 단순히 시간 문제만이 아니다. 청강하고 싶었던 교수님의 강의, 배우고 싶었던 교양과목들도 다음 학기를 기약해야 한다. 이번 학기까지 필수로 이수해야 하는 과목들을 몇 초 차이로 선택하지 못하는 경우도 허다하다. 학과 사무실에 수화기를 붙잡고 물어보면 들을 수 있는 한결같은 대답, "다음 학기에 신청하세요." 또다시 허탈해하면서 모니터로 시선을 돌린다. 가끔씩 생겼다가 순식간에 사라지는 잔여 인원 '1'이 야속하기만 하다.

그 강의, 제가 살게요!

경희인의 온라인 소통 공간 KHUPLAZA. 자유로운 수다 글, 이런저런 이야기들로 평소에도 학생들이 많이 이용한다. 수강신청 기간이 되면 '수강신청' 게시판엔 하루에도 몇십 개의 글이 쏟아진다. "○○강좌 있습니다~. ○○로 교환 원해요!", "5분 뒤에 ○○강좌 버립니다. 잘 주워가세요" 강의는 1분 안에 여러 사람에게 오고가는 물건이 되어버린다. 게시판은 전쟁터다. 많은 돈을 내야 강좌 하나 마음대로 선택할 수 있는 지금의 상황이 어처구니없으면서도 필요한 강의가 있는지 글 제목을 보고 클릭을 한다. 밥 한 끼로 강좌를 얻고, 혹시 몰라 담아둔 강의로 맞교환을 한다. 자신의 글에 댓글이 달리면 거래는 성사된다. 한 학기의 시작이 강의의 거래로 완성된다. 강의를 사고파는 블랙마켓이 생기는 것이다. 한 학기 동안 누군가의 지적 욕구를 충족시켜줄 강의는 저자거리 좌판의 고사리 취급을 받는다. 물론 나 역시도 이번 학기에 강의 선택을 수월하게 하기 위해 게시판을 이용하려 시도한 적이 있다.

파란만장 수강신청기

공간상, 시간상 모든 학생들의 기호에 맞춰서 원하는 시간표로 수강신청을 한다는 것은 불가능하다. 그러나 같은 학부, 학과에 소속된 수많은 학생들이 동일한 과목을 수강해야 한다거나 글쓰기나 리더십과 같이 필수적으로 이수해야 하는 교양과목들 때문에 이러한 사태가 발생한다. 또한 제한된 강의 수와 동일한 시간대에 겹치는 과목들로 인해 학생들의 수강신청은 자유롭지 못하다.

학교 측에서 강의 수를 늘려주거나 동일한 과목을 여러 시간대로 나누어 개설해야 한다. 타 학교에서는 학번을 홀짝으로 나누어 수강신청을 나누어 하고있다. 시계를 보고 애가 타는 일이 거의 없다. 또한 단과대학별로 필요한 전공교양(예를 들면 미적분학, 일반생물)을 지정해서 수강신청을 좀 더 순조로운 환경에서 진행하도록 해야 한다. 이러한 방법은 학교를 입학해서 두 번째 학기를 맞이하고 있는 1학년 학생들에게 적용되었다. 수강신청이 서툴고 방법 또한 막막했던 새내기들에게 지난 학기 분반되고 지정된 수업은 수강신청을 쉽게 할 수 있도록 도와주었다. 그리고 독점 접속을 막기 위해서 많은 인원이 하나의 아이디에 접속하는 것을 막고 있으며 몇 회 이상 동일 과목을 클릭할 시에는 확인 창이 떠서 나름 공평한 수강신청이 되도록 개선하고 있다. 그러나 자신이 원하는 시간과 수업을 자유롭게 선택하기 힘들다는 문제점은 여전히 남아 있다. 새 학기의 시작과 함께 동시에 진행되는 필수 과정인 수강신청. 이는 인원이 많음에도 불구하고 몇 개로 제한된 강의 때문에 '수업 인원 과다' 라는 또 다른 문제를 안겨주고 있다.

대형 강의–대리 출석의 온상

어김없이 수업 시작 시간이 되면 엘리베이터는 물론 계단에서 강의실을 향해 100미터 달리기가 시작된다. "야, 너 웬일로 뛰냐?", "나 오늘 대출 해주기로 한 애 성이 강씨야!" 그날 수업도 사람 머리수는 적은데 전원 출석이다. 이른바 대리 출석. 말 그대로 대신 출석을 해주는 것이다. 새학기가 시작되는 며칠간은 대출이 뜸하다가 동아리 모임이 시작되고 음주가무가 무르익어갈수록 대출이 자주 일어난다. 오늘도 한 학생이 여러 목소리를 낸다. "가00", "네!", "김00?", "네~", "이00", "예!" 이런 행동은 청강 학생이 많을수록 더 많이 발생한다.

화학전공을 꿈꾸는 필자는 전공 교양과목으로 화학 및 실험을 좋아한다. 많은 교수님들이 이 강의를 맡고 있음에도 불구하고 한 강의 당 학생 수는 50명이 족히 넘는다. 좌석 수가 한정된 강의실에서 그 많은 학생들이 각자 원하는 자리에 앉기는 불가능하다. 공대나 문과대도 마찬가지로 인기가 많은 수업이나 필수과목은 학생들로 가득차게 마련이다. 뒷자리로 밀려난 학생의 눈에 비치는 교수님의 얼굴은 희미하고 수업 자료나 판서는 콩알만해 보인다. 화학식이 즐비하고 영문으로 되어 있는 자료를 읽으려 하면 앞사람의 머리가 장애물로 느껴진다. '머리 치워 머리, 앞 좀 보게 치워, 좌로 우로 흔들기 이젠 지겨워!' 라는 노래 가사가 현실로 와 닿는다. 교수님과 눈을 마주치기는커녕 목소리조차 잘 들리지 않는 경우가 허다하다. 소리가 울려서 마이크 사용을 꺼리는 교수들도 많기 때문에 작은 소리를 듣기 위해서는 더욱 집중력이 요구된다. 대답만 하고 살며시 나가는 학생도 적지 않다.

교수님들이 일일이 학생의 이름을 외우거나 얼굴 익히는 것 또한 인원이 많은 강의에서는 불가능하다. 교수 한 명 당 맡는 학생 비율이 너무 높다. 학생들은 '설마 내가 보이겠어?' 라는 마음이 자리잡게 된다. 그러니 집중력은 떨어지고 숙면을 취하는 사람들도 적지 않으며 교수님과의 커뮤니케이션은 옆 친구와의 대화로 대체된 지 오래다.

오늘 배운 게 뭐였더라?

이론 수업이 끝나면 하얀 실험복을 걸치고 우르르 실험실로 향한다. 과학이나 관찰 등에 관심이 있는 학생에게 실험은 언제나 흥미있는 대상이다. 실험실에 들어가서면 조를 이루어 실험을 시작한다. 좁은 곳에서 기기를 다룰 때는 주의를 기울이지만 사람이 많아 자유로운 공간이 마련되지 못할 때는 동선이 자꾸만 끊긴다. 나 역시도 실험실 맨 앞자리에 앉아 실험하는데 프레젠테이션 발표자와의 거리가 불과 한 발자국이 채 되지 않는다. 실험을 해야 할 실험대는 발표자의 노트북과 전선으로 자리를 빼앗긴다. 좁은 공간에서 둥근 의자에 앉아 뒤로 몸을 젖히면 뒤편에 앉은 친구의 등이 등받이가 된다. 손을 잘못 휘둘렀다가는 초자(유리로 된 실험기구)들을 깨기 십상이다.

이론 수업에서 미처 하지 못했던 교수님과의 지적 교류를 실험실에서나마 조교님과 해보고자 시도해 보지만 시끌벅적한 곳에서 이러한 시도는 더욱 무의미해진다. 실험이 끝나면 뭐할지에 초점이 맞춰져 있다. 세심한 주의와 관심이 필요한 실험 수업에서 조교님의 손길을 기다리는 학생에게 물처럼 흐르는 시간은 너무나도 빠르게 지나간다. "야, 뭐 어떻게 하라는 거였지?" 실험 이론조차 정확히 이해하지 못하고 끝내는 경우도 많다. 그러니 실험 리포트를 시간 낭비로 여기는 학생도 적지 않아 결국 이런 말이 나오게 된다.

"오늘 배운 게 뭐였지?"

따라서 소수 인원으로 좀 더 심도 있게 펼쳐지는 수업이 필요하다. 이론 수업의 경우도 적정 인원으로 줄여 단순 암기가 아닌 원리에 중점을 두고 지식을 습득할 수 있는 환경을 조성해야 한다.

불공평한 교양 수업

전공뿐만 아니라 각 분야의 지식을 알고 공부하기 위해 우리는 교양과목을 선택한다. 새로운 것을 알아가려는 우리에게 교양 수업은 또 다른 문제점을 안겨준다. 이러한 수업은 인원도 많을뿐더러 학생 간 수준 차이도 많이 난다. 글쓰기나 토론수업이 필수가 되면서 저학년에서 고학년까지 같은 공간에서 수업을 듣는다. 물론 교수님이 학년을 골고루 분배하여 팀을 조성해 주지만 능력이 뛰어나지 못한 학생들의 대다수는 수업에 불만을 토로한다. 지난 학기 글쓰기 과목을 수강했는데 독보적인 점수를 받고 학기를 끝낸 고학번 선배와 같은 조가 되었다. 이 수업은 끝까지 노력했던 나에게 절망을 안겨주었고 이제 곧 다가오는 토론수업에 대한 공포심마저 생기게 했다. 낮은 학번들은 이러한 수업을 '점수 깔아주는 수업'이라고 불렀고 '불공평한 교양'이라고 인식한다. 고학년이 되면 재수강은 필수라고 생각한다.

현재 1학년이 받고 있는 외국어영역 수업을 수준별로 나누어 수업해야 한다. 수준별 분반 제도는 옳다고 생각한다. 교양 수업도 학년별로 분반되어야 한다. 물론 자신보다 경험도 더 많고 확장된 사고를 하는 고학번과의 교류도 중요하지만, 적어도 자신의 의견을 말할 때 주눅들지 않아야 한다.

무엇을 위한 강의평가인가

고등학교를 졸업한 지 얼마 되지 않았던 학기 초에 스스로 정보를 알아야 하고 챙겨야 하는 급작스런 상황에 대비하기 위해서 학교 홈페이지를 활용하는 습관이 생겼다. 나처럼 학교 홈페이지를 활용하는 학생들이 많다. 주기적으로 학교에 어떠한 일이 일어났는지, 무엇을 하려고 하고, 모집하는지 관심을 가지고 접속한다. 반면 관심이 적은 학생들도 있다. 강의실이나 공지사항 등을 옆 친구에게 물어보는 것으로 대신한다.

학교에서는 강의실 변경이나 중요한 전달 사항이 생기면 문자를 보내 알려준다. 그리고 학기 말이 되면 강의평가를 위해 장문의 공지 글을 홈페이지 게시판에 올린다. 그런데 여기서도 문제가 발생한다. 너무나 이른 시기에 올라온 글은 잊혀지기 일쑤다. 마감일이 되어서야 컴퓨터 앞에 앉아 대충 클릭한다.

강의평가에 대한 필요성을 느끼는 학생은 얼마 되지 않는다. 지도교수 상담제는 간단히 질문을 적어서 전송하는 온라인 상담을 이용하려 하고, 때를 놓쳐서 실시하지 못한 사람은 정정 기간에 피해를 보게 된다. 접속조차 되지 않아서 어찌할 바를 몰라 넋을 놓고 있다. 물론 자신이 다니는 학교에 대해 관심이 적고 잘 챙기지 못한 것도 문제다. 그러나 전교생에게 공지 글을 알리는 방법은 학교 홈페이지 게시판에 잠시 올라와 있다가 순서에 밀려 내려가거나 건물 앞 게시판에 붙여진 종이가 다여서 정보 전달력이 떨어진다. 그렇다고 관심을 갖고 강의평가를 했다고 해서 달라지는 것은 크게 없다.

강의평가의 가장 큰 문제점은 강의평가에 대한 관심보다는 강의평가의 결과가 반영되지 않는다는 데 있다. 학생들이 시험을 보고 점수에 따라 자신의 위치를 알고 되돌아보는 것처럼, 강의평가는 강의의 장단점 파악을 통해 조금 더 높은 질의 강의를 제공하고자 시행되어야 한다. 학생들에게 강의평가는 어떤 의미일까. 공지 글의 위협적인 문구는 강의평가를 해야만 하는 의무로 만든다. 강의평가를 실시하지 않으면 수강신청 정정 기간에 불이익을 당할 수 있다는 문구 말이다. 종합정보시스템에 들어가 간단한 설문 조사 하듯이 대충 읽고 마우스 왼쪽 버튼을 딸깍딸깍 누른다. 해당되는 항목이 없지만 그래도 누른다.

강의평가에서 물어보는 항목들은 모든 수업에 일괄적으로 적용된다. 과제물보다는 학생들의 참여에 중점을 둔 강의를 수강한 학생에게 '과제물은 적절하였는가' 라는 질문, 학생들의 발표로만 진행되는 수업 수강자에게 '강의 교재들은 적절하였으며 학습에 도움이 되었나' 라는 문구는 도대체 무엇을 평가하라는 것인지 의문이 들게 한다. 또한 평가를 통해 나타난 문제점은 대부분 고쳐지지 않는다. 몇 학기 뒤에 다시 재수강을 해도 별반 다르지 않다. 도대체 강의평가는 왜 하는 것인지 그 실효성이 의심스럽다.

비판적 인식 통한 지성인 되기

학교는 미래의 인재를 만들어가는 공간이자 배움터다. 나를 비롯한 모든 이가 충실한 학교 생활을 통해 지식을 습득하고 익혀서 자랑스러운 대학생으로 성장하길 바란다. 그리고 경희대학교라는 터 안에서 현재보다 조금 더 나은 공간에서 꿈을 펼쳐나가고자 한다. 이를 위해서는 많은 것이 개선되어야 한다. 수강신청, 인원과다, 강의평가와 같은 문제는 귀찮고 현실이 그러니까 넘어갈 수 있는 문제가 아니다. 많은 학생들이 자신이 처한 강의 환경을 가볍게 생각하고 넘어가고 있다. 그러나 단 몇 초 차이로 4개월이 결정되고 수백만 원의 등록금을 내면서 수업조차 제대로 들을 수 없는 환경이 어쩔 수 없으니까 넘어가야 할 일인가? 강의평가를 통한 피드백은 '쇠귀에 경 읽기' 고 '구색 맞추기' 일 뿐이니까 그냥 해주고 학점이나 받자고 생각하는 것이 옳은 일인지 반문해 보아야 한다. 대학 현실이 가진 부조리, 비합리성에 대해 비판하지 않는다면 우리는 지성인이라고 할 수 없을 것이다.

2

대학문화를 디자인하다

시간을 현명하게 소비하라

이한수

자유=책임의 공식을 당신은 아는가

"좀 놀아라!" 새내기 시절 주위 사람들에게 듣던 말이다. 이는 그들이 '놀이'라고 정의한 음주가무 등의 특정 행위를 하지 않았기 때문이다. 현재 우리나라 대학문화에서는 '노는 것=음주가무를 즐기는 것, 소비하는 것'이라는 획일적인 공식이 통하고 있는데 이는 개성·자율성·다양성·대중성을 중시하는 오늘날의 대학문화 이념에 맞지 않는다. 개성을 중시하고 생각의 다양성을 지향하지만 유흥·소비문화를 즐긴다. 초등학교때 '장래희망란'에 적었던 다양하고 건설적인 꿈들은 어느새 동일하게 대기업 취업과 소박하고 안정적인 생활로 전락한다. 이러한 가운데 부푼 꿈을 안고 대학에 입학했던 신입생 시절의 나는 어디 있는지, 이런 문화에 나도 동참하고 있지는 않은지 돌이켜봐야 할 때다.

'대학생' 하면 가장 먼저 떠오르는 단어는 무엇일까. 추측건대 '자유' 일 것이다. 초·중·고등학교 과정을 거치는 동안 억압된 자신을 표출할 수 있는 기회와 법적으로 성인이 되면서 누릴 수 있는 다양한 권리는 갓 입학한 새내기들을 흥분시키기에 충분하다. 하지만 '자유=권리'란 공식은 성립하지 않는다. 자유는 권리 외에도 '책임'이라는 중요한 요소가 필요하다. '어른이 됐다!'라고 할 때 어른은 육체적 사랑을 나누다, 결혼하다를 의미하는 '얼다, 얼이다'라는 고어에서 나온 말이다. 말 그대로 풀이하면 결혼을 해서 육체적 사랑을 해도 될 권리가 주어진다고 할 수 있다. 하지만 그와 동시에 이러한 행동에 대한 책임도 질 수 있는 나이이기 때문에 권리를 부여받은 것이다(육체적 사랑의 능력만 놓고 본다면 요즘 초등학생들도 어른 대접을 요구할지도 모른다). 현재 대학생들의 가장 큰 문제점은 무엇보다도 자유에 따른 책임 있는 행동을 하지 못한다는 것이다. 특히 우리는 많은 시간을 무책임하게 보내고 있다. 현재 많은 학우들이 대학생활을 돌이켜볼 때 '후회'한다고 한다. 후회만큼 우리를 자괴감에 빠지게 하는 것은 없다. 우리는 이 귀중한 시간을 어떻게 보내고 있는가.

술 권하는 사회

필자는 삼수를 해서 고생 끝에 대학에 들어왔다. 경희대학교에는 미안하지만 입시 실패를 하고 들어온 대학인 만큼 (물론 지금은 진심으로 경희대학교를 사랑한다) 입학 초기부터 무엇을 하든 열심히, 그리고 발전적으로 행동해야겠다는 생각뿐이었다. 텔레비전 시트콤 〈남자 셋 여자 셋〉을 보며 대학생활의 환상을 가지고, 신동엽보다 낭만적인 대학생활을 즐기겠다고 생각했다. 그러나 선후배 대면식 때 처음으로 현실과 이상의 괴리를 느꼈다. 술 권하는 사회! 나보다 앞서 내 길을 가는 사람이자, 대학생으로서 가장 많은 조언과 영향을 줄 선배들이 나에게

준 것은 다름 아닌 '술' 이었다. 둘째 날, 과음으로 만신창이가 된 불쌍한 이 영혼에게 다시 주어진 것 또한 술이다. 신입생 시절 한 달 동안 내가 배운 것은 앞으로 4년간 대학생활의 비전이 아닌 상황에 따른 적절한 주도와 술자리 게임 기술 등이다(특히 '공공칠빵' 을 할 때 빵에 지목된 사람의 옆 사람은 꼭 '으악!' 을 외쳐야 한다는 규칙은 머리가 아닌 몸으로 습득했다). 작가 현진건 선생이 오늘날 대학에 입학한다면 '술 권하는 사회 2' 를 쓰실지도 모를 일이다.

사실 대학생활에서 술을 제외하면 단기간에 관계를 맺기 힘들다. 고등학교 때처럼 입시라는 공통된 목표를 같이 고민하면서 많은 시간을 함께 있는 친구들과는 달리, 코드가 맞지 않으면 만날 일이 없는 대학생들은 특별히 노력하지 않는 한 특정 학우들과 오랫동안 만날 수 있는 시간이 많지 않다. 따라서 이러한 유흥 문화가 꼭 나쁘다고만 볼 것이 아니라, 현실적인 부분은 받아들이되 그 문화의 한계를 지적하고 해결책을 모색해야 한다. 오늘날 유흥·소비문화는 고등학교 때의 놀이 문화에서 술과 클럽 등이 추가된 것일 뿐 다를 것이 거의 없다는 것이다. 결국 부푼 꿈을 안고 들어온 신입생들이 대학문화에 대해 가지는 실망감은 대물림되고 있다.

획일적인 인식이 만든 '획일화의 감옥'

그렇다면 해결책은 없는 것일까. 해결책을 찾기 전에 우리는 현재의 명확한 문제점, 즉 구체적인 적이 무엇인지 파악할 필요가 있다. 우선 지피지기知彼知己란 말이 있듯이 적을 알기 위해서는 우리 자신을 알아야 한다. 우리 인간은 감정, 경험, 전통에서 비롯된 권위에 대해 비판적으로 접근해야 한다. 감정만큼 주관적이고 비이성적인 것은 없으며, 경험 또한 자의적으로 해석이 가능하고 객관성과 보편성을 갖추고 있지 못하다는 측면에서 조심해야 한다. 전통 또한 전통이기 때문에 무비판적으로 받아들이다 보면 부정적인 결과를 초래할 수 있다. 현재 우리가 직면하고 있는 문제점 중 많은 부분이 이러한 권위에 무의식적으로 의존하기 때문에 발생한다. 그렇다면 획일화된 유흥문화의 문제점 가운데 특히 위 세 가지 권위가 오도하여 발생하는 문제들을 살펴보자. 필자가 생각하는 획일성의 문제점은 유흥으로 끝나는 유흥문화, 분별없는 소비·공급의 문제, 인습이 되어버린 문화다.

첫 번째 문제점을 살펴보면 현재 우리나라 대학생의 문화는 이전과는 많이 다른 양상을 보이고 있다. 가장 큰 변화 중 하나는 유흥문화가 말 그대로 유흥만 추구하는 문화가 되었다는 것이다. 80년대만 해도 대학가에서의 유흥은 서로의 고민을 함께 나누거나 사회문제에 대해 토론하면서 서로가 하나임을 확인하고, 서로 부족한 부분을 채워주며 비전을 주고받았다. 하지만 오늘날의 유흥문화는 공동체의식을 추구하거나, 사회적인 문제점에 대해 토론하기보다는 단지 재미있게 즐기려는 문화로 바뀌었다. 유흥의 웃음 뒤에는 소중한 대화와 다양한 경험들을 찾아보기 힘들다.

두 번째, 문화 생산자가 아니라 무비판적인 소비자에 안주하려고 하는 우리 자신이 문제다. 현재 대학의 유흥문화 속에는 자본주의에 입각한 시장 논리가 개입되어 있다. 우리는 자유의지를 갖고 '자유롭게' 유흥문화를 선택하여 소비한다고 생각하지만 이는 시장이 제공하는 환경 내에서 주어지는 제한적인 자유다. 마음이 맞는 학우들과 학교 근처에서 여가를 보내려고 할 때 우리가 갈 수 있는 곳은 술집, 노래방, PC방, 만화방, 당구장이 고작이다. 하지만 우리는 이런 문화를 당연시 여긴다. 왜냐하면 예전부터 이렇게 소비해본 경험밖에 없기 때문이다. 하지만 공급자에 대한 비판으로는 문제가 해결될 수 없다.

자본주의 사회에서는 돈이 권력이다. 우리들은 소비자의 입장에서 일정 부분 상대방에게 영향력을 행사할 수 있는 권력을 갖고 있다. 우리는 이 권력을 효과적으로 사용하고 있는가? 보통 선거를 할 때, 모든 후보자가 마음에 들지 않아도 기권하지 말고 그나마 비전이 있는 후보자를 선택하라고 한다. 보다 나은 후보자에 대한 선택이 누적되다 보면 전체적으로 나아지기 때문이다. 이처럼 우리도 무비판적인 순응보다는 합리적인 소비를 통해 유흥문화를 변화시켜야 한다.

세 번째 문제는 인습이 되어버린 음주문화다. 현재 대학생의 음주문화는 술이 술을 먹는 모습이다. 생일주를 먹는 이유는 무엇인가. 남들도 생일에 생일주를 먹고, 대부분 자신이 술을 먹기 이전부터 그래왔기 때문이다. 현재는 많이 사라졌지만 매년 3월 초만 되면 뉴스에서 대학생이 신입생 환영회에서 술을 먹다가 사망한 사건이 나오곤 한다. 그들만의 전통이기 때문에 대물림되는 현상은 오늘날까지 사라지지 않고 있다.

> 최저 기온 영하 17도, 체감온도 영하 30도. 올 들어 가장 추웠다는 18일, 스물세 명의 사람들이 송년회를 한다며 강원도 인제에 있는 번지점프장에 모였다. 산타클로스, 슈퍼맨, 닌자, 스파이더맨… 어디서 구했을까 싶은 옷을 입고 빨리 올라가자며 발을 동동댔다. 송년회라면 소주 한잔 걸치며 환담이나 나누시지 대체 왜 그랬을까? "한 번도 안 해봤죠?", "끄덕끄덕.", "해보면 알아요."
>
> "우리는 지금 번지점프 송년회 중!", 〈조선일보〉(2005.12.22).

송년회를 생각하면 으레 술자리를 생각한다. 술을 좋아하는 일부를 제외하고는 지친 연말을 보내기 마련이지만, 의지에 따라서는 다양하고 의미 있는 시간을 보낼 수 있다. 대학생이라면 이전에 해왔던 것이 아니기 때문에 못했던 것들을 시도해보는 것도 좋을 것이라고 생각한다.

이 밖에 대학생 스스로 준비하고 참여해온 축제가 연예인들의 콘서트장이나 주점 잔치가 되어버린 것도 획일화된 유흥·소비문화 가운데 하나다. 사실 사회가 변함에 따라 우리들도 개인적, 성과 지향적으로 바뀌고 대학의 분위기와 목적도 변하고 있다. 이러한 사회적인 이유로 오늘날 획일화된 대학문화를 개인의 탓으로 돌릴 수는 없을 것이다. 하지만 우리가 너무도 당연하게 여겨서 비판적으로 생각할 기회조차 갖지 못했던 부분들은 되짚어 볼 필요가 있다.

사라지는 삶을 살 것인가, 살아가는 삶을 살 것인가

서울의 H 대학의 혈기 왕성한 20세 김 군의 대학생활을 살펴보자. 고향이 부산이라 수능을 치르고 처음으로 접한 서울은 환상 그 자체였다. 더 많은 사람들과 시내(소위 놀 만한 장소)에서 시간을 보내는 재미에 빠져있었다. 학기 초에 선배들과 OT, MT에 가서 재미있게 놀아보기도 하고, 처음으로 소개팅이나 미팅의 짜릿한 경험도 했다. 그러나 한 달 후 '재미없다!' 고 느낀다. 대학 가서 기타 잘 치는 친구한테 기타도 배우고, 당구 잘 치는 친구한테 당구도 배우고, 이성 관계에 능숙한 선배한테 기술도 배울 줄 알았지만 만날 술만 마시는 하루하루에 권태감마저 느껴진다. 그의 일상은 월요일부터 금요일까지 반복되는 그저 그런 생활–성의 없이 듣는 수업, 공강 시간에는 친구들과 즐기는 영화나 PC방, 밤에는 술–과 주말에도 별 차이 없는 시간 때우기가 전부다. 고등학교 때는 나름 인기도 있었는데 대학교에 와서는 먹히지도 않고, 같은 과에는 반 남성화된 공대 여성뿐이란다.

대학에 갓 입학한 신입생들이 흔히 하는 착각이 대학에는 무엇인가 특별한 것이 있을 거라는 기대다. 사실 특별한 것이 있기는 힘들다. 우리가 경험했던 그 평범한 고등학생들이 진학하여 대학생이 되기 때문이다. 환경이 조금 달라졌을 뿐 나 자신이 바뀌지 않으면 고등학교 때와 별 다를 것이 없는 생활로 시간을 보내기 십상이다.

시간이란 과연 무엇일까. 그리스어에는 시간을 나타내는 두 개념의 단어가 있다. 하나는 크로노스chronos적 시간인데 이것은 시계로 표현되는 연대기적 시간을 뜻한다. 또 하나는 카이로스kairos적 시간으로 삶의 의미, 가치 창조와 깊은 관계가 있다. 크로노스적 시간은 우리가 무의미하게 흘려보내는 시간이며 자연스럽게 그냥 흘러가는 시간이다. 하지만 카이로스적 시간은 자신의 삶을 의미 있게 창조하는 시간으로 삶의 태도와 안목에 중대한 변화를 줄 수 있다. 내 생애를 완전히 바꿔놓은 바로 그 순간을 카이로스적 시간이라 부르는 것이다. 그렇다면 우리는 그저 흘러가는 무의미한 시간에서 벗어나 이제는 자신의 삶의 주체가 되어 가치 있는 시간을 보내야 한다. 지천으로 남아도는 시간을 어떻게 관리하느냐는 대학생활의 성공 여부를 판가름한다. '대학생 때 잘 들인 습관은 평생 간다' 라는 말이 있다. 대학생 때 들인 좋은 습관으로 인생의 전환점을 맞이할 수 있을 것이다. 그때 우리가 살아가는 존재의 의미를 느낄 수 있고 그저 '사라지는 삶' 이 아니라 '살아가는 삶' 을 살 수 있다.

우선순위를 정하라

오늘날 대학생들의 생활을 살펴보면, 하나같이 매우 바쁘다. 대학에 입학하자마자 취업 준비로 학창 시절을 보내는 학우가 있는가 하면,

눈에 불을 켜고 학점에만 매달리는 학우들도 있다. 대학의 유흥보다는 토익·영어회화·학점·취업 등의 자기계발에 관심이 많다. 파편화되고 속도를 중시하는 문화 속에서 에로스와 필리아의 여유를 느끼기보다는 일찍부터 현실적인 경쟁에 뛰어들어 바쁜 삶을 살고 있다. 하지만 그 바쁜 시간을 정말 필요한 일로 보내는지 살펴볼 필요가 있다. 동일한 시간대에 해야 할 일이 겹치게 되면 우리는 선택을 한다. 이때 선택을 하는 기준이 무엇인가. 우리는 자신의 가치나 기회비용을 기준으로 형성된 우선순위를 기준으로 선택을 한다. 결국 바쁜 이 시대에 시간을 효율적으로 관리하기 위해서는 우선순위가 제일 중요하다는 것을 알 수 있다.

우리의 행동을 곰곰이 살펴보면 상황에 따라 우선순위가 변한다. 공부를 해야 하는 시간에도 기분에 따라 친구들과 술을 마시며 밤을 새기도 하고, 또 어떤 때는 필요치 않은 공부로 시간을 보내기도 한다. 또한 우리가 효과적으로 시간을 보내기 위해 하루, 일주일, 한 달의 계획을 세우고 열심히 지키려 해도 대학생의 변화무쌍한 생활 때문에 계획은 뒤틀리고 무산되기 십상이다. 중요한 전공 수업 과제를 할 때 친구들이 술을 먹자고 한다면? 크리스마스 날 기말고사를 보게 된다면?

우리는 갈등하면서 상황에 따라 본인의 순간적인 선택에 의존하게 된다. 문제는 그 선택의 근거가 신뢰할 수 없는, 인간의 주관적이고 순간적인 판단이라는 점이다. 자신의 우선순위가 적용되기도 전에 상황은 종료된다. 우리가 대학을 졸업해서 사회에 나가게 되면 지금보다 훨씬 바빠질 것이다. 더 많은 선택의 기로에 있을 것이고, 더욱 많은 우선순위 문제로 골머리를 썩을 것이다. 직장, 가정, 학업, 친구 등의 가치에서 일관성 없는 우선순위는 처음에 자신이 의도했던 바와는 달리 상황에 휩쓸리는 결과를 초래한다.

우선순위가 중요하다는 것은 누구나 알고 있다. 하지만 이를 체계화하고 모든 생활에 적용시키기 위해서는 우선순위만을 위한 계획이 필요하다. 다이어리 중 시중에 가장 잘 팔리고 있는 '프랭클린 다이어리'는 비싼 가격에도 불구하고 많은 사람들의 사랑을 받고 있다. 이 다이어리가 사랑받는 이유는 좋은 글귀나, 효율적인 구성과 화려한 디자인도 아니다. 다름 아닌 A, B, C로 나누어지는 우선순위를 적는 칸 때문이다. 하루 일과를 적고 가장 중요한 일에 표시를 해둠으로써 변화하는 상황에 따른 적절한 행동을 체계적으로 할 수 있게 된다. 우리는 무엇보다도 우선순위를 체계화하는 데 신경써야 한다. 우선순위만이라도 체계적으로 정리한다면 상황 변화에도 객관적인 선택을 할 수 있고 우리는 적은 투자로도 적절한 선택을 할 수 있다.

No.1보다는 Only 1

위에서 우리는 '대학생활, 무엇으로 어떻게 보내는가'에 대한 문제점으로 시작해서 해결책을 모색해봄으로써 21세기가 요구하는 인재상에 걸림돌이 되는 획일적인 유흥·소비문화, 무책임한 시간 관리에 대해 살펴보았다. 다만 비판의식을 가지고 전개하다보니 오늘날의 대학문화, 특히 술 문화를 부정적으로 기술하고, 여러 가지 문제점에 따른 적절한 대안을 제시하지 못했다는 점이 한계로 지적될 것이다. 필자의 한계는 다 함께 고민하면서 극복했으면 하는 바람이다.

우리 자신은 우리들만의 것이 아니다. 우리에게는 경제 전문가들이 예상하는 미래 경제대국, 대한민국을 이끌어야 할 의무가 있다. 단지 No.1이 되기 위해서 노력하고 있는가. 우리 사회는 No.1을 특별히 요구하지 않는다. 왜냐하면 어느 사회나 No.1은 필연적으로 존재하기 때문이다. 이 사회가 우리에게 진정으로 요구하는 것은 다른 사람은 갈 수 없는 우리만의 'Only 1' 이다. 대한민국이라는 공동체는 이렇게 준비된 우리들을 기다리고 있다.

우리들의 둥지, 기숙사

박준호

아웃소싱되고 있는 기숙사

대체로 우리나라 대학의 역사는 짧다. 몇 백 년이라는 오랜 시간 동안 학풍과 캠퍼스의 전통을 살려온 외국 대학교와는 달리 한국의 유명 대학들은 1945년 해방 전후 물질적으로 부족한 상황에서 하나둘씩 생겨나기 시작했다. 이 시기, 혼란과 궁핍 속에서 현재 한국의 많은 명문 대학들이 일어섰다. 유럽과 같이 오랜 전통을 가진 나라들과 비교해 볼 때 우리나라의 기숙사 문화는 아직 성장하는 단계다. 특히 대학 캠퍼스 문화의 주축을 이루는 대학교의 기숙사 문화에서 많은 차이를 보여준다.

기숙사 설립 목적은 지방 학생들에게 낮은 가격에 주거환경을 제공하기 위해서다. 열악한 경제 여건에서 만들어진 기숙사는 시설이 협소하였고, 그 수마저 충분하지 못하였다. 게다가 엄격한 규율로 통제되었기 때문에 학생들이 좋아하지 않았다. 기숙사에 문화공간 역시 있을

리 없었다. 학생들에게 기숙사는 그저 숙식을 해결하는 공간일 뿐이었고, 여가나 놀이, 문화 활동 등은 항상 기숙사 밖에서 이루어졌다. 동아리 방, 당구장, 포장마차, 오락실 등이 놀이의 공간으로 대체되었고 기숙사는 단지 잠만 자는 고시원과 같은 기능밖에 없었다.

해방 전후 우리나라의 대학교들이 생겨나기 시작한 지 벌써 60여 년, 대부분의 대학교 기숙사 상황은 아직까지 크게 달라지지 않았다. 여전히 서울 소재 대학교들은 주변 자취 및 하숙 문화가 기숙사 문화를 대신하고 있고, 기숙사의 공급량 역시 아직도 수요에 못 미치고 있다. 기숙사 내부의 시설은 새로 짓거나 구조 변경을 하였지만 아직도 주거환경 제공이라는 1차적인 목적에서 벗어나지 못하고 있다. 또한 일부 대학들은 민간 기업에 기숙사 운영을 맡기면서 예전의 값싼 주거 공간 제공이라는 이점마저 사라지고 있는 추세다. 요즘 대학생들에게 기숙사에 대한 이미지는 예전보다 많이 좋아진 상태지만, 아직도 특정 기숙사만의 문화가 창출되기에는 그 기반이 부족하다.

열악한 환경과 기숙사 문화의 부재 속에 대학교 주변에는 하숙 및 자취가 발달하고, 대학교의 기숙사 문화는 자연스럽게 인근 주택가로 '아웃소싱' 되어갔다. 우리 부모님 세대들에게 물어보아도 대학 시절 기숙사에 대한 기억보다는 하숙집 아주머니와의 기억을 더욱 많이 말씀하신다.

공동체 의식의 부재

영화 〈해리포터〉에 나오는 호그와트 마법학교에 다니는 주인공 해리와 그의 친구들은 그린핀도르라는 기숙사에서 인연이 시작되었다. 반면 그들을 항상 괴롭히는 말포이와 그의 친구들은 슬리데린이라는 기숙사에서 산다. 호그와트 교내 행사가 있을 때마다 학생들은 자신이 속한 기숙사를 중심으로 스포츠 경기를 펼치고 사교 파티를 즐긴다.

비록 영화지만, 실제로 외국의 학교들은 호그와트와 같은 시스템 하에서 움직인다. 영화의 모델이 된 기숙 사립학교는 물론, 대학교까지 모든 학교 생활은 기숙사를 배정받으면서 시작된다. 캠퍼스 내에는 각기 다른 모양의 건물을 한 여러 기숙사가 있으며, 학교의 철학을 반영하는 이름이 아닌 유명 졸업생의 이름이나 각 기숙사를 상징하는 이름을 들어 새로운 소공동체 형성을 목적으로 한다. 이렇게 각기 다른 특성의 기숙사에 배정받게 된 학생들은 기숙사 선배들이 주최하는 캠퍼스 투어와 환영파티를 시작으로 교우 관계를 형성한다. 각 기숙사별로 엠블럼과 로고가 새겨진 가방과 옷들로 서로의 유대감을 다진다. 각종 스포츠 및 사교 행사에서 기숙사를 중심으로 경쟁과 단합이 이루어지기 때문에 서로간의 깊은 이해를 기초로 바쁜 대학생활의 캠퍼스 내에서도 서로를 반갑게 맞이한다.

하지만 한국의 기숙사에서는 호그와트와 같은 장면을 상상할 수 없다. 외국 대학에서 기숙사를 중심으로 하는 단합의 문화를 한국 대학교 내에서는 동아리가 그 기능을 하고 있다. 대부분 대학생들은 대학교에 입학하면 동아리를 선택하여 동아리 중심으로 인간관계를 형성하기 시작한다. 하지만 각 동아리 규모가 크지 않아 기숙사를 바탕으로 했을 때보다 넓은 인간관계를 형성하기 힘들며, 지속적인 만남이 힘든 동아리의 특성상 깊은 인간관계를 맺기에도 한계가 있다. 그러나 기숙사보다는 동아리가 대학 사교 활동의 대부분을 차지하다 보니 몇 년을 같은 기숙사 건물, 같은 복도에 살아도 서로의 이름조차 모른다. 낭만이 가득해야 할 대학교 기숙사는 오피스텔과 다름없이 잠만 자는 곳이 되었다.

여기가 군대야, 기숙사야?

큰 학문, 즉 대학大學을 배우는 장소인 대학교의 기숙사는 학생들에게 합당한 자유와 책임을 주어야 한다. 법적으로 성인으로서, 지성인으로서 대학생에게 통행금지 시간을 부여한다거나 점호를 강요, 생활을 통제할 목적으로 하는 규율은 고등학교 생활의 연장이다. 특별한 공동의 목적이 있는 군대나 경찰처럼 공동체의 획일적인 질서를 도모하여야 하는 집단이 아닌, 각기 다른 꿈을 찾아 나가는 대학교에서 개인의 생활을 통제한다는 것은 시대착오적 발상이다. 신기하게도 현재 대한민국은 소수의 학교들을 제외한 모든 학교 기숙사에서 통행금지 시간 및 점호, 벌점과 상점과 같은 통제 규율이 존재한다. 이는 기숙사 내에서 필요한 질서를 과대평가하고, 대학생의 자제력을 과소평가하여 학생들의 생활을 획일화시킨다. 학생들을 규율로써 강요하기보다는 믿음과 신뢰로써 후원하는 것이 학교와 기숙사의 최선의 선택이 아닐까.

또 하나의 시대착오적인 규율, '남녀칠세부동석男女七歲不同席'을 방불케 하는 이성교제 금지 규율이다. 아직까지 한국의 기숙사에는 남녀 학생이 나란히 앉아서 TV조차 볼 수 있는 공간이 없을 정도로 이성에게 개방되어 있지 않다. 서로의 기숙사를 출입하기 위해서는 오직 낮 시간에 방문 목적을 밝히고 출입증을 발급받고 들어가서 짧은 시간 동안만 방문이 가능하다. 일례로 기숙사에 사는 남학생의 친누나 혹은 부모님이 저녁식사를 마치고 자신의 남동생 혹은 아들의 방에 들어가는 것이 안 된다는 뜻이다.

오늘날 미디어는 자극적인 볼거리들로 가득 차 있다. 학생들을 대상으로 하는 학교 주변은 자극적인 광고로 우리의 주위를 끈다. 하지만 현재 한국의 대학생 기숙사에는 이성의 출입이 아예 금지되어 있다. 마치 이성과 같은 장소, 같은 공간에 있는 것 자체가 죄인양 여기도록 만든다. 가족이 되었든 친구가 되었든 이성과 함께 있을 수 있는 장소는 기숙사에 존재하지 않는다. 따라서 사생들은 다른 장소를 찾게 되고, 다시 한 번 기숙사의 기능은 '아웃소싱' 되고 만다.

여가 공간이 없는 기숙사

소수의 여대를 제외한 대부분 대학교는 모두 남녀 공학이다. 친구들도 남자와 여자가 생기게 마련이다. 하지만 대학교 기숙사에서는 그들을 위한 여가 공간이 따로 없다. 이는 앞서 이야기한 기숙사의 휴식공간으로서의 기능 상실을 초래한다. 학생들이 기숙사에서 여가를 즐기지 못하고, 친구들과 같이 휴식을 취하면서 대화를 할 수 있는 장소를 마련해 줄 수 없다면 학생들은 기숙사에서 문화생활을 즐길 수 없게 된다. 많은 학생들이 단지 앉아서 이야기를 하고 싶을 뿐인데, 학교 앞 커피숍까지 가서 학교 급식보다 비싼 커피를 하나씩 들고 딱딱한 의자에 앉아야만 비로소 대화의 공간이 생겨난다. 편한 옷을 입고, 푹신한 기숙사 소파에 앉아서 자신의 컵으로 따뜻한 차를 마시며 친구들과 대화를 하고 싶지만 기숙사 규율상 학생들은 매번 만나고 싶을 때마다 기숙사가 아닌 다른 곳에서 불필요한 지출을 해야만 한다. 자신의 컴퓨터로 아늑하게 친구들과 영화를 보고 싶어도 학교 앞 DVD방을 가야 하고, 같이 장시간 공부를 하기 위해서 스터디나 세미나가 가능한 카페와 같은 만남의 공간에 가야 하며 단둘이 조용히 대화가 하고 싶을 때는 또 다른 장소를 찾아 다녀야만 한다. 학생들은 기본적인 문화생활을 위해 기숙사 밖으로 나가야 한다.

우리에게는 교류의 장이 필요하다

기숙사는 다른 주거 공간과 달라야 한다. 서로 다른 학벌과 다른 직업을 가진 사람들이 모여 사는 일반 주거공간과 달리 학교 기숙사는 같은 소속감을 가진 사람들이 한데 모여 거주하는 공간이다. 이는 장점으로 작용하여 같은 사생들 사이에서 더욱 활발하게 교류활동이 가능하다. 서로 다른 분야의 공부를 하는 학생이라도 같은 기숙사에 산다는 이유 하나만으로 서로 친구가 될 수 있으며 서로의 지식을 넓혀 줄 수도 있다. 더군다나 주거 공간이 가까워 관계는 급속도로 빨라질 수 있으므로 사교의 장이라고 말해도 부족함이 없을 것이다. 하지만 이러한 기숙사 환경이라고 해도 교류활동이 없다면 기회 낭비가 될 뿐이다. 외국 대학 사례처럼 기숙사 대항 체육대회라든지, 사교파티, 행사 등은 아니더라도 우리만의 새로운 교류활동 프로그램을 만들어서 이러한 기숙사의 특수성을 십분 발휘할 수 있어야 한다.

몰입형 기숙 프로그램

기존의 한국 기숙사 문화는 부족함이 많다. 부족함을 채우기 위해서 경희대학교 국제캠퍼스 및 몇몇 학교에서 시행하고 있는 프로그램이 바로 몰입형 기숙프로그램이다. 몰입형 기숙프로그램은 신입생 전원이 생활할 수 있게 기숙사 공급량을 늘리고, 기숙사생들이 서로 함께 즐길 수 있도록 체육이나 외국어 수업, 멘토링 프로그램 등 여러 가지 새로운 시도를 한다. 이는 기존의 딱딱한 기숙사 생활에 새로운 활력소를 불어 넣어주는 좋은 계기로, 기숙사 학생들끼리 유대감을 형성할 수 있게 하는 등 긍정적인 영향을 주고 있다. 학기마다 시행되는 기숙사 오픈하우스, 방 꾸미기 등 해외 대학교 기숙사에서 시행하는 프로그램을 벤치마킹하였을 뿐만 아니라 통행금지 시간을 폐지시켜 학생들에게 더욱 자유로운 기숙사 문화를 즐길 수 있도록 한다.

하지만 몰입형 기숙프로그램은 그 취지만큼 좋은 성과를 창출하지는 못하고 있다. 기존의 선진국 대학들의 사례와 비교해 보았을 때 부족한 부분이 많이 보이는 것이 사실이다. 일부 프로그램들은 '위로부터의 개혁' 이기 때문인지 아니면 아직 확실하게 체계적이지 못한 시스템 때문인지 학생들에게 기대만큼의 참여를 끌어내지 못하고 있다.

또한 학생들에게 수업식으로 진행되는 많은 프로그램들은 여가활동 및 문화활동의 자유로운 공간이 아닌 학점을 위한 필수교양 프로그램으로 전락할 수도 있다. 진정으로 학생들의 기숙사 문화를 부여해주기를 원한다면, 보여주기식 프로그램이 아닌 보이지 않는 부분에 더욱 신경을 많이 써야 할 것이다. 그러기 위해서 기숙사 문화생활 부분에 학생들의 필요와 의견을 듣고, 또 한 발 더 나아가서 학생들의 편의를 먼저 생각하는 자세가 필요하다.

새로운 문화 창출의 공간

텔레비전 프로그램은 한류 열풍을 타고 전 세계에 방영되고, 패션 또한 유행을 타고 전파된다. 대학교 기숙사도 최초 목적은 학생들의 기본 숙식 해결에서 시작되었을지라도 그 다음 단계는 새로운 문화 창출로 변해야 할 것이다. 딱 필요한 만큼의 기능이 아닌, 한 발 더 나아가 학생들의 편의와 생활을 창조적인 방향으로 제시하는 것이 대학교 기숙사 생활 문화가 나아가야 할 방향이라고 생각한다. 대학교 기숙사는 일반 거주 공간과는 다른 문화가 존재하여야 한다. 더욱 강한 소속감과 서로에게 개방된 주거환경으로 학생 문화생활의 중심지가 되어야 할 것이다. 학생들을 위한 배려와 신뢰를 바탕으로 한국 기숙사 생활을 한 단계 발전시키기 위해서는 학교와 기숙사 측에서 과감히 개혁하여 시대를 앞서가는 선진 대학 기숙사 문화를 창조하였으면 하는 바람이다.

자취 생활 백서

김지민

자취 생활 입문: 학교 주변 주거 환경 돌아보기

대한민국의 고등학생들은 짜여진 시간표, 야간 자율학습, 수능 성적, 부모님의 간섭 등 이 모든 압박들에서 벗어나 자유로워지길 바란다. 자유에 대해 사전식으로 정의하면 남에게 구속을 받거나 얽매이지 않고 자기 마음대로 행동하는 일, 또는 그러한 상태다. 이러한 자유는 대학생이 되면서 자취라는 삶의 방식에서 시작된다. 필자 역시 20세가 되던 해 자취를 시작했고, 어느 누구의 간섭도 받지 않는다는 자유로움에 기쁜 마음으로 자취 생활을 시작했다.

자취를 하는 이유, 자취 형태는 제각각이지만 어찌됐건 자취 생활은 방을 구하는 데서 시작된다. 그리고 그 출발점에서 우리는 지금까지 대중매체를 통해 보아온 자취 생활의 모습들이 환상이었음을 깨닫는다. 본가 자신의 방보다 더 넓고 잘 꾸며진 자취방, 요리책을 보며 매일 새로운 음식을 만들며 뿌듯해 하는 모습, 옆집에 사는 〈꽃보다 남자〉의 주인공들을 능가하는 외모의 엄친아들 혹은 엄친딸들은 어디까지나 만화책 또는 텔레비전에서나 가능한 모습일 뿐이다. 보통 고시원, 주택, 원룸 중에서 하나를 선택해 자취하는데, 조금씩 차이는 있지만 서울에서 괜찮은 집을 구하길 원한다면 모두 생각보다 비싼 값을 지불해야 한다.

학교 주변의 주거환경에 대해 좀 더 살펴보자. 고시원은 보증금이 없고 월세가 다소 저렴한 편이다. 주택은 신축이 아닌 기존 주택일 경우 원룸보다 보증금과 월세 모두 저렴하다. 원룸은 월세가 가장 비싸지만 대부분 가전 제품들을 두루 갖추고 있어 고가의 세간들을 따로 장만할 필요가 없다. 학생들은 보다 나은 환경에서 생활하기 위해 원룸을 선호하는 경우가 많아, 원룸형 고시원이 증가하고 있고 또한 주택을 리모델링해 학교 주변의 주거환경들이 원룸으로 탈바꿈하고 있는 추세다. 그 결과 학교 주변에 있는 자취방의 가격은 점점 높아지고 있다.

자취 생활 2년째 접어든 2009년 2월, 학교 주변으로 자취방을 옮겼다. 집을 구하기 위해 온·오프라인으로 10일 정도 헤매고 다녔다. 필자가 원하던 가격대의 집들은 침대, 책상, 옷장, 싱크대가 한 방에 오밀조밀 모여 있는 5평 남짓의 원룸이 대부분이었는데, 움직일 공간이 거의 없었다. 이러한 집들은 대학가에 위치해 있다는 이유만으로 반지하가 1층으로 둔갑하고, 창문이 있는 방은 5만원을 추가로 더 내야 하는 일이 다반사다. 물론 대학가를 조금 벗어나면 같은 가격대에 더 좋은 집을 구할 수 있지만, 대부분의 학생들은 학교와의 접근성을 생각해 방의 가치에 비해 꽤 높은 값을 지불하며 자취 생활을 시작하는 경우가 많다. 우리는 이렇게 자취 생활의 첫 단계에서부터 기대치를 충족하지 못한 채 시작한다.

2003년 인기리에 방영되었던 〈옥탑방 고양이〉를 기억하는가. 남·여 주인공이 옥탑방에서 알콩달콩 살아가는 내용인데, 이 드라마 덕분에 모두가 꺼려했던 옥탑방이 한때 인기 매물이 되기도 했다. 하지만 옥탑방에 살아본 이들은 드라마에서 보았던 삶과는 전혀 다른 생활을 경험했을 것이다. 여름엔 바깥 공기보다 더 뜨거운 방안, 겨울엔 바깥 공기와 별 반 차이 없는 추위를 겪어 보았다면 옥탑방의 '옥' 자도 듣기 싫을지도 모른다. 이처럼 겉으로 보이는 자취 생활의 재미와 자유로움만을 동경하는 이가 있다면 필자는 이렇게 말하고 싶다. "보이는 것이 다가 아니다!"라고. 자취는 우리에게 달콤한 자유를 선사하지만, 자취를 해보지 않은 사람에겐 보이지 않는 사각지대가 분명 존재한다.

또한 집은 하루 일과를 마치고 돌아와 편안한 마음으로 쉴 수 있는 곳이어야 하지만 자취방은 종종 이런 집의 기능을 상실하곤 한다. 자취방이 학교로부터 500미터 전방에 위치한다면 거의 열 명 중 여덟은 자신의 집이 어느새 공동구역이 되어 있음을 깨닫게 된다. 학교 근처에서 자취하는 같은 과 친구가 학교 수업 후 집에 갔더니 이미 수업을 마친 친구들이 자신의 자취방에서 라면을 끓여먹고 있었다고 한다. 이처럼 학교 근처에서의 자취는 때론 개인의 사생활과 자유를 앗아가기도 한다.

서울 쥐 vs 시골 쥐

대학생의 자취 생활 중 가장 큰 문제는 과잉자유로 인한 부작용, 대표적으로 불규칙한 생활패턴을 예로 들 수 있다. 학교 근처에서 자취를 하면 대부분의 사람들 특히 부모님들은 아침 9시 수업에 늦지 않을 것이라 생각한다. 하지만 아침에 일어나는 시간도 본인의 선택에 달렸고, 심지어 오늘 수업 모두를 자체 휴강시킬 수 있는 것도 바로 본인이다. 하루 종일 게임을 한들, 집에 늦게 귀가를 한들 어느 누가 뭐라 하겠는가.

아침에 눈을 떴는데 열이 펄펄 끓는다. “엄마! 나 열나는 것 같아. 머리도 아프고” 어리광 섞인 말투로 엄마에게 자신의 몸 상태에 대해 설명한다. 그러나 엄마의 대답은 들려오지 않고 서러움만 몰려온다. 자취생에게 제일 서러웠던 때가 언제냐고 묻는다면 대부분 바로 아플 때라고 대답할 것이다. 이 순간만큼은 꿋꿋이 자취 생활을 해오던 시골 쥐들도 서울 쥐들이 얼마나 부러운지 말로 다 할 수 없다.

본가가 서울이라 집에서 통학하는 이들을 보면 자취생보다 좋은 점이 많다. 늦게까지 공부하고 난 아침, 아침준비로 서두르지 않아도 맛이 좋고 영양가 높은 아침이 차려져 있고 빨래를 하지 않아 신을 양말이 없다고 투정부릴 일도 없다. 반면, 자취를 하는 경우 밤늦게까지 공부를 한들 누가 이를 알아주며, 아침밥과 빨래는 누가 해놓을 것인가. 공부도 밥도 빨래도 모두 자취생들의 몫인 것이다. 필자는 가족들과 함께 사는 경우 많은 혜택을 얻을 수 있기에 서울 쥐들은 대학생활도 이전의 중고등학교 생활처럼 편하게 할 수 있다. 물론, 자신의 학교와 집의 위치가 멀어 통학하는 어려움이 있지만, 대부분의 학생들이 계속 집에서 통학하는 것을 보면 그것이 집에서 사는 혜택들과 맞바꿀 만큼은 아니라는 것을 짐작할 수 있다. 서울 쥐들에게 통학의 불편함 외에 가족들과 사는 것에 대해 어려움이 있냐고 물어보면 부모님의 간섭, 정해진 귀가시간 등을 들며 자유로운 자취 생활을 동경한다. 이렇게 서울 쥐와 시골 쥐는 각자 다른 이유로 서로를 부러워하며 살고 있다.

자취의 달인이 되기까지

필자는 20살이 되던 해 기쁜 마음으로 자취를 시작했지만 그 마음은 오래가지 않아 절망으로 바뀌었다. 이런 현상은 자취를 시작하는 대다수 학생들에게 일어난다. 20살 이전의 삶들을 표현하자면 '혼자' 라는 단어보단 '함께' 가 적절할 것이다. 하지만 자취를 선택한 이들의 삶은 홀로서기란 말이 적절하다. 그동안 부모님의 틀 안에서 수동적으로 살아온 우리는 20대에 처음 시작하는 자취 생활에서 여러 가지 시행착오를 겪는다.

처음 자취를 시작한 2007년 2월 어느 날, 혼자만의 보금자리가 생겨 하루하루가 즐거웠다. 하지만 시간이 지나면서 20년 동안 무엇을 했나 회의감이 들기 시작했다. 밥을 할 줄도 모르고, 세탁기 돌리는 법도 몰랐으며, 매일 방을 청소하는 습관도 들이지 못했다. 혼자 장을 보지도 못했고 심지어 매달 내야 하는 도시가스와 전기세를 어떻게 납부해야 하는지도 몰랐다. 이런 상태에서 무작정 혼자만의 생활을 동경하며 시작한 자취 생활이 순탄할 리 없었고 자취를 시작한 지 한 달도 되지 않아 외롭고 힘들었다.

숱한 방황의 날들을 보낸 후, 그동안의 의존적인 모습을 떨쳐버리고 변화하리라 다짐했다. 기상시간과 취침시간을 정해 규칙적인 생활을 했다. 요일별로 김치찌개, 된장찌개, 순두부찌개 등 다양한 요리를 해먹고, 혼자 장을 보러나가 싱싱한 야채 고르는 법도 터득하고, 매달 내야 하는 공과금도 늦지 않게 냈다. 물론 이렇게 자취 생활에 익숙해지기까지 시행착오도 많았고 여러 번의 좌절을 경험하기도 했다. 하지만 나뿐만 아니라 20대 자취를 시작한 대부분의 학생들이 이러한 과정을 겪으며 진정한 자취 생활의 의미를 발견하게 된다.

자취 그 속에서 배우는 소소한 행복

자취하는 친구로부터 생뚱맞은 문자를 받은 적이 있는가? 정말 말도 안 되는 내용이라든지, 갑자기 왜 이런 닭살 멘트를 하는지 영문도 모른 채 어안이 벙벙한 적이 있다면 앞으로는 그런 순간에 따뜻한 문자 한 통을 보내주면 좋다. 자취를 하면 종종 찾아오는 외로움과 마주치게 된다. 룸메이트가 있든 없든 상관없이 외로움은 반드시 찾아오게 마련인데, 그럴 때면 가까운 지인에게 문자를 보내는 경우가 많다.

물론 대부분의 자취생들은 외로움에 대처하는 자기만의 방법이 있다. 자취를 시작한 지 2년 반이 넘은 필자도 여러 대처법을 가지고 있다. 집에서 작은 식물을 키우며 하루하루 커가는 모습을 지켜보며 뿌듯해하기도 하고, 가끔은 자취 생활과는 어울리지 않는 화려한 밥상을 차려 우아하게 밥을 먹기도 한다. 또 다른 자취생들의 이야기를 빌리면, 평소에 어질러진 방을 깨끗하게 청소하며 기분전환을 하고, 보고 싶은 영화 목록을 작성해서 하루 종일 영화를 보기도 한다.

이러한 방법들은 빅 이벤트가 아닌 일상에서 일어나는 소소한 일들에서 행복을 느낀다는 것이다. 자취 경력이 오래될수록 더 다양하고 효과적인 자기만의 자취 노하우가 많아지게 마련이다. 자취 생활 안에서 소소한 행복을 잡아내는 능력 또한 향상된다는 말이다.

진정한 홀로서기를 위하여

니체의 『우상의 황혼』에 '자유란 자기의 책임에 대한 의지를 갖는 것'이라는 말이 있다. 우리는 자유와 책임이 불가분의 관계라는 것을 일찍이 학창 시절부터 배워왔다. 이 둘은 동전의 양면과도 같아 어느 하나가 결여된다면 다른 하나도 완전할 수 없다. 우리의 자취 생활도 이와 같다. 자유로운 생활의 이면엔 자기 스스로에 대한 통제력 즉 책임감이 필요하다. 그리고 그것이 가능할 때 진정한 홀로서기가 가능하다.

우리는 20대에 접어들면서 그동안 보지 못했던 것을 보고, 배우지 못했던 것을 배운다. 그리고 분명 홀로서기를 통해 성장한다. 20대의 여러 경험에서 홀로서기란 앞으로의 인생을 스스로 개척하는 밑거름이 되고 이를 통해 삶을 살아가는 데 필요한 독립심 또한 키우게 된다. 이런 의미에서 자취 생활은 홀로서기의 시작이고 20대의 우리는 현재 이 연장선상에 서 있다.

대학생의 식생활 진단

주영욱

서울에 있는 대학교에 입학한 OO군은 학교 앞에서 자취를 하는 새내기 대학생이다. 오늘도 늦잠을 잔 OO군은 아침 수업을 듣기 위해 급하게 나오느라 아침식사를 하지 못했다. 수업이 끝난 뒤 점심식사는 학교식당에서 카레돈가스를 먹고 저녁식사로는 학교 앞 식당에서 제육볶음을 먹었다. 그 후 집에서 과제를 하다가 친구의 야식먹자는 문자를 받고 밖으로 나가서 치킨을 먹었다.

많은 대학생들이 공감하는 일반적인 생활 모습이다. 식사는 외식으로 해결하고 늦은 밤 야식까지 먹는 식습관이 이미 많은 대학생들에게는 일상이 되어버렸다.

우리는 하루에 세 끼를 먹는다-점심, 저녁, 야식

학교 앞은 밤이 되면 낮과는 다른 모습으로 변한다. 여러 술집이며, 음식점에서 즐거운 대화와 함께 북적이는 모습은 정겨운 풍경이 아닐 수 없다. 함께 모여 술을 마시는 무리들, 야식을 먹으러 나온 사람들, 혹은 자취방에서 먹을거리를 사러 뛰어나온 사람들….

이 시간 이곳에 있는 사람들은 대부분 무언가를 '먹기' 위해 돌아다닌다. 하루 동안 지치고 피곤한 일상을 마무리하기 위해, 또 고생한 자기 자신에게 보상하기 위해, 오늘도 음식점 사이를 돌아다닌다. 하지만 밤늦게 음식을 섭취하는 것은 소화기에 부담을 주어 숙면을 방해하여 더 피곤해지고, 소화도 잘 되지 않아서 다음날 아침을 배가 더부룩한 상태로 시작한다. 속이 안 좋으니 아침 식사를 거르게 되고, 늦게 자는 습관 때문에 밤이 되면 허기가 져서 야식을 먹게 된다. 이런 생활이 반복되어 습관이 되면 야행성 세 끼 식사를 하게 된다.

특히나 이런 야식을 먹는 습관을 부채질하는 것이 바로 술자리다. 동아리모임, 선후배와의 만남, 친구들과의 만남 등 거의 모든 저녁 모임에서 술은 빠지지 않는다. 서먹한 분위기를 없애려고 혹은 분위기를 띄우기 위해 우리는 술을 마시고 권한다. 하지만 이미 대학생활에 깊이 침투해버린 술 마시는 문화 속에서 우리의 건강은 멍들고 있다. 술이 그 자체만으로도 유해하다는 것은 이미 모두가 다 알 것이다. 문제는 이에 더해서 술과 함께 먹는 안주에 있다. 대부분 술자리는 밤늦게 있다 보니, 밤늦게 술과 함께 안주를 먹는 것은 우리의 건강에 나쁜 영향을 준다. 술안주는 튀긴 음식과 육류가 많아 늦은 저녁에 먹기에 부적합하다. 한때 술을 마시면 그 테이블의 안주를 모두 바닥나게 만들어서 이른바 '진공청소기'라고 불리던 친구가 있었다. 그는 지금 볼록 튀어나온 배를 만지며 고민하고 있다.

아침식사, 보약이지만 못 먹겠어

어느 통계 자료를 보면 대학생 중 아침식사를 먹지 않는 사람이 30퍼센트라고 한다. 초등학교 때부터, 귀에 못이 박히도록 들어온 '아침식사는 거르지 마라'는 말을 지키지 못하는 이유는 무엇일까. 통학하는 학생에게는 등교시간이 많이 걸리는 것이 부담이다. 물론 고등학교 때보다야 아침 수업이 늦춰지긴 했지만, 그래도 집에서 통학하는 학생은 학교까지 거리가 멀어서 시간이 더 걸리고, 바쁜 아침시간에 식사를 잘 챙겨먹기가 힘들다.

식사를 하는 학생들도 대부분 부모님이 차려주셔서 한두 숟가락만 대충 먹고 나온다. 학교 앞에서 자취하는 학생은 혼자 사는 형편이라 아침을 먹기가 더 힘들다. 부지런한 학생들은 아침을 잘 챙겨먹기도 하지만 대부분 다른 대용식으로 때우거나, 혹은 그냥 먹지 않는 사람도 많다.

야식도 아침식사를 거르게 하는 주범이다. 밤늦게 야식을 잔뜩 먹었으니, 아침에 일어나서 식욕이 있을 리가 있을까. 그리고 다이어트를 하려는 학생에게도 아침식사는 빼먹기 좋은 핑계거리다. 비교적 배가 덜 고픈 아침에 굳이 밥을 먹어서 영양을 섭취하고 싶지 않다는 것이다. 주변을 보면 집에서 통학하는 학생보다는 자취 생활을 하는 학생이, 그리고 여학생보다는 남학생이 아침식사를 더 많이 거르는 경향이 있으며, 챙겨먹는 학생은 늘 챙겨먹고 거르는 학생은 늘 거르는 습관이 많았다.

오늘 점심에는 뭘 먹지?

고등학생 때도 그러했지만, 대학생에게도 수업과 수업 사이, 혹은 수업이 끝난 뒤의 점심시간은 기다려지는 시간이다. 이 시간은 밥을 먹는 시간이면서 동시에 쉬는 시간이다. 친구들끼리 몇 명씩 모여 점심 식사를 하는 풍경은 학교 앞에서 볼 수 있는 가장 흔한 장면 중 하나다. 매일 먹는 점심 식사, 그래서 우리는 '오늘 점심에는 뭐 먹지?'라는 고민을 한다. 대학교에는 대부분 학교식당이 있어서 많은 학생들이 학교식당에서 점심 식사를 한다. 학교식당은 학교 내부에 있으며 상대적으로 저렴한 가격으로 식사를 할 수 있다는 장점이 있다. 하지만 너무 길게 선 줄 때문에 혹은 부실한 메뉴 때문에 외면을 받기도 한다.

학교식당을 외면한 이들은 편의점에서 김밥, 즉석 도시락 같은 것으로 간단히 때우거나 혹은 학교 앞 식당을 찾는다. 학교를 드나드는 다양한 사람들만큼이나 다양한 종류의 식당들을 찾을 수 있다. 하지만 여기서도 문제점을 찾을 수 있다. 대부분의 식당 메뉴가 육류 위주거나 튀긴 음식이다. 게다가 학생들은 자기가 선호하는 메뉴를 선택해서 먹다보니, 자신이 좋아하는 것만 먹는 편식과 육류 위주의 편중을 우려하지 않을 수 없다. 그리고 걸핏하면 거론되는 식당의 위생 문제와 과다한 조미료 사용도 학생들의 건강을 위협하는 요인이다.

나 오늘부터 다이어트야!

다이어트 결심을 안 해본 사람은 드물 것이다. 좋아하는 음식을 배부르게 먹는 것은 누구에게나 큰 즐거움이지만 외모지상주의에 살고 있는 우리는 이런 즐거움을 맘 편히 누리기 힘들다. 한 입만 더 먹을까 말까 고민하다가 한 입만 먹어야지 하고 수저를 들었는데, 금세 한 그릇을 다 먹고 수저를 내려놓을 때 드는 후회를 해보지 않았을까? 정말 수저를 들 때 마음이 다르고, 놓을 때 마음이 다르다는 말에 많은 사람들이 공감할 것이다. 다이어트는 이미 남녀노소를 불문하고 누구에게나 큰 관심사가 되었다. 물론 적당한 다이어트, 음식 조절은 식습관 형성과 건강에 좋은 영향을 줄 수 있다. 다이어트를 위해 야식을 끊고 과식을 피하고 지나친 육류섭취를 피하는 것, 그리고 식사 중간중간에 먹던 간식도 줄인다면 건강에 좋은 영향을 줄 것이다. 그러나 과유불급. 문제는 언제나 지나친 데서 온다. 정신적 집착에서 비롯된 지나친 다이어트는 최소필요량의 영양공급마저 줄이며 정신적, 육체적 스트레스를 준다. 지나친 다이어트의 위험성과 피해는 이미 언론이나 우리 주변에서 자주 언급되어왔다.

끝이 있으면 그 반대쪽에도 끝이 있지 않을까. 누군가는 자신의 마른 몸을 뚱뚱하다고 생각하고 계속해서 살을 빼고 있는데, 그 반대쪽에는 이미 몸무게가 킬로그램 단위가 아닌 톤 단위가 되어버린 이들이 있다. 육류와 튀긴 음식, 인스턴트와 탄산음료 등 고칼로리 음식에 무방비로 노출된 채 하염없이 불어만 가는 몸을 깨닫지만, 그때는 이미 늦어버렸거나, 다이어트를 시도하였으나 실패한 이들이다. 지나친 비만은 여러 질환을 야기하는 원인이 되며 신체적, 정신적, 그리고 사회적으로 악영향을 주어 스스로를 위축시킨다. 또한 비만이 이들만의 이야기는 아니다. 야식과 음주문화 그리고 운동부족으로 말미암은 복부비만 환자들, 이른바 ET형 인간이 되어 한숨을 쉬는 사람이 한둘은 아닐 것이다.

시험 기간 우리의 식생활, 건강도 시험받는다?

학생 입장에서, 시험 기간은 언제나 긴장되고 힘든 날들이다. 도서관을 가득 채운 많은 학생들의 학구열을 느낄 수 있는 시험 기간. 이런 시험 기간의 건강관리와 그리고 음식섭취는 아주 중요한 요소이다. 하지만 밤늦게까지 공부하면서 시험 스트레스의 압박을 받는 이때는, 건강한 식습관이 위협받기 쉬운 때이다.

먼저 시험 기간에 먹는 야식은 빼놓을 수 없는 단골손님이다. 열심히 공부하다가 먹는 야식의 맛을 어찌 말로 표현할 수 있을까. 하지만 맛있다고 배부르게 먹다보면 소화불량, 비만 등의 건강문제뿐만 아니라 시험마저 망치게 하는 독약이 될 수도 있다. 야식 섭취는 곧 졸음을 동반하고, 졸음을 주체할 수 없어 단잠을 자게 된다. 꿀맛같은 야식을 먹고 단잠을 잔 후 일어난 아침은 결코 꿀맛 같지 않았던 경험, 다들 있을 것이다.

시험 기간에 유독 소화불량에 시달리는 친구들도 있다. 긴장되는 시험을 코앞에 두고, 소화가 더 잘 되고 식욕이 강해지면 그것도 이상하겠지만, 지나치게 긴장하여 소화가 안 되어 속이 계속 더부룩하고 잘 체하며, 식사를 잘 하지 못하는 것도 문제다.

시험 기간 식습관의 또 다른 문제점은 부족한 시간을 아끼기 위해 식사를 대충 때우거나 그냥 거르는 것이다. 특히 오후 시험을 앞둔 점심시간엔 학교 매점의 김밥, 샌드위치, 빵 같은 음식은 금세 동이 난다. 한두 번은 그렇다 쳐도 시험 기간이 길 경우 이런 생활이 반복된다면 분명 건강에도 좋지 못하다. 대충 때우면 저녁때쯤 허기져서 저녁 식사를 폭식할 우려도 있다.

건강한 우리들의 젊음을 위해

대학생은 일종의 학생과 사회인의 과도기적 단계다. 학생 신분이긴 하지만, 중고등학교 때에 비해 더 많은 자유가 주어지는 동시에 그만큼의 책임 또한 따르게 된다. 뿐만 아니라 더 많은 유혹에 노출되는 시기이기도 하다. 식생활에 있어서도 이는 마찬가지다. 고등학생 때까지는 대부분 어머니가 차려주는 밥과 학교 급식을 먹었다면, 대학생은 밖에서 밥을 사먹는 경우가 훨씬 많다. 그러므로 자기가 좋아하는 먹을거리를 골라서 먹을 수 있는 기회도 훨씬 많아지며 또한 그에 따라서 건강을 해치는 경우가 발생할 수도 있다. 모든 식사를 알아서 해결해야 하는 자취생들의 경우는 말할 것도 없고, 집에서 통학하는 학생들도 마찬가지다.

대학생의 식생활과 건강이 위험에 노출되어 있다 하더라도 다행스러운 점은, 이미 많은 대학생들이 이런 상황을 인지하고 스스로의 건강을 지켜야 한다는 인식을 갖고 있다는 점이다. 그래서 많은 대학생들이 일과중에 틈틈이 운동을 하며 이것이 여의치 않으면 최소한의 식이조절이라도 하려고 애쓴다. 시간을 쪼개 헬스장을 가거나, 혹은 수영을 하거나, 혹은 운동장에서 운동을 하는 등의 방식으로 대학생들 사이에서 스스로에게 알맞은 운동을 하며 건강을 지키는 문화가 형성되고 있다는 것은 매우 바람직한 일이다. 그뿐만 아니라 자취를 하는 대학생들은 편중되기 쉬운 식단에서 소홀할 수 있는 야채 섭취를 보충하기 위해 각자 자신만의 대책을 마련하기도 하며, 식당에서 밥을 먹더라도, 먹을 때마다 다양한 메뉴를 고르려고 하기도 한다. 또한 지나친 과식과 인스턴트 위주의 식사도 최대한 피하려고 노력하는 학생도 점점 많아지고 있다. 또 자취를 하더라도 식사만큼은 식당에서 먹는 대신 집에서 직접 해서 꼬박꼬박 챙겨먹는 부지런한 웰빙족들도 생겨나고 있다.

젊어서 고생은 사서도 한다지만, 건강만큼은 예외라고 생각한다. 젊어서부터 건강을 해치면, 나이가 들면서 점점 더 만성이 되어 돌이킬 수 없게 될지도 모른다. 젊음의 열정과 패기, 이것을 지키고 유지하는 밑바탕은 바로 건강한 몸임을 깨닫고 이를 지키려는 의지가 우리 스스로에게 필요한 때가 아닌가 생각한다.

스포츠에 열광하는 대학문화의 이면

박영휘

WBC, 월드컵, 올림픽에 열광하는 젊은 세대들

전 국민이 월드베이스볼클래식WBC에 울고 웃었다. '국민감독 김인식, 국민남동생 김현수, 꽃범호, 의사 봉중근' 등과 같은 별칭을 가진 전국구 스타들도 생겨났다. 지난 제1회 대회의 선전과 베이징올림픽 야구 금메달의 쾌거, 이러한 연이은 호재들로 야구의 인기는 한층 더 높아졌다. 최근에는 그 열기가 국내 프로야구로까지 이어졌다. 기아타이거즈의 연승 행진, 치열한 순위 경쟁 등으로 전국의 야구장은 관중 동원 신기록을 수립했다.

최근 방문한 야구장에서는 많은 변화를 직접 느낄 수 있었다. 가장 큰 변화는 바로 눈에 띄는 여성 관중들의 증가였다. 과거에는 농구나 배구 같은 종목의 꽃미남 스타들에 열광했던 여학생들은 많았지만, 야구나 축구 경기장을 찾는 경우는 매우 드물었다. 축구 역시 2002년 월

드컵 이후 여성 관중이 증가하기는 하였지만, 남성의 전유물로 일컬어졌던 야구라는 스포츠에서 여성 관중의 비율이 절반을 차지한다는 것은 정말 놀라운 일이 아닐 수 없다. 또한 과거 단순히 남성에게 이끌려 수동적으로 참여하던 것에서 벗어나 능동적인 참여가 늘어나 여성들끼리 무리지어 관람하는 경우가 많아졌다.

야구뿐만 아니라, 과거 관심 밖이던 몇몇 스포츠 종목들 가운데 세계적인 스타들이 탄생하면서 대중적인 스포츠로 도약하는 경우도 생기고 있다. 박태환, 김연아 등 세계 최고 수준의 경기 실력과 연예인 수준의 뛰어난 외모를 갖춘 스타 선수들의 영향으로 그동안 비인기종목이었던 수영과 피겨스케이팅은 명실상부 최고 인기 스포츠로 일약 발돋움했다. 많은 사람들의 관심이 집중되고 기업 마케팅을 위한 수단으로 전폭적인 지원을 받고 있다.

또 올림픽에서 여자 핸드볼선수들의 연이은 선전과 베이징 올림픽에서 금메달을 딴 장미란 선수의 영향으로 해당 경기 종목을 소재로 영화가 제작되기도 하였고, 앞서 언급한 종목들만큼은 아니지만, 그동안 국민들에게 외면당했던 종목들이 관심의 대상이 되기도 한다. 이러한 스포츠 인기의 파급효과는 대학생들의 대학문화에도 큰 영향을 끼쳤다. 프로스포츠를 비롯한 대부분 스포츠를 관람하는 연령이 20대가 주를 이루고, 대한민국 사회에서 20대라 함은 대학생이나 이제 막 사회에 진출한 사회 초년병들을 의미하기 때문이다.

스포츠는 이미 대학문화의 중요한 일부분으로 자리 잡았지만 대학의 스포츠 시설과 체육교육에 대한 지원은 아직 수요자가 원하는 만큼 뒷받침하지 못하고 있다.

대학 교양체육의 어두운 현실

청바지 또는 운동복에 구두를 신은 어설픈 복장의 학생들이 그늘에 앉아서 잡담을 나누고, 마초 같은 몇몇의 남학생들만 땀을 뻘뻘 흘리며 운동하는 모습이 대한민국 체육교육의 현주소다. 광화문에서 대규모 거리 응원을 하고, 야구장에서 목이 터져라 응원하는 모습과는 너무나 상반된 모습이다. 현실이 이러하기 때문에 대학 교양체육의 현주소를 언급할 때면 언제나 한숨부터 나온다.

초·중등학교 체육교육은 사회 문제로 인식되면서 전문가들의 연구 대상이 되었고, 정책적으로 문제해결을 위해 많은 노력을 하고 있다. 정부의 지원과 사회 구성원의 동의가 이루어져 많은 변화를 가져왔다. 하지만 대학 교양체육은 문제 대상으로 인식조차 되지 못하고 있는 실정이다. 교양체육이라는 명목으로 이루어지는 대학 교육과정 내 체육교육의 현실이 어떠한지 체육을 전공한 대학생의 한 사람으로서 나눠보고자 한다.

대학생이면 누구나 매 학기 수강신청 기간이 되면 어떤 과목을 선택할지 고민한다. 스포츠를 좋아하는 대학생들은 타 과목이 대부분 3학점인데 비해 교양체육 과목은 1~2학점이어서 학점을 채우는 데 손해임에도 불구하고 선택하곤 한다. 본인이 좋아하는 종목 또는 배우고자 하는 종목을 선택한다. 하지만 좋아하고 배우고 싶어서 수업을 들었음에도 수업에 대한 만족도와 실용성은 현저히 떨어진다. 예를 들어 대학에서 테니스 교양 수업을 한 학기 수강한 후, 친구와 테니스 게임을 할 수 있을까? 실력의 좋고 나쁨을 떠나서 경기를 즐길 수 있을 정도의 실력 향상은 수업의 중요한 목표 중 하나다. 그럼에도 불구하고 이러한 수업목표는 달성되지 못한다. 부족한 수업 시간과 환경 탓이라고 변명하는 교수나 강사들이 있다. 그러나 이는 교육자로서 너무 안

일한 자세다. 한 학기 동안 완벽한 실력을 갖추도록 하는 것은 물론 불가능하다. 그렇지만 최소한 테니스를 개인적으로 학습할 수 있는 방법이나 경로를 알려주는 것, 완벽하지는 않지만 친구들과 웃고 즐기면서 테니스 게임을 할 수 있도록 해주어야 한다. 테니스 수업을 한 학기 이상 수강했고, 흥미와 관심이 있으면서도 테니스를 즐길 수 없다면 이는 테니스를 즐기는 마니아를 만들기보다는 오히려 어려운 종목으로 인식하고 흥미를 잃게 하는 계기를 만드는 꼴이 된다.

모든 스포츠에는 그 나름의 매력이 있다. 그것을 아는 가장 좋은 방법은 직접 체험하는 것이다. 경험하면서 몸의 변화도 느낄 수 있고, 실력 또한 쌓일 것이고, 경기 자체에 대한 흥미가 쌓이면서 관람에 대한 참여도도 자연스럽게 높아질 것이다. 이는 거시적으로 스포츠산업에 대한 훌륭한 마케팅 방법의 하나라고도 할 수 있다. 이는 곧 크게는 사회적, 경제적 효과로의 파급을 가져올 수 있다. 이 모든 것의 출발점이 바로 학교체육이라고 생각한다. 그만큼 중요하고 제대로 행해져야 한다.

몇 해 전 영국에서 어학연수를 하던 시절, 근처 공원에 테니스를 치러 간 적이 있었다. 프랑스 친구와 함께 테니스를 치러 간 곳에는 대낮부터 많은 사람들이 테니스를 즐기고 있었다. 테니스가 시작된 곳이고, 4대 테니스대회인 윔블던대회가 개최되는 테니스 강국이기 때문에 내심 국민들 모두가 테니스를 잘 칠 것 같다는 기대를 했지만 그들이 치는 테니스의 수준은 기대 이하였다. 하지만 우리나라와 확연히 구별되는 점이 하나 있었다. 그것은 바로 개인의 실력과 상관없이 웃고 떠들면서 테니스를 즐긴다는 것이다. 남녀노소를 불문하고 누구의 강요가 아닌 스스로 원해서 친구와 테니스를 치고 있는 것처럼 보였다. 한국에서처럼 부모님이 시켜서, 열심히 쳐서 상급학교에 진학을 해야 하는 목표 때문이 아니라, 그냥 재밌어서 즐거워서 치는 것처럼 보였다.

대학 수업인 만큼 스포츠에 대한 정확한 역사를 알고 출중한 실력을 함양하는 것도 중요하지만 즐겁게 즐기도록 만들어 주는 것, 그리고 그들에게 지속적이고 자발적인 참여를 유도하는 것이 대단히 중요하다. 그렇게만 된다면 스포츠 실력은 자연스럽게 늘고,참여 또한 확대될 것이다.

대한민국은 올림픽과 같은 세계적 규모의 스포츠 이벤트에 열광하고 있다. 그로 인해 스포츠 스타들의 일거수일투족을 주시하는 사람들이 많아졌다. 하지만 정작 그 종목에 대한 애정이 스포츠 스타에 대한 그것보다 크지 않다는 사실이 안타깝다. 스타는 스포츠를 좋아하게 동기를 부여해줄 수는 있지만 지속적인 애정까지 갖게 하지는 못한다. 결국 이는 제대로 된 체육교육을 통해 체육 본질의 가치를 알 때 가능하다. 제대로 된 체육교육은 사람들로 하여금 스포츠를 즐기고 사랑할 수 있게 만든다.

그러나 안타깝게도 체육교육은 제대로 이루어지지 못하고 있다. 학생들이 원하는 것은 웨이트트레이닝의 역사나 축구의 역사가 아니다. 실질적으로 필요한 다이어트 상식과 축구를 볼 때 필요한 축구 지식들이다. 주요 경기 규칙, 방법 등과 같은 현실적이고 실용적인 것들이다. 축구를 보고 경기 자체를 이해하지 못하는데, 축구의 역사에 흥미가 있겠는가. 역사적 지식만 알면 무슨 소용이 있겠는가. 학문적으로 접근할 때, 해당 종목의 역사를 아는 것 역시 소홀히 해서는 안 되지만 그렇다고 해서 학습자의 요구에서 지나치게 벗어나 현실적이고 실용적인 측면을 완전히 배제해서는 안 된다.

이러한 전반적인 문제점은 교육 측면에서 공급자인 대학의 구조적인 문제와 수요자인 학생들의 가치와 인식에 대한 문제에서 비롯된다.

이제 마음껏 놀고 즐겨라!

나날이 스포츠의 대중적 영향력이 커져가는 것에 견주어, 국내 대학 교육과정 내의 체육 현실은 암담하다. 많은 시설 투자로 최신 시설을 갖추고 있지만 이들 시설 대부분은 대학 체육부 선수들의 몫이 되고 만다. 밤마다 다이어트를 위해 걷고 뛰고, 운동 동아리 학생들이 모여서 연습하는 정도가 학생들이 이용하는 전부다. 대학에서는 많은 예산을 투자하여 체육시설을 갖추지만 그 실효성이 불투명하다. 좋은 시설을 조성해주고도 해당 게시판이 불만의 글로 넘쳐나는 것을 흔히 볼 수 있다.

한 가지 사례로, 좋은 환경을 위하여 천연 잔디로 뒤덮인 꿈 같은 축구장을 만들어 놓고, 잔디 보호를 위해 사용을 제한하고 정작 수업은 그 옆 흙먼지가 날리는 곳에서 한다. 실내 체육관 역시 여러 가지 행사와 체육부의 운동에 밀려 실질적으로 일반 학생들이 사용할 수 있는 시간은 지극히 제한적이다. 심지어 많은 학생들이 체육시설을 어떻게 사용하는지조차 모른다. 대학 교양체육의 현실이 이런데도 관계자들은 엘리트 선수 육성과 시설 보호에 치중하고 있다. 대다수 구성원의 문제에 대해서 소홀히 하면서 소수를 위해서만 신중을 기하는 현실이 안타깝다. 내실을 갖춘 교육과정을 마련하기보다는 외관에 치중하여 보기에 좋은 시설을 갖추는 데 급급하다. 이는 대학 측의 정책이나 시스템 문제에서 비롯되었다고 볼 수 있다.

이러한 문제를 해결하려면 어떻게 해야 할까. 우선 대학 내의 체육 관련 학부생과 대학원생을 적극 활용해야 한다. 현재 체육계에서는 체육전공자 인턴 제도를 만들어서 취업과 관련하여 실무 중심의 체험 교육을 하고 있다. 이러한 제도를 학내에 정착시키거나 근로장학, 또는 교내 인턴십으로 제도화하여 일반 학생들에게 전문적이고 질 좋은 체육 서비스를 제공하는 것이다. 수업 시간에 수업 조교들이 일반 학생들에게 수업을 한다면 체육을 전공하는 학생들에게 현장 경험을 제공하고 서비스를 제공받는 학생들은 보다 나은 체육 수업을 받을 수 있다.

두 번째, 수요자 중심의 현실적이고 실용성 있는 체육 교육과정을 연구·개발해야 한다. 일반학생에게 체육 수업은 정신과 신체를 건강하게 만들어준다. 그럼에도 불구하고 많은 학생들이 수업 시간에 해당 스포츠 종목의 역사에 대한 공부를 하며 지루해 하고, 실제 실기 수업 시간에는 그늘에 앉아서 졸고 수다를 떠는 것이 교양체육 수업의 일반적인 모습이다. 이것들이 중요하지 않다는 얘기가 아니라 좀 더 효과적인 교수법을 연구·개발해야 한다는 것이다. 예를 들어 텔레비전 중계를 보면서 해당 장면의 주요한 규칙을 소개하는 멀티미디어 수업, 함께 프로스포츠를 관람하고 체험하는 시간을 갖고 전략을 분석해보는 등 재미있으면서 내적 동기를 부여해주는 수업 방식이 필요하다. 의지만 있다면 바로 현실로 옮길 수 있다. 실기 수업 시간에는 실력의 높고 낮음을 떠나 친구와 함께 웃으면서 게임을 즐길 수 있도록 만들어줘야 한다. 환경 문제를 탓하기보다는 그것을 해결하려는 노력이 우선되어야 할 것이다.

세 번째, 절대적인 시간과 환경을 조성해주는 것이다. 먼저 1~2학점인 교양체육을 3학점으로 만들어야 한다. 제대로 된 체육교육을 위해서는 일정 수준의 절대시간이 필요한데 1~2학점을 주는 수업에 해당하는 수업 시간으로는 제대로 된 체육교육이 이루어질 수 없다. 그리고 교양 수업 이외에 과외 활동으로 언제든지 배울 수 있는 환경을 조성해줘야 한다. 이는 해외 대학에서 예를 찾아볼 수 있는데, 해외 대학에서는 수업 외에도 동아리활동이나 개인적으로 활용할 수 있는 체육시설이 잘 갖추어져 있다. 우리나라 여러 대학교들도 최근 시설투자를 많이 해 좋은 시설을 갖추고 있지만, 거기서 끝날 것이 아니라 학생들이 언제든 마음껏 활용할 수 있도록 제도 개선을 해야 하며 올바른 시설 이용을 위한 교육을 실시해야 한다. 이러한 부분을 체육교육 시간에 실시하는 것이 바람직하다.

시스템이 변해야 체육교육이 살아난다

이러한 방안들은 대학의 기본적인 정책이나 시스템 변화를 통한 해결방안이다. 하지만 이보다 더 중요한 한 가지가 있다.

바로 구성원 인식에서 비롯된 문제를 해결하는 것이다. 여태까지 교양체육에 대한 불만족과 문제를 인식하고 있으면서도 큰 변화 없이 지금껏 오게 되었다는 것은 공급자뿐만 아니라 수요자인 학생들 문제 또한 크다. 사회 위기를 초래하는 큰 문제가 아니기 때문이라고 하기에는 너무 안일한 대처를 해왔다고 생각한다.

이는 어쩌면 배움과 관계된 체육교육과 즐기는 스포츠를 이분법적으로 생각해왔기 때문일 수도 있다. 하지만 이는 바람직한 가치와 사고는 아니라고 생각한다. 체육교육과 스포츠 별개가 아니다. 논란의 여지가 없는 것은 아니지만, 체육교육을 통해서 스포츠를 즐길 수 있는 것이고, 스포츠가 있기 때문에 체육교육이 존재할 수 있는 것이다.

이러한 가치와 인식의 변화는 어느 한 사람만의 노력만으로 해결될 문제는 아니다. 아주 쉬우면서도 어렵다고 여겨지는 이유가 바로 이것 때문이다. 문제 해결은 모두가 함께 해야만 가능하기 때문이다. 하지만 그 시작은 분명 작은 데서일 것이다. 인식의 변화는 순간에 이루어지는 것이 아니다. 시간을 충분히 갖고 변화를 수용할 수 있도록 마음을 열어야 한다.

이러한 체육의 본질에 대한 이해가 반드시 이루어져야 하고, 학습자인 학생들은 체육수업의 내용이 좋지 않을 때 제대로 된 수업을 요구할 책임과 권리를 다해야 한다. 본인의 생각과 의견을 반영시키고 적극적으로 참여해야 한다. 교육자 역시 이러한 학습자의 요구를 적극적으로 수용하고 체육수업의 본래 의미와 실용적인 가치를 알 수 있도록 수업을 구성해야 할 것이다. 이러한 학습자와 교육자의 노력이 함께 이루어진다면 대학의 교양체육은 분명 달라질 것이다. 이는 단순히 체육 내의 변화로 그치는 것이 아니다. 건강한 정신과 신체를 갖게 됨으로써 사회적으로도 긍정적 영향을 미칠 것이다. 체육의 문제는 사회문제의 일부분이고, 이는 곧 대학 교양체육의 문제를 해결함으로써 사회 문제도 해결할 수 있다. 체육 문제가 단순히 체육계의 문제라고만 인식하지 말고 사회 구성원 모두의 문제라고 인식하고 해결하려는 실천적 자세가 절실하다.

대학의 구조적인 것들과 사람들의 가치와 인식에 대한 문제의식을 바탕으로 적극적으로 해결해 나가야 한다. 이제 스포츠는 대학문화의 핵심 아이콘 중 하나다. 그들 스스로 문화를 지키고 발전시키기 위해 체육교육의 필요성과 중요성을 인식하고 수업의 질적·양적 향상을 위해 끝까지 관심을 기울여야 할 것이다.

퓨처바이트, 네 꿈을 펼쳐라

윤소라

아르바이트는 작은 사회의 장

고등학교를 졸업하고 대학생이 되면 다들 한 번씩 해보는, 그리고 해보고 싶은 경험들이 있다. 그것은 이곳저곳을 발품 팔아 돌아다니는 배낭여행이 될 수도 있고, 어려운 이웃들을 도와주는 봉사활동이 될 수도 있고, 혹은 멋지게 공연을 하는 동아리 활동이 될 수도 있다. 이렇게 대학생이 되면 누구나 한 번씩은 해보는 혹은 해보고 싶은 것들 중 하나가 바로 아르바이트라고 생각한다. 아르바이트의 목적은 다양하다. 어떤 이에게는 학비나 생활비 등 필요한 자금을 모으려는 것일 수도 있고, 어떤 이에게는 지금껏 해보지 못했던 '일'에 대한 경험 혹은 회사라는 집단에 들어가기 전에 미리 해보는 사회생활의 간접 경험일 수도 있다.

나는 대학수학능력시험을 치르고 대학에 입학하기 전까지 놀고 있기보다는 '새로운 무언가를 해보고 싶다'는 마음으로 아르바이트를 시작했다. 그때부터 대학교를 다니는 4년 동안 편의점부터 시작해서 패밀리레스토랑, 패스트푸드점, PC방, 호프집, 바, 과외까지 소위 학생들이 많이 하는 아르바이트들을 해보았다. 어떤 이들은 아르바이트는 단순히 돈을 벌기 위한 일시 수단이라고 생각하지만 나에게 아르바이트는 사회생활을 배울 수 있는 작은 사회였다. 아르바이트를 통해 일을 배우는 방법부터 동료들과의 인간관계, 손님을 대하는 서비스 정신, 그리고 판매 전략까지 학교에서 책을 보는 것만으로는 절대 습득할 수 없는 여러 가지 것들을 배울 수 있었다.

물론, 이런 아르바이트가 단순히 좋은 점만 있는 것은 아니다. 어떤 아르바이트는 이득이 될 수 있지만 반대로 독이 될 수 있는 아르바이트도 있다. 따라서 아르바이트를 선택할 때는 시급, 이동 시간, 작업 환경, 목적 등을 신중하게 생각하고 결정하는 것이 좋다. 2009년을 기준으로 한 '최저임금법'에 나와 있는 시급은 4,000원(2010년에는 4,110원, 3개월 이내 수습기간일 때는 10퍼센트 감액이 적용될 수 있음)이나 이를 안 지키는 가게들이 상당히 많다. 최저 시급 이외에도 밤 10시 이후부터 계산되는 야간 수당과 하루에 8시간 이상 노동 시 받을 수 있는 초과 근무 수당, 1년 이상 근무 시 받을 수 있는 퇴직 수당 등을 잘 알아보고 결정하는 것이 중요하다.

퓨처바이트Future+Arbeit

보통 학생들이 아르바이트를 할 때 가장 먼저 고려하는 것은 노동에 대한 적절한 보수와 근로시간, 소위 말하면 '시급이 얼마나 높은가'이다. 많은 학생들이 아르바이트는 단지 금전적 여유를 위해 일하는 일시적인 일이라고 생각하기 때문에 자신의 적성이나 흥미를 고려하지 않고 막연히 고르는 경우가 많다. 하지만 실제로 아르바이트는 단순히 그들에게 노동의 대가를 부여하는 것 외에 여러 가지 새로운 배움의 장소 역할을 하는 경우도 있다.

패밀리레스토랑에서 아르바이트를 했을 때다. 당시 직업학교에서 조리과 공부를 하고 있는 여고생이 있었다. 단순히 돈을 벌기 위해 아르바이트를 하는 경우와 달리 그 여고생에게 레스토랑의 주방일은 학교 공부의 연장이자 취업 전의 경력이었다. 그곳에서 오랫동안 일한 그 친구는 나중에 고등학교를 졸업하고 레스토랑에서 일하던 경력을 인정받아 같은 계열의 레스토랑 주방에 취직할 수 있었다. 또 수제버거 집에서 일했을 당시 그곳에는 다니던 회사를 그만두고 아르바이트를 하러 온 언니가 있었다. 보통 사람들은 다니던 회사를 그만두고 아르바이트를 하러 왔다는 말에 다들 의아하게 생각했지만 그 언니는 아르바이트를 단순한 돈벌이가 아닌 앞으로 창업을 위해 시장조사 겸 공부삼아 들어왔다.

이외에도 자신의 언어 실력을 갈고 닦기 위해서 통·번역 아르바이트를 하는 사람부터 멋진 보디가드를 꿈꾸며 보안 회사에서 아르바이트를 하는 사람, 평소에 관심이 많던 공연 도우미 아르바이트를 하는 사람, 자신이 가고 싶었던 기업의 인턴이나 아르바이트에 응모하는 사람까지 단순히 아르바이트를 일시적인 노동으로 보지 않고 자신의 미래를 위한 하나의 발판으로 생각하고 경험하는 사람들이 많이 있다. 우리도 아르바이트를 구할 때 단순히 시급이나 장소, 난이도 이런 것들만 따지지 말고 자신의 적성이나 취미에 맞춰 찾아보는 것은 어떨까.

아르바이트의 여왕, 대학생 과외 실태

대학생들이 가장 손쉽게 많은 돈을 벌 수 있는 아르바이트는 과외다. 일반 아르바이트의 시급이 4,000~6,000원인 반면 과외는 그 2~3배가 넘는 시급을 자랑한다. 과외가 대학생이 할 수 있는 아르바이트 중 가장 고수익을 기대할 수 있는 직종인 만큼 많은 학생들이 과외를 하기 위해 고군분투한다.

보통의 대학생이 하는 평균 과외 수는 일인당 2~3개. 많이 하는 경우에는 5~6개, 혹은 이 숫자를 넘는 경우도 있다. 이렇게 많은 과외를 하다보면 가르치는 아이들의 수업 준비를 하다 본인의 수업을 제때 준비하지 못하는 경우가 발생한다. 과외 특성상 개인적인 사정 때문에 수업 시간이 자주 바뀌는 경우가 많다. 이것이 시험 기간에 발생할 경우 본인이 시험공부를 해야 하는 시간에 과외를 하다가 시험공부와 과제를 제대로 못하는 일도 발생한다. 과외를 하다 학생의 본분인 공부에 소홀해진다니 말 그대로 주객전도의 상황이다. 과외에 대한 손해는 과외를 하는 사람에게만 나타나는 것이 아니다. 대학생들이 본인이 전문으로 하는 과목이 아님에도 불구하고 과외를 하는 경우가 있다. 가르치는 선생님에 대한 아이들의 신뢰가 떨어지는 것은 당연한 일이다. 또 동시에 여러 학생들의 과외를 맡다보니 배우는 학생들을 위한 수업 준비도 소홀하게 된다. 과외를 해주는 입장에서도 과외를 받는 입장에서도 이래저래 수업에 대한 불만족이 생기기 마련이다.

과외는 짧은 시간 안에 많은 돈을 벌 수 있다는 점, 과외 수업을 준비하면서 자신의 기초 실력을 다질 수 있다는 점, 아이들에게 공부를 가르쳐보는 경험 등 여러 가지 장점이 있을 수도 있겠지만 지나치게 과외에 몰두한 나머지 본인 공부를 소홀히 한다든가 불성실한 수업 준비로 배우는 학생에게 불만을 갖게 하는 단점도 있기 때문에 과외를 할 때에는 과외의 수, 과목, 목적 등 여러 가지를 꼼꼼히 따져보아야 한다.

효율을 높여라! 근로 장학생

사람들은 아르바이트를 선택할 때 시급 외에도 이동 시간, 일의 종류, 일하는 시간 등 여러 가지를 생각한다. 이 중에 상당히 중요하게 생각하는 것 중 하나가 '아르바이트를 할 때 오고가는 시간이 얼마나 걸리느냐' 다. 옛말에도 있듯이 '시간은 금이다' 라는 말을 생각해보면 이렇게 이동 시간을 중요하게 생각하는 것은 당연한 일인지도 모른다. 사는 곳, 아르바이트를 하는 곳, 교통 수단 등에 의해 걸리는 이동 시간은 사람에 따라 다르지만 적게는 20~30분에서 많게는 1~2시간까지 걸리기도 한다. 잘 생각해보면 우리는 매일 금쪽같은 시간을 아르바이트를 하러 가는 도로 위에서 낭비하는 꼴이다. 그렇다면 이런 아까운 시간을 조금이라도 절약할 수 있는 방법은 없는 걸까?

도로 위에서 낭비되는 이동 시간이 아깝다면 우리 생활 주위의 아르바이트를 찾아보면 된다. 그중에 하나가 바로 학생들의 강의 앞뒤로 비어 있는 시간을 활용해서 일을 하는 교내 근로 아르바이트다. 근로 아르바이트는 취업진로지원처, 입학관리처, 교양학부 등 학교의 각 부서에 들어가 관리직원과 조교의 업무를 분담해서 도와주는 일을 한다. 학교에서 주관하는 만큼 대우도 좋고 각 부서에서 담당하는 일을 파악할 수 있어 학교에서 주관하는 사업에 대해 자세히 알 수 있는 기회가 되기도 한다. 학생이라면 어차피 학교에 매일 나와야 하는데 학교에서 아르바이트를 할 수 있다니 공부도 하고 아르바이트도 하고 더불어 이동 시간도 줄일 수 있어 일석삼조가 아닌가 싶다. 대부분의 학생들이 강의 중간의 빈 시간에 컴퓨터실에서 인터넷을 하거나 친구랑 수다를 떨거나 하는 등 공강 시간에 대한 활용도가 상당히 낮다. 이런 시간을 아껴서 교내 아르바이트라도 한다면 공강 시간이 비어있는 시간이 아니라 꽉 차 있는 시간이 되지 않을까. 본교를 제외하고 단국대, 안양대 등 여러 학교에서 교내에 필요한 인력을 학생에게 아르바이트로 제공하고 있다.

학업과 아르바이트를 넘나들어라

고등학교를 졸업하고 대학생이 되면 본인 스스로 청소년기를 지나 어른의 단계로 접어드는 시기라고 생각한다. 이에 집으로부터의 독립을 꿈꾸거나 스스로 경제적인 자립을 하길 원하는 경우가 많다. 독립이나 자립 이런 것들을 생각하다 보면 가장 먼저 고민하는 것이 '돈' 이다. 우리가 현재 사용하고 있는 생활비나 용돈은 어디서 나오는 것일까? 어떤 이는 부모님에게 받아서 사용하는 사람도 있고 어떤 이는 본인이 벌어서 생활을 하고 있는 사람도 있다.

학생들이 하는 고민 가운데 대개는 자신이 용돈을 받아도 될 나이인지 아니면 이제는 스스로 벌어서 사용해야 할 때인지에 대한 것이다. 용돈을 받고 편하게 생활하고 싶은 마음이 있는 한편 이제는 어른이라는 생각에 '용돈을 스스로 벌어서 써야 한다' 라는 생각이 있기 때문이다. 그래서 아르바이트를 통해 돈을 벌려고 한다. 이러다 보면 시험 기간이 되어 아르바이트와 공부를 양립하다가 혼자 제풀에 지쳐가는 경우도 있고 당장 눈앞에 보이는 돈에 매달려 공부를 아예 등지는 경우도 있다.

대학생들은 자립심을 가지고 학교생활을 하면서 항상 고민과 갈등을 하고 있다. 이것은 누가 주위에서 충고를 해줘도 쉽사리 결정할 수 있는 문제가 아니다. 그러나 아르바이트 때문에 학생의 본분인 공부에 소홀히 하는 것은 자신에게 맡겨진 일을 소홀히 하는 것과 마찬가지고 이것은 '자신에게 맡겨진 일을 본인 스스로 해결할 수 없다' 는 사실을 보여주는 것이다. 이런 상황에서 아르바이트를 통해 본인의 독립심을 시험해보는 것은 무용지물일 수밖에 없다. 아르바이트와 학교 생활 사이에서 선택은 본인 스스로의 목적과 여건에 맞게 잘 조정해 선택하는 것이 최선의 방법이다.

삶의 파르마콘pharmakon, 아르바이트

어떤 일을 할 때 무엇을 어떻게 선택하느냐는 상당히 중요한 문제다. 아르바이트도 마찬가지로 수없이 많은 종류의 아르바이트 중에 어떤 기준으로, 무엇을 위해 선택하느냐에 따라 아르바이트가 독이 될 수도 혹은 약이 될 수도 있다.

아르바이트가 학교에서는 쉽게 배울 수 없는 새로운 교육의 형태가 될지 아니면 단지 목적 없는 일시적인 돈벌이가 될지는 오로지 자신의 선택에 달려 있다. 아르바이트가 스스로 용돈을 벌기 위해, 사회 경험을 하기 위해 등 여러 가지 이유, 여러 가지 측면에서 자신의 목표나 뚜렷한 의지를 가지고 한다면 그 아르바이트는 남들과는 다른 자신만이 가지는 독특한 경험과 특성이 될 것이다. 자신의 적성과 의도에 적합한 것을 찾아서 한다면 꼭 한 번쯤 해볼 만한 것, 그것이 바로 아르바이트다.

3

누구를 위하여 학교는 움직이나

다른 이름, 같은 내용의 '式'

노유진

경희대학교 0.9학년입니다

"축하합니다. 노유진님은 경희대학교 법과대학 법학부에 합격하셨습니다."

2003년 12월 31일. 새해를 맞이하기 하루 전, 아직 크리스마스의 여운이 감도는 때 나는 인터넷으로 대학 합격을 확인했다. 이미 지원자들의 정보 공개 인터넷 카페를 통해 어느 정도 합격을 예상할 수 있었지만 나에게 '합격'이라는 기쁨을 안겨준 날은 12월 31일이었다. '기분 좋게 새해를 맞이하겠구나'라고 생각하며 나는 지원자 카페가 아닌 또 다른 카페에 가입했다. 바로 '경희대 04학번 모여라'라는 카페. 지원자 카페에서부터 오지랖 넓게 활동하던 친구들이 발 빠르게 만든 합격자를 위한 카페였다. 내가 합격자 발표를 그리 늦게 본 것도 아닌데 그 카페엔 이미 수백 명의 합격자가 가입돼 있었다.

카페 분위기는 축제 그 자체였다. 우리는 활발한 온, 오프라인 모임을 통해 동기들을 파악했고 친목을 다졌다. 게시판엔 포토샵으로 수정한 사진들과 함께 자기 소개글이 빼곡히 올라왔다. 그 곳엔 나이가 많은 학생도 있었고, 군대를 다녀온 학생도 있었고, 전라도·경상도 사투리를 쓰는 학생도 있었다.

동기들끼리는 끈끈한 응집력과 공감대가 형성되었다. 우리는 밤마다 정치와 경제 문제들을 안주 삼아 술을 마셨다. 물론 연예 스포츠 이야기는 빠질 수 없는 기본 안주였다. 그렇게 술을 마시고 함께 이야기를 나누는 사이 몇몇 커플들이 생겨났고 우리는 그들을 CC(Campus Couple)라 불렀다.

카페 게시판엔 하루에도 수십 개의 신변잡기와 선배들의 조언, 동아리 모집 글, 전공별 유의사항 등이 올라왔다. Q&A게시판에 올라온 교수님 특성을 보면서 수강신청을 준비했고 가입하고 싶었던 동아리에 대한 정보는 학교 홈페이지보다 이곳에서 더 많이 알 수 있었다.

이렇게 두 달의 시간을 보냈다. 중간중간 추가 합격을 통해 사라지는 친구, 새로 만나게 되는 친구들도 있었지만 그건 큰 의미가 없었다. 우리는 이미 경희대학교 0.9학년이었기 때문이다.

대학생이 된 후 대학에 입학하다

대학교 0.9학년. 아직 정식 입학을 하지 않았지만 우리는 대학생이었다. 그런 상태로 몇 달을 보낸 후 우리는 이제 진짜 대학생이 되는 관문인 입학식을 앞두고 있었다. 그러나 이미 대학생이던 나에게 대학 입학식은 큰 의미가 없었다. 게다가 위에 적은 내 경험은 대학 입학 전형 중 가장 늦게 발표된다는 정시 입학의 경우인데, 신입생의 절반을 차지하는 수시모집 합격생의 경우엔 겨울이 오기 전에 벌써 대학생이 되었다. 인터넷 사용이 자유롭지 않은 환경에서 지냈다 하더라도, 물리적인 이유로 동기들과 함께하지 못하는 친구들이라 해도 어쨌거나 가정에서나 사회에선 대학생 대접을 받고 있었다. 그런데 이렇게 이미 대학생인 우리들에게 대학 입학식이 과연 어떤 의미가 있을까?

0.9학년에서 1학년이 되는 것. 이것을 인정하는 것 외에는 아무런 의미가 없었다. 그리고 이것은 1학년이 2학년이 되는 것, 2학년이 3학년이 되는 것처럼 시간이 흘러 저절로 바뀌는 대학생 연차 상승에 지나지 않았다. 왜냐하면 위에서 일어난 0.9학년의 대학생활은 내가 보낼 4년간의 대학생활과 다를 바 없었기 때문이다. 나는 0.9학년 때도 동기와 선배들과 미래를 이야기했고, 전공 공부를 했고, 책을 읽었고, 술을 마셨고 연애를 했다. 합격이 발표된 12월 31일, 그때부터 나는 이미 대학생이었다. 때문에 2월 27일에 열린 입학식, 이사장님과 총장님 등 대학 관계자들이 입학을 축하해주는 자리는 이미 대학생이 된 사람들에게 아무런 감흥이 없었다. 그나마 장학금을 받는 모범 학생들은 장학금을 받기 위한 절차로서 입학식에 참여해야 했지만 장학금과 상관이 없는 나와 같은 대부분의 학생들에게 입학식은 생략해도 되는 귀찮은 관문일 뿐이었다. 게다가 축하는 이미 예전에 받을 만큼 받았고 기쁨을 나눌 만큼 나눈 상태에서 새삼스레 다시 축하 의식을 여는 건 소위 말하는 '뒷북'으로 다가왔다. 때문에 나를 포함한 많은 동기들은 입학식에 가지 않고 집에서 텔레비전을 보거나 스타크래프트 게임을 하거나 늦잠을 잤다.

관객이 없는 '그들'만의 행사

입학한 후 학번과 내 이름이 쓰여진 학생증을 받았다. 오히려 나는 이 날을 나만의 입학식이라고 부르고 싶다. 진짜 대학생이 되었다는 기뿐. 드디어 도서관을 자유자재로 들락거릴 수 있게 된 출입증을 얻게 된 것이다.

이렇게 나만의 입학식 이후 이전보다 더 열심히 놀고 더 열심히 동아리활동을 하면서 본격적으로 대학생활을 즐겼다. 그러는 사이 학내엔 많은 행사들이 열렸다. 입학식을 비롯해 개교기념일 행사와 축제, 졸업식 그리고 단과대별로 열리는 학술회와 각종 대회 시상식 등 크고 작은 행사들. 대부분의 행사는 무엇을 또는 무엇인가를 기념하고 그것을 축하하는 행사였다. 하지만 개교기념일은 5.18이라는 특수한 날과 함께 했기에 기억하지 못하고 넘어갈 때가 더 많았고 축제는 연예인을 보는 재미로 끝났다. 그나마 나와 가장 밀접하게 관련 있는 단과대별 행사조차도 그 행사에 참여하는 그들만의 축제여서 관객의 입장에 있던 나에게는 전혀 상관없는 남의 일이었다.

그래도 이런 행사들이 있구나 알 수 있었던 건 교내에 걸린 현수막 덕분이다. 때문에 현수막을 제작하지 않은 수많은 행사들은 열린 줄도 모르고 사라졌다.

행사를 소개하는 현수막은 학교 상징 색인 자주색에 흰색 정자체로 인쇄되어 있었다. 때문에 현수막은 그 자체로 위엄과 권위가 있었다. 그것은 축하를 하고 축하를 받는 자들을 위한 것이었다. 대부분 축하를 해주는 쪽은 학교 관계자들이었고, 축하를 받는 쪽은 학생들이었다. 때문에 축하 대상자가 아닌 나는 대부분의 행사에 신경을 쓰지 않아도 됐고 신경 쓸 필요도 없었다.

이렇게 수많은 행사들과 함께 대학 생활을 보냈지만 기억나는 하나를 꼽자면 2005년에 열린 축제뿐이다. 왜냐하면 가수 이승환이 공연을 했고, 나는 관객으로 참여할 수 있는 행사였기 때문이다.

학사모 사진과 자장면 빼면 남는 게 없는 졸업식

입학식과 더불어 대학의 대표 행사인 졸업식 또한 입학식과 비슷하다. 그나마 입학식보다 많은 학생들이 졸업식에 참여하는 이유는 학사모를 쓴 사진을 찍어야 한다는 숙제가 있기 때문이다.

대학만 나오면 사회 지도층이 되던 시절, 학사모는 권력의 상징이었고 졸업사진은 인텔리의 초상이었다. 때문에 대학생은 졸업식 때 대학 건물 중 가장 멋져 보이는 건물(경희대학교의 경우 본관이나 평화의 전당) 앞에서 검은색 가운과 학사모를 쓰고 사진을 찍었고 그것을 액자에 끼워 길이 남겼다. 또 4년간 등록금을 대느라 허리가 휜 부모님께 학사모를 씌워드리며 등록금에 대한 고마움을 표시했고 또 역시 학사모를 던지며 이제 드디어 학교의 둘레에서 벗어난다는 기쁨을 표시하기도 했다. 즉, 단과대별로 나눠진 졸업식 날에는 학과 사무실에서 학사모를 빌려 쓰고 친구들, 가족들과 함께 대학을 졸업했다는 증명사진을 찍는 것 외엔 다른 일이 없었다.

그나마 졸업식에서 볼 수 있는 특성 중 하나를 꼽는다면 바로 자장면을 먹는 일. 자장면이 최고의 외식이었던 시절부터 이어져온 이 문화는 대한민국의 대표 졸업문화라고 말할 수 있을 정도다. 하지만 부모님이 대학을 졸업했을 때도, 삼촌이 졸업했을 때도, 오빠와 언니가 졸업했을 때도 똑같이 행했던 이 일은 말 그대로 관습 혹은 문화일 뿐 '나만의 의미를 가진 무엇' 이 될 순 없었다.

졸업식, 말 그대로 졸업을 기념하고 축하하는 대학 행사에서 준비된 일은 입학식과 같이 학업 성적이 우수한 학생들이 학교 관계자에게 상장을 받는 의식이었다. 학사증을 받게 된 모범 학생은 수백 명의 다른 모범 학생 앞에서 박사증이 있는 총장님께 칭찬을 받았다. 모범 학생이 아닌 졸업생은 학과 사무실에서 수북이 쌓여있는 졸업장 중에 하나를 그냥 찾아가면 되었다.

그렇다고 모범 학생들에게 졸업식이 특별한 의미가 있는 건 아니었다. 그냥 단과대별로 과별로 모범 학생이라는 이름으로 차출되어 두 시간의 행사 지원 요원이 된 것뿐. 다른 졸업생이 졸업장 또는 상장을 받으러 교단에 나가면 박수를 쳐주고, 내 차례가 되면 박수를 받는 상부상조를 실천하면 되는 것이었다. 두 시간의 행사가 끝나면 행사장 밖으로 나와 역시 위에서 말했던 학사모 증명사진을 찍기 시작했다. 그리고 지도 교수님을 찾아가 그동안의 고마움을 전하고 함께 했던 동기들과 기쁨을 나누는 것으로 소박한 졸업식은 치뤄졌다. 그러다가 배가 고프면 자장면을 먹으러 가는 것으로 마무리되었다. 이런 나만의 졸업식을 치르기 위해 우리는 4년, 혹은 5~6년을 보냈다.

축하가 사라진 '축하 행사'

이렇게 졸업식은 구태의연했지만 그나마 조촐한 졸업문화라는 게 있어 어느 정도 낭만이 있고 추억이 서릴 수 있었다. 하지만 문제는 더 이상 졸업식이 졸업생의 축하 행사로 대표할 수 없는 상황에 이르렀다는 것. 0.9학년에서 1학년이 될 때는 행사의 의미를 따지기도 전에 그 자체로 기쁜 시절이었다. 하지만 4학년, 5학년을 마치고 사회의 문턱에 있는 졸업생은 행복한 4.1학년이 될 수 없었다. 졸업을 하면 숫자는 리셋이 되었고 1부터 다시 시작해야 하기 때문이다. 최근의 취업난으로 졸업식이 마냥 기쁜 행사일 순 없었고 새로 어느 단체에 소속되지 않으면 진공에 뜬 깃털처럼 붕 뜬 시기가 됐다. 많은 졸업생들이 학사모를 반납하고 '이제 뭐 하지' 라는 생각을 해야 했기 때문이다.

따라서 졸업식에 참여하는 졸업생 수가 줄어드는 것은 어쩌면 당연한 결과다. 취업 원서 쓰느라, 사법시험 보느라 노고가 많은 졸업생들은 졸업이 기쁘지 않다. 하나도 기쁘지 않은 일인데 기뻐하라고 강요하는 행사, 또 축하한다는 행사. 그나마 행사에 참여할 필요가 없고 소소한 졸업문화만 즐겨도 되는 사람에게는 학사모 증명사진도, 자장면도 아무런 의미가 없어져 버렸다.

다른 이름, 같은 내용의 '式'

개회사-이사장 축사-총장 축사-재학생 축사-장학생 상장 수여-기념 공연-폐회사

위 순서는 입학식에도 졸업식에도 쓸 수 있고 모든 학교 행사에 써먹어도 어색하지 않은 다용도 식순이다. 그리고 현재 대학에서 열리는 행사는 대부분 이 식순을 따라 진행되고 있다. 즉, 대학 행사는 제목만 다르고 내용은 모두 같다는 뜻이다. 그런데, 요즘과 같이 입학식과 졸업식에 대한 의미가 퇴색한 시점에서 하물며 이렇게 모두 똑같은 재미없는 행사에 참여하려는 사람이 얼마나 될까. 아무리 역사와 전통이 빼어난 유적지라 해도 관람자에게 의미를 부여하지 못하면 외면당하는 것처럼 대학 행사 또한 같은 의미로 바라볼 수 있지 않을까.

초등학교 시절부터 12년간 정규 교육과정을 보내고 드디어 내 선택에 의한 교육을 받는 첫날. 선배와 동기 후배들과 함께 준비하고 경쟁한 학술대회, 그 결과를 발표하는 날, 학부 대표가 나와 사회를 보고 과별로 재주꾼이 나와 솜씨를 뽐내는 축제, 여덟 번의 중간고사와 기말고사를 보고 졸업시험과 논문을 통과해야 얻을 수 있는 값진 졸업장, 그 노력을 인정받는 날. 모두 다 그 의미가 다르고 중요한 날이건만 교복을 입힌 아이들처럼 같은 취급을 하지는 않는지.

'참여해야 합니다. 관심을 가져야 합니다. 우리 모두 함께 해야 합니다' 라고 말하기 전에 각각의 의미를 살릴 수 있는 알찬 콘텐츠가 먼

저 준비돼야 하지 않을까. 학교에서 무엇인가를 수여하는 일방적인 형식에서 벗어나 쌍방으로 진행되는 행사. 총장님과 특별한 몇 명의 학생만 참여하는 행사가 아닌 학생 다수가 주인이 되는 행사. 천편일률적인 행사가 아닌 입학식, 축제, 졸업식 등 각각의 행사마다 특별하고 개성 있는 전통 의식을 갖는 것. 이렇게 대학 행사가 조금씩 변화해야 우리가 모두 다 바람직하다고 생각하는 대학 행사가 될 수 있지 않을까 생각한다.

캠퍼스의 주인은 바로 우리

안정열

대학생의 버려진 양심

시험 기간, 중앙도서관 입구가 담배꽁초와 일회용 종이컵 등 여기저기 쓰레기와 침으로 더럽혀져 있다. 매일 아침 물청소를 하고 있지만, 매일 저녁이면 어김없이 더러워진 모습이다. 그 모습을 본 사람들은 알 것이다. 우리들의 버려진 양심이 얼마나 실망스럽고, 추한지 말이다. 또 축제 기간이나 다른 행사 때의 모습은 어떠한가? 축제 다음날, 캠퍼스 곳곳에 제대로 치워지지 않은 채 널브러진 쓰레기들을 보면, 우리가 이 시대의 진정한 대학생으로 살고 있는지, 지성인으로서 행동하고 있는지 고민하지 않을 수 없다.

'대학의 주인은 누구일까' 라는 물음에 대부분의 사람들은 대학생이라고 얘기할 것이다. 너무나도 당연한 얘기다. 하지만 요즈음 대학에서는 그 주인인 대학생이 여러 가지 요소들에 의해 위협을 당하고 있다. 더욱 심각한 것은 그 원인이 우리 모두에게 있다는 것을 모르는

데 있다. 위협의 구체적인 원인은 물질만능주의와 이기주의, 배려의 부재, 경쟁 심화와 같은 사회 전반의 분위기이며, 그 속에서 우리는 대학을 학문의 전당이 아닌 단순히 성공과 취업을 위한 도구로 바라보며 자신의 이익만을 위해 생활하고 있다. 오늘날 대학문화 속 공동체 의식과 도덕적 양심은 사라진 지 오래며 여러 가지 형태로 그 문제의 심각성을 드러내고 있다.

대학에서 8년이라는 시간을 보내면서 많은 것을 보고 느꼈다. 안타까움과 아쉬움이 교차했던 지난 대학생활을 돌아보며, 우리가 조금만 고민하고 힘을 모은다면 나아질 오늘날의 대학을 위해 이 글을 통해 대학이 가진 문제점 세 가지를 이야기해보고 싶다.

우리에게는 '걷고 싶은 거리'가 필요하다

매일 아침, 학교에 들어설 때면 우리는 정문 앞에 줄지어 서 있는 차량과 마주친다. 신호등이 켜지기 무섭게 학교에 들어서고, 신호를 놓쳐도 무시하고 아슬아슬하게 들어서는 차량들 때문에 정문 바로 앞에 있는 횡단보도를 건너기가 무섭다. 특히나 전국에서 유일무이하게 캠퍼스 안에 차고지가 있기 때문에 학교 소속 직원들이 아침 일찍부터 이동 차량들을 통제해야 하는 상황이다. 그 통행량이 상당하며 위험하다는 것은 누구나 인정하는 사실이다. 더불어 일부 학생들은 자신들의 목적지와 가장 가까운 곳에 주차를 하기 위해서 주차 공간이 아닌 곳이나 장애인을 위한 주차 공간에 버젓이 주차를 하고 있다. 조금 멀리 떨어져 있는 주차장에 주차를 하고 오는 데 기껏해야 5분 정도면 되는 것을 그들이 모를 리 없다. 불법 주차 때문에 다른 학우들이 겪는 불편함보다 자신들이 잠시 누리는 편리함이 더 우선되는 것 같다. 또한 학내에서 무법 질주하는 배달기사들은 어떠한

가. 이륜차가 내뿜는 일산화탄소로 인한 환경오염 문제 역시 무시할 수 없지만, 교내를 시속 60킬로미터 이상으로 달리는 그들에게 생명의 위협을 느끼지 않을 수 없다. 이렇듯 오늘날의 캠퍼스는 차량으로 인한 통행불편과 주차난, 소음, 공해 등의 골칫거리를 안고 있다.

교통문제는 우리 대학만의 문제는 아니다. 실제로 전국의 많은 대학에서 '차 없는 캠퍼스'에 대한 논의가 활발하게 진행되어왔다. 2002년 고려대는 서울 소재 대학 최초로 1000여 대를 수용할 수 있는 지하 주차장을 건설해 차량의 학내 출입을 통제했다. 또 2004년 국민대는 1200여 대를 수용할 수 있는 지하 주차장을 마련했으며, 이화여대는 2007년에 지하 주차장을 완공했다. 특히 국민대는 대학 본부 차원에서 '차 없는 캠퍼스'라는 구호를 내걸고, 단대 건물 앞 지상 주차장을 모두 녹지공간으로 조성하는 운동을 벌여 교내외에서 호평을 얻은 바 있다. 외국 사례를 보면 일본의 도쿄대학이나 중국의 베이징대학에서 교내 이동 수단은 자전거 외에는 볼 수 없고, 미국도 강의실 바로 앞에 주차하지 못하고, 캠퍼스 주변에 주차하게 되어 있다. 이렇게 국내외 대학들이 오래전부터 관심을 가지고 충분한 시간을 통해 해결책을 찾았던 학내 차량 문제에 대하여 이제 우리 대학 역시 담론에서 그칠 것이 아니라 실천을 해야 할 때가 왔다.

재학생 시절 하루 평균 10시간 이상을 학내에서 생활하는 우리 대학생들에게 캠퍼스는 집만큼 중요한 곳이다. 또 기숙사에서 생활하는 일부 학우들에게 캠퍼스는 집 이상의 공간이다. 시끄러운 경적 소리와 무질서하게 주차된 자동차들 속에서 4년 넘게 공부한 학생들의 정서가 나중에는 어떻게 될까. 아마도 삭막하고 공격적인 캠퍼스는 각박하고 공격적인 성향을 지닌 학생들을 배출하게 될 것이다. 반면에 편안하고 자연과 가까이 할 수 있는 배움터는 학생들을 관대한 인격과 풍부한 정서를 가진 인간으로 성장시킬 것이며 교수님들도 편안한 분위기에서 학생들을 가르칠 수 있게 될 것이다.

얼마 전 학교에서 발행한 홍보지를 통해 '걷고 싶은 거리' 사업에 관해 본 적이 있다. 기존의 보행자 구간을 아름답게 정비하겠다는 내용이었다. 그러나 지금의 '걷고 싶은 거리' 조성보다는 이를 포괄하는 '차 없는 캠퍼스' 운동이 먼저 선행되어야 한다. '차 없는 캠퍼스'를 만들기 위해서는 지하 주차장을 건설해 불필요한 차가 학내로 들어오는 것을 통제하고, 도로나 주차장을 녹지와 문화·휴식 공간으로 사용해야 한다. 이 과정에서 '걷고 싶은 거리' 운동의 취지인 산책로 조성도 가능하다. 차 없는 캠퍼스에서는 보행자가 대다수인 학내 구성원들이 안전하고 쾌적하게 생활할 수 있는 권리를 보장받을 수 있으며, 차로 인한 배기가스와 소음에서 벗어나 보다 쾌적한 캠퍼스가 될 것이다. 2012년을 목표로 제시된 마스터플랜 속에 우리의 이런 요구가 꼭 반영되길 바란다.

소음은 사색할 공간에 금을 남긴다

중간고사 기간, 아름답게 만발했던 벚꽃이 학우들의 마음을 흔들어 놓더니, 시험의 끝과 함께 벚꽃은 지고 그 아쉬움을 달래듯 캠퍼스 곳곳에는 싱그러운 녹음과 꽃들이 펼쳐진다. 그때가 되면 학교가 한바탕 시끌벅적해진다. 대학에 갓 입학한 새내기들과 복학생, 재학생의 가슴을 설렘으로 가득 채우고 젊음을 꽃 피우는 축제가 시작되기 때문이다. 각 단대나, 학생 기관들이 나눠준 홍보물을 들고 학교 게시판 여기저기 붙어 있는 행사 일정을 확인하는 신입생들과 재학생들의 얼굴엔 웃음이 가득하다.

하지만 축제라고 해서 모든 학생들에게 환영받는 것은 아니다. 축제 기간에도 휴강하지 않는 강의들이 대다수인데, 교내 스피커에서 최신 유행가와 사회자의 육성이 쉴 새 없이 흘러나와 소란스럽다. 석양이 드리울 때쯤이면 학교는 가히 클럽에 가깝게 변한다. 인도와 주차장을 차지한 주점은 화려한 불빛으로 학우들을 유혹하고, 시끄러운 축제 공연은 가득하다. 새벽까지 이어지는 술자리 고성방가까지 더해지면 학교는 더 이상 캠퍼스가 아니다. 이 정도 되면 도서관과 각 단대 건물의 열람실에서 공부하는 학생들에게 축제는 고역이다. 게다가 우리 대학의 경우 중앙도서관 앞에 축제용 무대가 설치되기 때문에 그 문제가 더욱 심각하다. 소음 때문에 학습 효율이 떨어지는 상황에서 많은 학생들은 축제 기간이 되면 자연스레 일찍 기숙사나 자취방으로 돌아가 공부한다. 이처럼 대학의 소음 문제는 어제오늘 일이 아니다. 축제 행사나 주점이 하나의 대학 문화활동으로 인정받기 위해서는 소음에 대한 대책이 있어야 한다.

연세대학교 커뮤니티에는 2009 축제 기간 동안 열람실 옆에 주점을 허용해 많은 비판을 받았는데 "열람실에서 항상 많은 학우들이 공부를 하는데 왜 그 옆에서 주점을 시끄럽게 열어야 하는지 모르겠다"고 경영대 학우가 비판하는 글을 커뮤니티에 게재했고, 우리 대학에서도 약학과 19주년 기념 축제에 대하여 "저녁 시간부터 새벽 1시 30분이 지나는 지금까지도 열심히 노래를 하고 계십니다. 바로 옆 건물 도서관에서 공부하는 학생은 둘째 치고, 학교 근처 가정집에서도 꽤나 시끄럽게 느낄텐데요. 우리 학교 학생들을 어떻게 생각할까요"라고 '마끼야또'라는 닉네임의 학우가 커뮤니티에 글을 게재했다. 이처럼 축제에 대한 소음 문제는 대학 내 중요한 문제로 대두되고 있다. 학우들의 피해 정도가 집계되지 않은 상황이므로 그 규모는 아마도 훨씬 클 것이다.

학내 소음의 또 다른 원인인 풍물패와 음악 동아리는 어떤가. 음악 동아리와 같은 층을 쓰는 한 친구는 동아리 방에 방음 시설을 설치하였으면 좋겠다고 불편을 토로한다. 방음이 안 되는 공간에서 연습을 하기 때문에 옆방을 이용하는 동아리의 고통은 이만저만이 아니란다. 또한 풍물패 동아리는 이미 여러 차례 문제점이 거론되었고, 지금도 소음과 관련한 민원이 많이 접수되고 있다. 학생회관에 연습실이 준비되어 있지만, 풍물패를 비롯한 다른 음악 동아리와 함께 사용해야 하기 때문에 미처 대여를 하지 못한 동아리는 어쩔 수 없이 밖으로 나와 연습을 해야 하는 실정이다. 시끄러운 악기 소리에 그들을 바라보며 지나가는 학우들의 따가운 시선을 피할 길이 없다. 대학 문화의 다양성을 인정하는 측면에서 그들의 활동을 일방적으로 반대하는 것은 근본적인 문제 해결 방법이 될 수 없다. 총학이나 대학 본부 차원에서 그들의 활동이 타 학우들에게 피해가 되지 않도록 충분한 연습 공간을 마련해주는 것이 모두에게 유익한 해결책이라고 생각한다.

학내 이륜차 사용 역시 소음 문제 요인 중 하나다. 배달 이륜차가 지나가는 순간의 소음은 70데시벨 이상이고, 소음이 심한 이륜차의 경우에는 80데시벨을 훌쩍 넘긴다. 일반적으로 50데시벨 이상이면 소음으로 간주하는데, 이 정도면 극심한 소음임에 틀림없다. 학내에서 지속적인 소음으로 정신적 스트레스를 받은 수많은 대학 구성원들이 연구와 학문 활동에 집중할 수 없다고 불만을 호소하고 있다. 자신의 즐거움을 위한 행위가 다른 이에게 고통으로 다가온다면 그들의 행동은 제한받아야 하지 않을까. 오늘날의 캠퍼스는 소음에 대한 구성원들의 인식 개선과 함께 문제해결을 위한 대책 마련이 시급하다. 서로에 대한 이해를 바탕으로 함께 고민하고 대책을 세운다면 우리가 조용한 캠퍼스를 거닐며 사색할 수 있는 때가 올 것이다.

종교의 자유를 외치다

시험 기간이 끝나고 캠퍼스 내에서 혼자 여유를 부리며 책을 읽으려던 찰나, 한 낯선 사람이 다가왔다. 학교가 익숙하지 않은 듯 여러 가지를 물어보기에 도움이 될까 싶어 성실히 답변했더니, 아뿔싸! 포교를 위해 접근한 사람이었다. 자신은 특정 종교에 전혀 관심이 없노라 거듭 강조했지만 끈질긴 포교는 계속되었다. 결국 필자는 모처럼의 여유를 뺏겼고, 다음 수업 시간이 다 되어서야 기진맥진한 상태로 낯선 사람의 강요 속에서 벗어날 수 있었다. 대부분의 학우들도 이러한 경험이 있을 것이다. 매년 학기 초면 어김없이 기승을 부리는 학내 포교 활동, 이는 이제 비단 종교적 문제를 벗어나 편안한 학교 생활을 방해할 정도로 문제의 수위가 심각해졌다.

그들에게 헌법이 명시하는 종교의 자유란 온데간데없다. 종교의 자유란, 자신의 종교를 타인에게 포교할 권리를 보장함과 동시에 자신의 믿음을 타인에 의해 강요받지 않는 권리를 포함한다. 허나 오늘날의 학내 포교 활동은 이를 무시한 채 많은 문제점을 야기하고 있다. 먼저 대다수 대학생들이 학내 포교 활동으로 많은 스트레스를 받고 있다고 호소한다. 《한겨레》 대학별곡 기자들이 서울 소재 대학생 220명을 대상으로 실시한 설문 조사 결과를 보면, 학생 대다수가 오늘날의 포교 방식에 안 좋은 시각을 가지고 있음을 알 수 있다. 관련 종교를 원치 않음에도 불구하고 계속 활동을 벌여 불쾌감을 준다는 대학생이 43.4퍼센트, 때와 장소를 가리지 않고 일을 방해한다는 의견이 27.6퍼센트에 달했다.

또한 우리 대학 신해나(시각디자인 3년) 씨는 "지나치게 강요하는 방식의 포교 활동이 관련 종교에 대한 부정적인 인상을 만들고, 학교의 이미지에도 큰 타격을 줄 것"이라고 말한다. 학교를 잠시 방문한 외부인의 시각에서 캠퍼스 곳곳에 버려진 포교용 전단지들과 포교 활동을 하는 모습은 자칫 좋지 않은 인상을 심어줄까 우려된다는 이야기다.

이러한 포교 활동을 막고자 여러 대학에서 규제책을 마련하고 있다. 건국대학교 서울캠퍼스에서는 2008년에 발생한 무분별한 대순진리회의 포교 활동에 대한 제재 수단으로 총학생회 자체 신고서비스를 마련하였다. 또 중앙대학교 서울캠퍼스 총학생회에서는 휴게실 안에서의 포교 활동에 대해 세 번 이상의 신고가 들어올 시 해당 학생의 출입을 금지시키는 규제를 적용하고 있다.

우리 대학 역시 학우들의 편안한 학교 생활을 위해 일정 수준의 규제책 마련이 필요하다. 물론 이러한 제약이 모든 문제를 해결할 수는 없다. 규제책 마련 이전에, 교내에서 포교 활동을 하는 일부 종교 동아리 모임과 단체 회원들에게 자중을 부탁하고 싶다. 수많은 학우들이 순수한 전도의 의미를 넘어선 그들의 지나친 포교 활동에서 진심으로 구원받고 싶어 한다는 것을 알아줬으면 좋겠다.

공간은 삶의 풍향계

앞서 이야기한 문제들이 거듭 발생하는 근본적인 원인은 무엇일까. 바로 캠퍼스에 대한 주인의식 부재다. 자신이 곧 캠퍼스의 주인임을 망각한 채 편의와 즐거움만을 중시하는 대학생들의 이기심 때문에 학내 곳곳에서 이와 같은 문제점이 발생하고 있다. 즉 근본적인 의무도 제대로 지켜내지 못한 채 대학생이 되어 얻은 권리만을 고집하고 있는 것이다. 앞으로 보다 나은 캠퍼스 환경을 조성하기 위해서는 구성원들의 이해와 자발적인 참여가 필요하고, 거기에 시설과 제도 측면의 지원이 더해져야 한다. 그러기 위해서는 대학 본부와 학생 사이의 상호 보완적인 관계 역시 중요하다. 우리는 종종 학기 중에 캠퍼스 내에서 공사가 진행되는 것을 볼 수 있다. 수업환경을 위해서 시급한 공사가 아니라면 밤으로 연기하는 등 쾌적한 캠퍼스로 발전하기 위해서는 학생들 개개인의 노력뿐만 아니라 대학 본부 차원의 협조가 필요하다. 학생들의 민원에 대한 학교 측의 신속한 대안 마련이 뒷받침될 때, 비로소 학생들은 더욱 학교에 대한 주인의식을 가지게 되고 학교 문제에 관심을 가지게 될 것이다.

캠퍼스 내의 주차 문제, 소음 문제, 포교 활동 문제는 어제 오늘 거론된 일이 아니다. 사실 오래전부터 그 문제에 대한 담론이 오고 갔고 이를 하루 빨리 해결해야 한다는 목소리가 높았다. 하지만 이러한 문제들이 신속하게 시정되기보다는 항상 다른 안건들에 밀려 지연되는 경우가 많았다. 문제 해결이 지연되는 이유 역시 문제가 발생한 것과 같은 연유에서 비롯되었다고 생각한다. 쾌적한 환경에서 이루어지는 교육과 연구가 보다 좋은 결과를 창출할 것이라는 의견에 반대하는 사람은 없을 것이다. 취업률만을 최고의 가치로 생각하는 오늘날의 대학 속에서 우리는 행동하지 않는 양심이 아닌지 생각해보아야 한다.

쾌적한 환경 조성은 품격 높은 캠퍼스로 발전하기 위한 첫 번째 단계다. 공간은 삶의 질을 더욱 풍성하게 만드는 역할을 한다. 따라서 공간은 삶의 좌표를 설정하는 풍향계와 같다. 보다 안전하고 깨끗한 공간에서 교육과 연구가 이뤄질 수 있도록 우리 모두 하나가 되어 노력해야 할 것이다.

시설 인프라가 공대의 미래를 좌우한다

박기완

현실과 꿈의 간극

중고등학교 시절 즐겨 보던 시트콤 중에 〈논스톱〉이라는 프로그램이 있었다. 대학생들의 캠퍼스 생활의 단면을 보여줬던 〈논스톱〉은 수능을 향해 달려가던 나에게 신선한 자극이었다. 유럽 중세시대 고딕 양식 건물과 깔끔한 강의실, 알록달록 소파가 놓인 동아리 방 등을 보면서 멋진 대학생활을 꿈꿨다. 대학생이 되어 잔디밭에서 책을 읽는 장면은 누구나 가지고 있는 로망일 것이다. 그러나 경희대학교 공과대학 건물로 등교하던 첫날, 내가 생각하던 장면과는 너무나 동떨어진 모습에 실망을 감출 수 없었다. 몇 개월 전까지 다니던 고등학교보다(신축이었던 점도 있겠지만) 시설 면에서 못했던 것이다. 학년이 올라가고 많은 사람을 만나고 더 심도 있는 수업을 들을수록 실망은 더 커졌다. 대학원을 다니며 연구실에서 일하는 선배들의 얘기를 들으면서, 실험수업과 설계 과목을 들으면서 1학년 때는 보이지 않던 모습들이 보였기 때문이었다.

부족한 기자재, 낡은 시설

금요일 오후 1시부터 시작되는 기계공학실험 수업. 이론 수업으로 배웠던 역학을 실험을 통해 이해하는 전공 필수과목이다. 필수라는 말은 '반드시 해야만 하는' 이란 의미를 담고 있으므로 다른 과목보다 중요도가 높다. 그토록 중요한 실험수업에 실험기자재가 부족하다는 사실은 모순이다. 그러나 실제로 그런 일이 일어나고 있다. 이론에 대한 설명이 끝난 뒤 조별로 실험이 시작되면 조교가 알려준다. "기자재들이 모자라니 옆 조와 같이 하세요" 그나마 있는 실험기자재들도 오래된 것들이거나 고장나 있는 경우가 많다. 당연히 실험의 오차가 커지게 마련이다. 오차는 커지고 실험보고서는 작성해야 되니 결과 값에 조작이 가해지는 일이 허다하다. 그러나 조교들이 특별히 이의를 제기하진 않는다. 현 상황을 누구보다 잘 알고 있기 때문이다. 악순환이다.

프로그래밍이나 오토캐드수업과 같이 컴퓨터를 이용하는 수업도 다르지 않다. 한정된 수업에 많은 학생들이 몰리다 보니 매학기 정원 초과다. 수강신청 기간에 신청하지 못한 학생들이 정정기간에 교수들을 찾아가 조르면 차마 뿌리치지 못하는 것이 교수님들의 마음이니 강의실은 언제나 만원이다. 있는 자리, 없는 자리 다 찾아 앉아 겨우 컴퓨터를 부팅한다. 그러면 으레 작동하지 않는다며 손을 드는 학생이 있다. 또는 부팅부터 프로그램을 실행하기까지 5분 넘게 걸리기도 하며 오류가 뜨기도 한다. 프로그램이 차지하는 메모리를 감당하지 못하기 때문이다. 심지어는 프로그래밍할 때 필요한 작업인 컴파일링(프로그래밍 언어가 정확한지 검사하는 작업)에 몇 분이 소요되거나 그대로 멈추는 현상이 발생한다. 컴퓨터 본체를 조금만 살펴보면 제조한 지 7~8

년이 넘어가는 컴퓨터를 쉽게 찾아볼 수 있다. 최근에는 고성능을 요하는 프로그램들이 개발되니 프로그램을 실행하기가 무서울 정도다.

컴퓨터 수업의 어려움은 이것만이 아니다. 공과대학 내에 LAB실(컴퓨터 강의실)을 조사해 보았다. 마우스 감도가 좋지 못하거나 키보드가 빽빽하기도 하며 오래된 CRT모니터는 선명하지 못해 눈을 피로하게 만든다. 더군다나 나무 재질의 컴퓨터 책상은 모서리가 뾰족하며 나무를 감싸고 있는 플라스틱 재질들이 떨어진 부분이 많아 위험하기 짝이 없다. 통로의 폭과 앉을 공간이 좁다보니 수업시작 전부터 '쿵' 하는 소리를 심심찮게 들을 수 있다. 다리와 책상들이 부딪히는 소리다. 이처럼 바다 속 암초같이 도사리고 있는 수업 저해 요소들이 면학 분위기를 망치고 있다.

장소를 옮겨 공과대학 옆에 붙어 있는 실험동으로 가보자. 수백 명의 교수와 대학원생들이 밤낮없이 연구하는 이곳은 상황이 더 좋지 않다. 뉴스나 드라마에서 보는 첨단 장비와 깔끔한 실험실은 온데간데없다. 흡사 공장이나 창고 같은 느낌을 받는다. 싸늘한 냉기를 내뿜는 페인트가 칠해진 외벽에 쥐나 바퀴벌레가 돌아다녀도 이상하지 않을 바닥재. 수납 공간이 부족해 여기저기 어지러워진 물품들과 기름때 가득한 기자재들까지. 이런 공간에서 논문들이 나온다는 것이 신기하게 느껴질 정도였다. 대학원생 최모 군은 "외국의 멋진 실험실을 텔레비전에서 보면 부러워요"라며 현 상황에 대한 아쉬움을 말했다. 열악한 실험실에 있다 보니 건강에도 좋지 못하다.

연구 환경도 그렇지만 기자재 부족이 더욱 심각한 문제다. 연구에 반드시 필요한 장비가 있는데 지원금이 부족하다보니 교수님 개인 사비를 털어가며 마련하는 경우가 생기게 마련이다. 또는 다른 연구실에 필요한 장비가 있으면 빌려 쓰기도 하지만 무거운 것들은 운반할 때

고장날 수 있어 연구생들이 다른 교수님의 연구실을 차지하는 웃지 못할 상황이 벌어지곤 한다. 원자력공학과의 한 교수는 "한 대에 몇 억씩 하는 기계들은 바라지도 않아요. 최소한의 필요한 기자재라도 넉넉했으면 합니다"라며 연구의 어려움을 토로했다. 과학기술이 발전하면서 새로운 장비들의 필요성은 커지지만 자금이 받쳐주지 못하니 재원이 풍부한 선진국의 대학들과 연구 실적, 논문에서 차이가 날 수밖에 없다. 똑똑한 한국 과학자들이 노벨상을 단 한 번도 수상하지 못하는 것도 이러한 이유가 한몫 하는 것은 아닐까.

지금까지 경희대학교 공과대학을 기준으로 시설 및 기자재 문제를 말해보았다. 그런데 진짜 문제는 이러한 문제점들이 비단 경희대학교만의 문제가 아니라는 점이다. 대부분의 대학은 이공계 대학 건물이 법대나 경영대 등 문과계 건물보다 못하다. 이유를 분석해본 결과 건물이 만들어진 시기와 관련깊었다. 일제 강점기와 한국전쟁 이후 대한민국은 급격한 공업화를 경험했다. 그 과정에서 이공계의 인력 수요가 늘어났고 자연스럽게 많은 공과대학들이 이 시기에 설립이 되었다. 돈 없던 시절엔 건물 디자인이 중요하지 않았다. 겉모습보다는 실용적인 면에 더 중점을 두고 건설하였다. 그리고 어느덧 30~40년이 흘렀지만 그때 그 건물이 그대로 남아 있다. 당연히 요즘 대학생들의 눈에는 만족스럽지 못한 것이다.

문과대 건물보다 못한 점은 어떻게 설명이 될까. 유례없는 고도성장을 달성한 우리나라는 기능과 아름다움을 갖춘 건물을 지을 수 있는 수준이 되었다. 그런데 이공계 기피현상으로 공대 학생 수가 감소하고, 사회 진출 후 사회적 위치가 보장되는 문과계열로 학생들이 몰리다보니 문과대 건물을 리모델링하거나 신축하였다. 또한 건물을 교체하는 데 들어가는 비용도 생각했을 때 강의실에 책상, 의자만 두면 되는 문과대 건물에 비해 공대 건물을 교체하려면 배 이상의 자금이 필요하다. 컴퓨터부터 시작해서 비싼 기자재들을 구입해야 하니 대학 입장에선 감히 엄두가 나질 않는다.

공대의 미래를 좌우하는 기자재

그렇다면 과연 공과대학에서 기자재라는 것이 그렇게 중요할까. 포항공대의 가속기연구소의 예를 들어보자. 포항공대와 가속기연구소에 비사秘史가 있다. 87년 포항공대가 설립될 때 학장으로 내정된 김호길 박사는 "가속기를 설치해주지 않으면 학장직을 맡지 않겠다"고 떼를 썼다고 한다. 가속기전문가인 김 박사가 자신의 꿈을 포항공대 설립에 얹었던 것이다. 그래서 당시 포항제철 회장인 박태준 씨는 "포항공대를 단기간 내에 세계적인 명문 대학으로 만들어준다면 그렇게 하겠다"라고 김 박사를 달랬고, 그 약속은 이듬해 지켜졌다.

"박 회장과 김 박사의 야심작으로 포항공대가 세계적인 명문 대학으로 성장하기 위해 방사광가속기를 청사진에 넣고 있었다"라고 남궁원 가속기연구소장은 말한다. 방사광가속기는 물리, 화학, 생명과학 등 기초과학은 물론 재료, 화공, 전자공학, 환경공학, 의공학 등 응용분야가 넓다. 그래서 이를 보유한 포항공대는 한국 과학기술 발전에 지렛대 역할을 함은 물론 세계적인 대학으로 발돋움하려는 전략을 가지고 있다. 현재 세계를 둘러봐도 가속기를 대학에서 보유한 곳은 미국의 스탠포드대학과 캘리포니아주립대학 정도다.

이곳의 방사광가속기는 1,500억 원을 들여 88년에 착공해서 94년에 완성됐다. 20억대 수준의 포항 방사광가속기는 세계 최고의 성능을 자랑한다. 방사광가속기는 전자, 양성자, 중성자와 같은 입자를 가속해 충돌시키는 일반 가속기와는 성질이 다르다. 전자를 빛의 속도로 가속해 진로를 바꾸면 매우 강력한 빛이 나온다. 이 빛이 바로 방사광이다. 방사광은 X선보다 훨씬 강력해 물질의 내부를 들여다보거나 반응시켜 다양한 결과를 만들어낼 수 있다.

일반 가속기가 물질의 궁극적인 구성 성분인 소립자 연구에 쓰이는데 반해 방사광가속기는 주로 산업에 응용된다. 그래서 포항 방사광가속기는 산업발전에 크게 기여할 뿐 아니라 그 자체가 수익 구조를 갖는 사업체가 될 수 있다. 현재 포항 가속기연구소에서는 하루에 세 차례 사이렌이 울린다. 이 사이렌 소리에 따라 국내 여러 대학과 기업연구소에서 찾아온 연구원들이 각자의 연구과제를 수행한다. 좀 극단적으로 천문학적인 가격의 방사광가속기를 예로 들었지만 좋은 기자재 하나로 포항공대는 국내를 넘어 세계적인 대학으로 성장할 수 있었다.

앞선 예처럼 값비싼 기자재도 물론 중요하다. 그렇지만 일반 강의시간에 필요한 기본적인 기자재를 충분히 확보하는 것도 학생들의 역량 발전에 빼놓을 수 없을 것이다. 최근 경북대학교 전자공학과는 컴퓨터를 비롯해 오실로스코프, 함수발생기와 같이 실험에 자주 쓰이는 기자재의 수를 전폭적으로 늘렸다. 덕분에 실험수업을 진행하는 데 있어 예전보다 매우 원활해졌다. 경북대학교 전자공학과의 한모 군은 "기자재가 충분하니 수업내용이 질적으로 향상되었다"라고 밝혔다. 반면 경희대학교 전자공학과에 재학 중인 남모 군은 "저항, 캐패시터가 부족해 실험에 지장이 많다"며 어려움을 호소했다. 비교가 되는 대목이다. 두 학생이 졸업할 즈음 실험능력에서는 전자의 학생이 뛰어날 수밖에 없을 것이다. 그리고 그것은 당연히 공과대학 학생들이 가장 많이 진출하는 기관인 연구소에서도 차이를 보일 것이다.

뿌리 깊은 나무가 좋은 열매를 맺는다

과거에도 그리고 지금도 세계의 명문대학들 중 공학이 약한 대학은 없다. 왜냐하면 인풋Input 대비 아웃풋Output이 가장 확실하게, 명확하게 나오는 것이 공학이기 때문이며 그것은 다른 단과대학과의 논문 발표 편수를 비교해 보면 확실히 증명된다. 눈에 보이는 가시적 성과를 가장 잘 내는 것이 공학이므로 모든 대학에서 발전의 토대가 된다. 그러므로 새로 개교하는 대학교에 공대가 빠지지 않고, 기존의 대학들도 다른 대학들과의 경쟁에서 승리하기 위해 공대를 키우는 이유가 여기에 있다. 성균관대학교의 예가 그것을 잘 말해주고 있다. 성균관대학교 공대는 10년 전만 해도 수도권에 있는 다른 대학에 비해 한 수 아래라는 평가를 받았다. 그러나 최근, 많은 지원과 노력 끝에 성균관대학교 공대는 국내에서 손꼽히는 수준으로 성장했으며 덩달아 성균관대학교 전체의 수준을 끌어올릴 수 있었다.

성균관대학교 공대의 발전이 삼성전자와의 산학협력을 통해 발전되었다는 사실은 너무나도 잘 알려져 있다. 이처럼 최근 다양한 분야에서 산학협력을 통해 현 상황을 극복하려는 조짐이 보인다. 한양대학교 에리카캠퍼스ERICA Campus의 경우 산학협력형 대학으로 체질을 개선해 범캠퍼스적으로 교육 및 연구 부분에서 산학협력체제를 구축하고 있다. 산학협력을 통해 공과대학은 재정적인 부담을 기업과 함께 부담해 필요한 기자재를 구입한다. 기업 입장에서는 우수한 인력으로부터 연구 성과를 공유할 수 있으니 윈윈전략의 대표적인 사례라 하겠다. 그러나 아직까지 기업과의 연계가 이루어지지 않는 대학이 많다.

공대에 대한 투자가 필요하다. 이공계의 논문은 실험에서 나오며, 실험은 좋은 기자재와 실험 환경에서 나온다. 포항공대가 지난 2006

년부터 2008년까지 3년 동안 받은 연구비는 교수 한 사람 당 2억 2,000여 만 원으로 국내 대학 중 가장 많다. 양적으로, 질적으로 좋은 기자재를 쓰니 논문이 말 그대로 봇물같이 '쏟아진다'. 2008년 한 해에만 국내 논문을 비롯 미국 과학정보연구소가 발간하는 세계적인 과학인용색인집인 SCI에 발표한 논문부문에서 국내 1위를 달리고 있다.

하지만 공대를 키우기 위해선 앞에서 설명했다시피 타 단과대학에 비해 많은 자금이 필요하다. 여러 해 전만 해도 교육부에서 이공계 실험실습용 기자재 확충을 위해 국고 보조금을 지원했지만 이제는 특성화사업으로 변형되어 대학의 실습용 기자재는 대학에서 마련해야 한다. 하지만 대학 쪽에서 보면 학생들의 등록금에 포함된 실험실습비는 실험실습을 위한 재료비로만 써야 하기 때문에 실험실습을 위한 기자재는 자체적으로 마련해야 한다. 등록금 인상 반대 투쟁은 연례행사가 되니 대학의 실험실이 과학고등학교의 실험실만 못하다는 이야기가 나오기도 한다.

사립대학의 입장에서 보면 문과계와 큰 차이가 나지 않는 연간 700~800만 원의 등록금으로 고가의 교육용 기자재를 제공하기 어렵다. 또한 이공계는 대개 실험실이 필요해 사용하는 공간도 넓어야 한다. 그렇기 때문에 일본의 사립대학에는 이공계가 거의 없고 주로 국립대학이 이공계의 교육을 담당하고 있다. 미국에서는 정부가 주요 사립대학 이공계 연구비의 50퍼센트가 넘는 간접 경비를 대학에 지원해 주기 때문에 사립대학의 이공계 교육이 가능하다. 우리나라에서는 오히려 이공계 연구비에 대해 대학에서 대응 자금을 내놓으라는 경우도 있으니 이공계 교육투자가 원활할 리 없다.

기술만이 살 길이고, 미래는 과학기술 지식의 경쟁력으로 성패가 나뉜다고 한다. 그러면서 대학을 아직도 엘리트 교육기관으로 생각하여 수익자 부담 원칙만 강조하고 정부가 대학에 투자하지 않는다면 미래의 지식사회에서 우리나라가 설 자리는 없다.

대학은 공대를 살리는 데 주력해야 한다. 공학교육의 엘리트화를 통해 한 명이 10만 명을 먹여 살릴 수 있도록 최고 수준의 교육과 공대생으로서 자긍심을 갖게 해야 한다. 뿌리 깊은 나무가 좋은 열매를 만든다. 정부나 기업이 사립대학에서는 공대의 기반시설부터 마련해야 한다. 공대생을 열매로만 이용하지 말고 이제는 투자를 해서 질 좋은 토양과 튼실한 뿌리를 만들어야 할 때다. 그래야 공대 교육이 살 수 있다. 정부가 1년에 전투기 한 대 값만이라도 공대 교육에 투자하면 공대 교육이 산다. 무엇이 우선인지 곰곰이 생각해볼 일이다.

학생회여, 창문을 열어다오!

김보미

자치의 창문을 열어라

20대, 우리는 자치라는 미지의 창을 열 기회를 얻는다. 초·중·고 시절의 학생회는 미성년자이기도 하고 가치관 형성이 미흡하다는 이유로 선생님께, 부모님께, 심지어는 또래들에게도 실질적인 자치 능력을 인정받지 못했다. 이제 대학생이 되었고 부모님과 선생님의 울타리를 벗어나 자율 속에서 스스로를 통제할 수 있음을 증명해야 한다.

대학교 안에는 과 학생회, 단과대 학생회, 총학생회, 총여학생회 등 많은 학생회가 존재한다. 이들은 서로 다른 특징들을 가지고 있지만 기본적으로 학생들의 의견을 수렴하고, 학생들을 대표하여 학교와 소통하는 역할을 한다. 학생회가 존재하지 않는다면 교수님, 학교 당국, 교직원들과의 대화가 어려워지므로 학생들이 행복한 학교가 아닌, 학교 당국이 운영하기 편리한 학교가 되는 위험한 상황이 벌어질 것이다.

학생회는 학교에 대한 권리만을 찾기 위해 존재하는 것이 아니다. 선후배 간의 교류, 대학시절 추억 만들기 등 참여하는 사람들에게 활력소를 불어넣어 학우들이 즐거운 학교 생활을 즐길 수 있도록 돕는다. 신입생 오리엔테이션, 축제, 체육대회 등이 빠진 대학생활은, 팥 없는 팥빵이다.

학생들의 무관심이 만든 '그들만의 학생회'

학생회에 대한 몇 가지 선입견으로 인해 학우들의 참여를 이끌어내는 것은 쉽지 않다. 학생회를 바라보는 선입견을 간단히 정리해보면 '민주화 투쟁 시절의 운동권 학생회'를 생각하는 거부파, '그들만의 학생회'라며 쓴소리를 톡톡 쏘는 비난파, '학생자치, 나와 상관없는 일로 치부하는 무관심파로 볼 수 있다. 학생회장의 입장에서 볼 때 앞의 세 관점 모두 참으로 안타까운 일이다. 하지만 이러한 견해가 형성된 것은 기존의 학생회에 분명 문제가 있다는 방증이기도 하다. 도대체 무엇이 학생회를 학생들로부터 소외시켰을까?

우선 학생회를 운영하면서 가장 민감한 문제는 역시 회계 부분이다. 학생들 사이에서는 "학생회장 1년이면 차를 한 대 산다"라는 말이 우스갯소리처럼 회자되어 왔다. 20대 초·중반의 학생들이 꾸려가는 학생회는 아직은 부족할 수 있는 자치 체계이기 때문에 지속적인 감사와 학우들의 관심이 부족하면 얼마든지 학생회비가 개인적 용도로 사용될 여지가 있다. 뿐만 아니라 자치회비는 대부분 학생운동에 사용된다는 생각을 하는 사람들도 있다. 이러한 의문을 불식시키기 위해서 학생회는 학우들에게 어떤 곳에 어떤 목적으로 사용하였는지 상세하게 공개해야 한다. 회계 관리의 불투명성은 학우들로부터 신뢰를 잃게 만들 뿐만 아니라 탄핵의 위기에 이르는 상황을 초래하기도 하며 학생

자치에 대해 회의적으로 만들 수 있기 때문이다.

학생회에 대한 회의적인 시선을 만드는 또 다른 원인은 학우들과의 공감대 형성 결여다. 그 결과 학생회는 그들만의 리그가 된다. 이를 다르게 생각한다면 내부 결속이 강하다는 긍정적 평가를 할 수도 있지만, 학생들과의 교류가 활발하지 않다면 학우들의 불만사항이 무엇인지, 각 단위가 실질적으로 마주한 문제가 무엇인지 알 수 없으며 학우들의 비난을 자초하게 된다.

실질적으로 학생회를 운영하면서 가장 고질적 문제라고 느낀 것은 무관심이다. 개인주의적 성향이 뚜렷한 이 시대에 정치적 무관심을 해소하고 화합과 소통을 이끌어내기란 쉽지 않은 일이다. 이러한 성향을 감안하였을 때, 자치 체제 운영에 학생회가 아닌 학우들의 참여를 유도하기 위해서는 명랑한 리더십으로 매력적인 학생회를 만들기 위해 끊임없이 머리를 굴려야 한다.

학생회여, 아이디어를 살려라

단위의 크기마다 다르지만, 학생회는 적게는 100만 원에서 많게는 억대까지의 자치회비로 1년을 꾸려간다. 대동제 등의 행사를 진행하고, 공동구매를 하거나 복지물품을 제공하며, 대학 간, 단과대 간 연계사업을 진행하기도 한다. 해마다 새로운 학생회가 구성되면 머리를 싸매며 고민하는 것이 바로 학생회 주요 사업들이다. 새터, 야식 배포, 체육대회 등 새로울 것이 없는 사업들은 어느 정도 비슷하게 진행되는 것이고, 학우들의 이목을 쏙쏙 끌어당기는, 산뜻한 아이디어 사업을 소개하고자 한다.

먼저, 내가 몸담고 있는 생활과학대학에서는 기존의 학생회와 조금은 색다른 사업으로 '행복한 생활과학대학 만들기' 라는 이름의 캠페인을 진행하였다. 새내기들이 막 고등학생 티를 벗고 물밀듯이 밀려드는 대학문화를 접하게 되는 학기 초, 학생회에서는 새내기뿐만 아니라 재학생에게도 올바른 대학문화를 형성하기 위한 캠페인을 실시했다. 내용은 강의실에 쓰레기 버리지 않기, 수업 중 휴대폰 사용 자제하기, 커닝하지 않기, 대출하지 않기 등으로, 어찌 보면 당연할 수 있는 사항들을 문화로 정착시키고자 하는 의도에서 시작한 캠페인이었다. 우리는 식상할 수 있는 내용을 최대한 흥미롭게 전달하기 위해 다양한 방법을 활용했다. 서로 갈비뼈가 으스러지도록 안아서 풍선 터뜨리기, 콜라 빨리 마시기, 반대 색깔 판 뒤집기 등의 게임을 하면서 신나게 즐기는 동안 자연스럽게 캠페인 내용을 전달했다. 벚꽃이 흩날리는 아름다운 캠퍼스에서 생활과학대 학생들과 함께 즐거운 추억을 만듦과 동시에 새내기들의 머릿속에 훈훈한 글귀들을 새겨주는 일석이조의 캠페인이었다. 또, 수건돌리기, 무궁화 꽃이 피었습니다, 자전거타기 등 소소한 놀이를 즐기는 봄소풍과 만우절 교복 사진 콘테스트 등의 이벤트들은 참여한 학우들에게 학창 시절의 추억을 되살려주고 즐거운 단과대 분위기를 형성하는 등의 긍정적 결과를 가져왔다.

경희대학교 총학생회에서는 군대에서나 볼 수 있는 황금마차를 학교에 대령하였다. 외진 곳에서 매점도 없이 훈련하는 군인들에게 삶의 낙이 되어주는 황금마차가 늦은 새벽까지 도서관을 지키는 학우들을 위해서 학교에 등장했다. 밤 10시에서 새벽 2시까지 떡볶이, 순대, 어묵 등을 직접 만들어 단돈 500원에 판매하였는데, 출출한 시간에 배를 채워주며 학우들의 뜨거운 반응을 불러일으켰다. 또 트럭 대여 사업은 자취방, 하숙집, 기숙사에서 이사하는 학우들을 위한 것으로 이름 공모에서부터 학우들의 관심을 모았다. 트럭 이름 후보들을 두고 여론게이지를 통해 투표한 결과 당선된 이름은 '짐캐리(짐+carry)'. 학우들의 기발한 창의력을 정책에 적극 활용한 총학생회의 센스가 돋보였다.

한편 총여학생회는 여학우들의 건강한 학교 생활을 위해 다양한 사업을 펼쳤다. 캠퍼스에 맘모버스가 출동하여 유방암 무료검진을 시행하고, 이름은 생소하지만 여성 암 중 2위를 차지하고 있는 자궁경부암 예방 백신 접종을 시중가보다 17만원 저렴하게 접종할 수 있도록 하였다. 또한 면생리대 체험, 천연화장품 만들기 등 여학우들이 스스로 건강에 관심을 꾸준히 가질 수 있도록 지원을 계속하였다.

단국대학교 총학생회에서는 '학생 1인 연탄 1개 모으기' 운동으로 지역사회 소외계층을 위해 연탄 나눠주기 사업을 펼쳤다. 약 한 달 동안 학생 식당 앞에 모금함을 설치하여 600여 만 원을 모금하여 연탄 1만 2,000장을 구입하였다. 학우들의 뜨거운 사랑으로 모인 연탄은 독거노인, 저소득층 30가구에게 직접 전달되었다. 또 총여학생회에서는 지역 요양원에 김장김치 600포기를 담가주었다. 이외에도 각 대학교의 학생회들은 지역 주민을 위한 의료봉사활동, 벼룩시장 개최, 저소득층 청소년 공부도우미 활동 등 소외된 이웃을 돕고, 지역사회에 공헌하고자 하는 활동을 계속하고 있다. 이는 과거 학생회의 역할이 정치적, 교육적 관심에 그치는 것을 뛰어넘어 봉사와 지역 발전에까지 그 범위가 확대되었다는 점에서 의의가 크다.

위에서 소개한 사업 이외에도 젊음과 창의력이라는 무기로 무장한 대학의 학생회는 무한한 가능성을 가지고 있다. 미래에 자치활동 참여를 생각하고 있는 독자가 있다면 기존의 틀에 억압되기보다는 순수하기에 더욱 상상을 초월하는 사업들을 쏟아낼 수 있는, 또 다른 학생회를 꿈꾸길 바란다.

'학생회'라는 이름의 '열쇠'

학생회는 폐쇄적이어서는 안 된다. 진정한 학생자치의 발전을 위해서는 모든 학우들의 참여를 바탕으로 하며, 시대의 흐름에서 볼 때 외국인 학생 또한 학생자치의 능동적 참여자여야 한다. 외국인 학생의 참여도를 높이는 것은 장기적, 거시적으로 보았을 때 대학에 대한 만족도뿐만 아니라 대한민국에 대한 긍정적 인식을 유도하는 좋은 방법이다.

넓은 아빠의 품처럼 다양성을 존중할 수 있다면 이들을 따뜻한 온기로 끌어 모으는 엄마의 역할도 필요하다. 온화한 카리스마를 풍기며 호기심과 흥미를 유발하는 요소를 만들어 학우들이 자치활동에 관심을 가질 수 있도록 노력하는 것은 매우 중요하다. 학생회는 열린 공간이어야 하고 누구나 관심을 가지고 참여할 수 있어야 한다. 주체의식 형성은 관심과 참여에서 비롯된다.

학생회는 단순히 학생들의 모임이 아니다. 주체의식을 가진 학생들이 예비사회를 경험하고, 행동하는 인간형으로 사회화를 겪어가는 공간이면서, 이들의 학생시절 경험이 사회를 긍정적인 방향으로 변화시키도록 교육하는 역할을 하는 곳이다. 학생자치를 경험하며 학우들의 참여를 고민하던 맥락에서 국민의 정치적 무관심을 해결하기 위한 열쇠를 찾고, 학우들을 위해 희생하고 봉사하는 과정에서 더불어 살아가는 미덕을 체험하는 일련의 과정은 궁극적으로 건강한 인재를 양성하는 요람이 될 것이다. 학생들의 자치가 비판 받을지언정 외면 받아서는 안 되는 이유다.

학사 프로그램은 대학의 얼굴

장지영

학사 프로그램, 과연 이대로 괜찮은가

지난 2002년, 전경련에서는 인사담당자 300명을 대상으로 설문 조사를 했다. 이에 따르면, 대졸 신입사원들이 대학에서 습득한 지식·기술 수준은 기업의 요구 수준을 100점 만 점으로 했을 때 평균 26점에 불과했다. 설문 조사 결과를 반영하듯이 대학들은 그동안 여러 학사제도를 정비하면서 학생들에게 보다 나은 교육프로그램을 제공하고자 노력을 해왔다. 또한, 언론이나 공공 평가기관에서 대학별·학과별 순위를 책정하는 제도가 도입된 후 대학들은 지금도 경쟁력을 높이기 위해 많은 예산을 투자하고 있다.

대학이 심혈을 기울여 만든 학사 프로그램을 직접 체험하는 학생들이 얼마나 만족하고 있는지는 제대로 알려지지 않고 있다. 또한 많은 대학들이 홍보 수단으로 선발하는 홍보대사 제도에도 어떤 문제점이 있으며, 그들의 역할에 대해서 한 번 생각해보고자 한다.

대학만 알고 있는 학사 프로그램

주요 대학교 홈페이지에 들어가면 대학 소개나 입학 관련 정보가 잘 보이는 위치에 있다. 학사 정보도 역시 학생들이 쉽게 접근할 수 있는 위치에 있는 것이 사실이지만 다른 정보에 섞여서 눈에 잘 띄지 않는다. 실제로 경희대에서 실시한 영예학생 프로그램도 지원율이 생각보다 낮아서 참여율이 저조했다. 그래서 기존에 서류와 면접전형을 통해 학생들을 선발하려던 계획은 낮은 지원율로 인해 서류전형으로 대체되었다. 영예학생 프로그램은 경희대에서 올해 처음으로 실시하는 교육역량강화 사업의 한 부분으로, 경희대를 이끌 주도적인 인재양성 프로그램이다. 유익한 프로그램임에도 불구하고 지원율이 미미했던 원인은 무엇이었을까? 가장 큰 이유로는 많은 학생들이 영예학생 프로그램이 있는지도 모른 채 지나쳐버렸기 때문이다. 게다가 예비영예학생들이 선발된 이후 기숙프로그램 이수 및 다양한 활동을 하고 있지만 여전히 영예학생 프로그램이 무엇인지 모르는 학생들이 상당수다.

학교 주도 하에 이뤄지는 이러한 프로그램들뿐만 아니라 학사제도에 관한 공지 역시 홈페이지나 과사무실 앞 게시판을 통해서 이루어지는 게 대부분이다. 또한 이러한 문제들은 현재 다른 대학에서도 발생하고 있다. 한 예로 올해 3월, 서울 소재의 명문 사립 대학교의 학교신문 기사에 따르면, 그 대학에 재학 중인 학생이 지난해 학사제도가 개편되어 과목명이 바뀌었다는 것을 휴학 기간에 제대로 공지받지 못하여 수강신청에 애를 먹었다고 한다. 그 학생은 복학을 하면서 재수강을 신청해야 할 과목이 어떠한 과목명으로 명칭이 바뀌었는지 알 수가 없어 학사지원과에 수차례 전화를 한 뒤에야 겨우 수강신청에 성공했다. 이처럼 많은 학생들이 학교 측의 소극적인 홍보 아래 학사 프로그램 공지를 제대로 확인하지 못한 채 안타깝게도 기회를 놓치고 있다. 그럼에도 주요 학사 정보나 학사 프로그램이 지속적으로 해를 거듭하여 이어질 수 있는 것은 대학 당국의 홍보가 아닌 이를 체험했던 학생들이 후배들에게 권유하는 식의 입소문 때문이다.

학사 프로그램은 홍보 부족 문제뿐만 아니라 운영되는 과정에서도 문제가 발생한다. 특히 처음 실시되는 학사 프로그램과 같은 경우 운영상 문제점이 빈번하게 드러나기 마련이다. 그렇기 때문에 학생들은 문의사항을 물어보기 위해 학사지원처에 연락을 하여 문제점을 해결하려고 하지만, 이를 담당하는 학교 측에서도 뚜렷한 대응책을 마련하지 않아 학생들은 제대로 된 해결방안을 찾지 못한 채, 계속해서 어려움을 겪는다. 물론 프로그램이 여러 가지 시행착오를 겪다 보면, 나중에 완성도가 높고 학생들도 만족하게 될 것이다. 하지만 처음부터 학교 측에서 꼼꼼한 사전준비와, 발생할 문의사항이나 문제점을 일관되게 담당하는 담당자가 존재했다면 조금은 상황이 개선될 여지가 있지 않을까 하는 안타까움이 남는다.

대학교 홍보대사는 입시용?

대학 간의 경쟁구도가 과열양상을 띠면서 각 대학들은 우수한 입학생을 많이 선발하기 위한 홍보 수단으로 홍보대사 프로그램을 앞다투어 실시하고 있다. 실제로 한국대학홍보협의회에 따르면 전국적으로 100여 개의 대학들이 홍보대사를 두고 있거나 입시생들을 위한 홍보 활동을 적극적으로 하고 있는 것으로 나타났다. 또한 아직 홍보대사가 없는 대학들도 재학생 중에 홍보대사를 선발하려는 계획을 갖고 있다. 홍보대사 프로그램이 대학의 이미지를 제고시키는 데에 큰 효과가 있겠지만, 실제로 홍보대사로 활동하고 있는 학생들의 생각은 어떠한지 알아보았다.

올해로 3기째 활동해온 경희대학교 홍보대사 '희랑' 학생들의 정기회의 날 홍보대사 활동에 관하여 몇 가지 질문을 했다. 먼저 학생들에게 홍보대사에 처음 지원했을 때 기대했던 점과 실제로 홍보대사를 하면서 느낀 점에 대해 물어 보았다. 대부분의 학생들이 처음엔 다양한 대내외적인 홍보 활동을 할 것으로 기대했는데, 주로 캠퍼스투어와 같은 입학 관련 홍보 활동을 하는 것이 아쉽다고 답했다. 하지만 "이전과 달리 홍보대사를 별로 기대하지 않았었는데 애교심도 고취시킬 수 있고 여러 가지 학교에 대한 정보를 알게 된 것이 좋았다"라고 답한 학생도 있었다. 그리고 홍보대사로 입시 관련 캠퍼스투어 일을 하면서 모교 후배들이 방문해서 자신을 알아볼 때, 경희대에 입학하고 싶다고 할 때 그리고 경희대에 대한 오해나 편견이 자신의 답변으로 해소될 때 보람을 느낀다고 했다. 반면 아쉬울 때는 대외적으로 기부활동과 같은 보다 다양한 활동을 하지 못하거나 학교에 대한 잘못된 정보를 문의할 때 대처 방법에 대한 교육 부족 등을 꼽았다. 마지막으로 경희대 홍보대사 프로그램의 개선점에 대해서는 재정적 지원 강화, 입학 관련 위주의 제한적인 활동을 넘어선 다양한 역할 및 활동 장려와 경희대 졸업생들의 퍼포먼스 알리기와 같은 대외적인 이미지 향상을 위한 홍보에 좀 더 힘썼으면 좋겠다고 답했다.

다른 대학 홍보대사 학생들의 생각도 알아보고자 '제5회 전국 대학생 홍보대사 연합 심포지엄'에 가서 몇몇 학교 학생들과도 얘기를 나누어보았다. 다른 대학 홍보대사 학생들은 홍보대사가 되기 전에는 학교를 대신하여 홍보한다는 점이 부담이 되었지만, 많은 친구들이 학교를 떠올릴 때 우리를 떠올려줄 때 큰 보람을 느낀다고 답했으며, 입시 홍보와 같은 활동을 할 때 고등학생들이 우리학교에 오고 싶다고 얘기하거나 실제로 자기 후배가 된 모습을 볼 때 홍보대사로서 자긍심을 느낀다고 답했다. 그러나 재학생을 대상으로 할 수 있는 홍보 활동이 많지 않을뿐더러 입학 관련 활동에 주로 치우치는 점 그리고 수업을 빠지면서 활동을 해야 하는 경우가 많은 점이 어려운 점이라고 답했다.

반쪽짜리 홍보

내가 고등학생일 때는 적게는 일주일에 1장, 많게는 하루에 3장씩 나오는 가정통신문이 너무 싫었다. 가정통신문에는 주로 독감 예방접종을 받으라는 시시콜콜한 내용부터 졸업앨범 비용 고지서처럼 중요한 내용까지 담겨 있었다. 게다가 가정통신문이 인쇄된 갱지를 뒤로 돌릴 때부터 시작해서 재활용 당번이면 친구들이 가져가지 않아 남아도는 가정통신문을 치우는 것부터 버리는 것까지 전부 다 귀찮게 느껴졌다. 그런데 대학에 오고 나니 갱지에 인쇄되어 나오는 가정통신문이 새삼 그리워질 때가 많다.

대학에 진학하고 난 후로 2학년 1학기까지 학교 홈페이지에 자주 들어가 보지 않았다. 들어가는 때라고는 기말고사 이후 성적을 확인하거나 수강신청 할 때뿐이었다. 그러나 친한 선배가 하나 둘씩 해외탐방 프로그램이나 장학금 수령과 같은 여러 가지 학사 프로그램 참여나 혜택을 받는 것을 보면서 신기해서 그 선배에게 물었다. "도대체 그런 건 어디서 어떻게 알고 다 받으신 거예요?" 그러자 그 선배는 웃으며 "너 학교 홈페이지에서 못 봤어?"라고 되물었다. 그 순간 나는 내가 다니고 있는 대학인데 학교 홈페이지를 자주 안 들어가 봤다는 것이 창피하게 느껴졌다. 그 뒤로는 휴학을 하는 동안에라도 1주일에 한 번은 학교 홈페이지에 들어가서 학사 공지사항을 꼭 확인하는 습관을 들였다.

하지만 내가 미국에 어학연수를 갔던 해에 현지에서 대학을 다니는 유학생 친구를 만났을 때 그 친구에게 조금 부러웠던 점이 있었다. 다름이 아닌 학교 웹 메일 서비스가 너무나도 잘 되어 있는 그 대학의 학사공지시스템이었다. 미국은 입학할 당시에 학생들에게 웹 메일 계정을 만드는 것을 의무사항으로 하고 모든 학사정보를 홈페이지에 게재하는 것은 물론, 같은 내용을 학생들 개개인의 웹 메일로 전송을 한다. 그리고 학생들이 수강하는 수업의 교수들 역시 시험이나 과제에 대한 안내부터 다음 수업 시간에 필요한 자료들을 웹 메일로 전송해주고, 학과 사무실에서는 학생들에게 학과 행사는 물론 인턴십 공지까지 웹 메일로 알려주는 시스템을 구축하고 있었다. 그 친구의 웹 메일서비스 홈페이지를 보면서 만약 우리 학교뿐 아니라 한국의 대부분의 학교들이 미국처럼 웹 메일 시스템을 제대로 구축하고 있다면 '많은 학생들이 학사 공지사항을 제대로 숙지하고, 학사 프로그램에 대한 호응도나 참여도를 높이는 데 큰 역할을 하지 않을까' 라는 생각을 해보면서 부러움과 안타까움을 동시에 느꼈다.

홍보대사로 일하고 있는 학생들은 한목소리로 '홍보대사를 해보니 학교를 대표한다는 뿌듯함과 동시에 애교심을 느낄 수 있어서 좋았다' 고 답했다. 그러나 '홍보대사에 대한 재학생들의 인식 부족' 을 개선해야 할 필요가 있었다. 홍보대사 학생들은 학교를 대표하는 사람이기 전에 그 학교에 소속되어 있는 재학생들이다. 그렇지만 정작 소속되어 있는 공간의 다른 학생들이 그들에 대해 제대로 알지 못하고 있다면, 과연 홍보대사로서 본래의 대표성을 가질 수 있을까. 홍보대사는 그 학교에 다니고 있는 재학생을 대신하여 학교를 대내외적으로 알리고 이미지를 제고시키는 역할을 해야 한다고 생각한다. 그러나 대외적인 입시 위주의 홍보에 열을 올린 나머지 정작 그들의 수고와 노력에 박수를 보내주어야 할 다른 학생들이 홍보대사에 대해 잘 모른다면 아무리 그들이 노력을 한다 하더라도 반쪽짜리 홍보에 지나지 않을 것이다.

환영받지 못하는 학사 프로그램

세상에 그 어떠한 제도나 법도 모든 사람들에게 환영받을 수는 없다. 마찬가지로 대학이 주도하는 학사제도나 홍보제도 역시 모든 학생들에게 지지를 얻을 수는 없는 것은 사실이다. 제 아무리 좋은 학사 프로그램도 알려지지 않으면 알게 모르게 묻히기 일쑤고, 문제점이 발생할 때마다 전담하는 교직원들이 바로 잡아 주지 못하면 학생들이 외면할 것이다. 또한 홍보대사 제도 역시 입학 관련 업무에 집중되다보면 대내적으로 다른 학생들의 지지나 그들의 수고에 대한 격려는 받지 못할 것이다. 대외적인 측면에 치중한 나머지 정작 대학의 주체로 소속된 학생들의 의견이 반영되지 않거나 혹은 각종 프로그램들에 대한 인지가 낮다면 대학은 진정한 경쟁력을 갖출 수 없을 것이다. 지금, 보다 능동적으로 학생들에게 새롭게 접근하는 학사 프로그램이 절실히 필요하다.

4

취업사관학교에 오신 것을 환영합니다

대학은 취업을 위한 예비 과정

박진연

대학 졸업증=취업 자격증?

얼마 전, 아는 분들과 이런저런 이야기를 나누었는데, 이상하게도 대학과 관련된 주제들로 이어졌다. 이때 기억을 더듬어보면 난 나의 비전이며 대학의 비전 등을 열심히 설명하고 있었는데, 누군가 던진 질문이 매정하게 내 말을 끊었다.

"학생, 그 대학 취업은 잘 되는가?"

그분의 질문에 살짝 웃으며 취업이 잘 안 된다고 대답하였지만, 실상 속내는 왠지 모르게 씁쓸했다. 그분과의 대화에서 나름의 비전을 진지하게 이야기하는 중이었는데, 취업이 잘 되냐는 질문 하나에 순간 이전에 말한 모든 것이 허무하게 느껴진 것이다. 그때 나는 '어쩌면 사회에서 보는 대학은 취업을 위해 밟는 예비 과정을 의미하는 것일까' 라는 회의가 들면서, 또 한편으로 그것이 어쩌면 당연한 것이 아닐까라는 생각이 들었다. 당장 우리학교만 하더라도 취업이 잘 되지 않는 학부가 신입생들에게 외면당하는 것이 사실이니, 이는 피할 수 없는 현실적 인식이 아닐까 생각한다.

제2의 대학 서열화

최근 뉴스를 보니 지난해 전체 대학 졸업자 중 65퍼센트가 취업을 했다고 한다. 이는 통계청에서 각 대학이 제출한 취업 정보를 취합한 뒤 합산해서 낸 통계라고 하는데, 통계청에서는 작년 대비 10퍼센트의 취업률 상승이 있었다면서 이에 큰 의미를 두고 있다고 한다. 참 우스운 일이 아닌가. 사실 이 취업률 통계는, 대학들이 취업률을 부풀리고 있다는 지적에 직면하면서 많은 수의 대학생들이 불신하고 있는 것이니 말이다.

그렇다면 통계청은 왜 이런 조사를 하고 있는 것일까. 사실 대학의 취업률을 조사해 공개하자는 논의는 교육인적자원부에서 시작되었다. 수험생에게는 대학의 정보를 제공하고, 대학에는 취업지원을 강화하며, 기업에는 새 고용 기준을 제공한다는 세 가지 이유가 그 바탕이다. 여기엔 향후 대학 구조 조정에 대한 기준의 필요성과, 나아가 대입 성적으로 매겨진 기존의 대학 서열화를 깨보겠다는 교육부의 의지도 담겨 있으리라. 이는 그 목적에서 물론 옳은 이야기겠지만, 동기가 옳다고 하여 방법 면에서 문제점을 지적하지 않을 수는 없다. 대학 취업률 자료는 사회적으로 많은 문제가 있기 때문이다.

취업률과 관련된 통계청의 조사는 비록 전문기관의 검증을 거친다고는 해도, 결국 각 대학이 제출한 자료에 절대적으로 의존하고 있는 것이 사실이다. 따라서 이런 조사는 대학이 올바른 자료를 제출하지 않는다면, 신뢰에 큰 타격을 줄 수밖에 없다. 그러나 각 대학 입장에서 취업률은 장차 그 대학의 구조 조정에 중대한 영향을 미칠 사안이기 때문에 어느 정도 취업률 부풀리기는 거부하기 힘든 선택이다. 이렇게 부풀려진 취업률은 전체적인 통계 자료의 신뢰성을 떨어뜨리며, 이는 결국 통계 자료를 의미 없는 숫자놀음으로 만드는데 그치고 있다. 그러나 자료의 불분명함을 떠나서, 지금의 상황에서는 교육당국이 취업률 공개에 소매를 걷어붙이고 직접 나선다는 것 자체가 더 큰 문제다. 기초적인 교육정책 자료로써 교육당국이 취업률에 관심을 가져야 하는 것은 당연하지만, 이를 공개하는 데 교육당국이 직접 나서는 것은 엄밀히 말하면 취업률을 '제2의 대학 서열화' 지표로 만드는 데 앞장서는 것이 아닌가. 신빙성이 떨어지는 자료와 이에 대한 대학생의 무시, 이를 대학 구조 조정의 지표로 삼는 교육부의 정책은 삼박자로 맞아 떨어지며 지성의 성소, 대학을 취업률에 연연하는 취업 훈련소로 만들어버렸다.

취업은 곧 성공의 척도

그렇다면 이런 현실에서 대학과 학생의 관계는 어떻게 설정되고 있는가. 조금 과장을 섞어 말하면 대학의 입장에서 학생은 대학의 취업률 지수를 높여줄, 아니 높여주어야만 의미를 갖는 존재다. 반대로 학생에게 대학은 취업을 위한 길목이 될 뿐, 어떤 지적 고민의 장이 되기에 여러 가지 어려운 점이 많다. 여기에는 대학의 취업률이 교육부의 1차 관심거리가 되어 있다는 것도 문제지만, 사회가 대학에 요구하는 것이 취업을 위한 실무형 인재를 길러내는 데 국한하고 있다는 것이 가장 큰 문제이다. 최근 대학가에서 이슈가 되고 있는 공학교육인증원의 인증이 중요한 의미를 가지는 것도, 맞춤형 인재를 원하는 기업의 요구에 맞물려 대학들이 변화 움직임을 보였다는 것에 있다. 이런 전체적인 흐름은 학문의 성소라는 대학이 본연의 모습에서 멀어짐을 의미하며, 인문학을 비롯한 취업과 크게 관련을 가지지 않는 학과들이 어려움을 겪는 현실로 드러나고 있다.

KBS가 조사한 자료에 따르면 서울대학교 재학생 5명 가운데 1명이 수능 점수에 맞춰 전공을 선택했으며, 이들 가운데 약 40퍼센트 정도가 뒤늦게 후회하고 전공을 바꾸고 싶어 한다고 한다. 그리고 서울대학교 재학생 1,300여 명을 대상으로 조사한 결과 취업이 어려운 인문학 분야일수록 학과에 대한 만족도가 떨어졌다고 하니, 어찌 보면 이는 대학에서 취업이 가지는 비중이 커졌다는 반증이 아니겠는가. 요즘 전문대학 취업 유망 학과들이 인기 상종가를 올리고 있는 것이나, 여러 대학에서 취업 캠프가 잇달아 열리는 것도 이런 현상의 연장선이다. 이제 대학과 학생은 지성과 학문으로 이어진 것이 아니라, 취업이라는 공통의 목표를 전제로 이어진 관계인 것이다.

인간에 대해 고민하지 않는 대학, 그리고 우리

요즘 많은 사람들이 취업 문제와 실업률을 실감하고 있다. 이런 현실에서 대학이 학생의 취업에 관심을 가지는 것은 너무나 당연하다. 사실 대학이 취업만을 위한 곳이라면, 이런 사실이 문제될 것은 없을 것이다. 하지만 나에겐 단순히 취업률이 대학의 지표가 되고 관심사가 되는 현재의 상황이 심히 우려스럽다. 오늘날 대학생들이 고민하지 않으며, 사회문제에 대해 관심을 가지지 않는 현실은 어쩌면 취업이라는 당면 과제에 숨가쁘게 끌려 다니는 대학생들의 모습이 반영된 것이 아니겠는가. 취업을 위해 여러 가지 경력을 쌓으면서 동시에 빛나는 졸업장을 따내기에도 벅찬 우리들 대학생에겐, 순수한 의미의 학문이나 여타 사회에 대한 관심은 이미 사치스러운 것이다. 이런 현실에서 대학의 참모습을 그려보기란 참으로 어려운 일이라고 생각한다.

그러나 잘 생각해보자. 우리 사회의 구조 속에서 한 개인이 인간적으로 성찰, 성장하는 단계는 바로 대학생 시기가 가장 적절하지 않은가. 대학 이전의 교육 구조는 단순히 열심히 공부하는 것만을 강요하고 있고, 여기에는 대입이라는 큰 벽이 존재하므로 개인에게 어떤 발전의 시기가 되기에는 사실상 큰 무리가 있다. 그리고 대학 이후의 개인은 이미 사회 속으로 들어간 존재이므로, 사회의 일원으로서 고려해야 할 것이 너무나 많다. 대개 사람들은 늙으면서 '보수화되어 간다'고 하지 않나. 보수화되어 간다는 것은 현실에 안주하기를 바란다는 것이고, 현실에 안주한다는 것은 필연적으로 자신에 대한 성찰이 줄어든다는 것을 의미한다. 이것은 바로 자기성장이 멈추게 됨을 의미하는 것이고, 이런 이유에서 대학이 '지성의 성소' 니 하는 고리타분한 말들이 결코 의미 없는 것만은 아니다. 대학은 바로 자기성찰의, 자기고민의, 자기성장의 단계로써 존재하는 곳이 아니겠는가. 민주화 운동이 격렬하던 시절, 대학생들이 민주화 운동에 앞장섰던 것은 결코 이와 무관하지 않다. 자신을 고민하고 사회를 고민한 이들은, 결국 대학이라는 울타리 속에서 스스로를 길러낸 것이니 말이다.

대학 졸업식은 취업을 위한 자격증?

이전의 대학이 개인을 성장시키는 역할을 하고 있었다고 한다면, 지금의 대학은 취업을 위한 한 과정으로 인식되고 있다. 인간이 내면적으로 성장해야 할 때 성장하지 못하는 것이, 우리에게 어떤 의미로 다가올지 심각하게 고민해 봐야 한다. 이는 현실적으로 우리 사회를 뒤흔들고 있는 취업의 문제를 완전 무시하라는 이야기도 아니고, 대학에서 열심히 도나 닦자는 이야기도 아니다. 다만 스스로를 어떻게 만들어나갈지 더 고민해 보자는 이야기이고, 단순히 취업이라는 명제에 맹목적으로 쏠리는 지금의 현실을 조금만 더 경계해 보자는 것이다. 나 역시도 취업의 문제에서 자유로울 수 없는 대학생이니, 이는 참 불행이라 할 수 있다. 그러나 대학 졸업식에서 남는 것이, 이력서를 위해 만들어 놓은 경력과 빛나는 졸업장뿐이라면 이것은 개인에게도 사회에게도 더욱 더 큰 불행이지 않을까.

이런 의미에서 대학 취업률이라는 한우물만 열심히 파는 교육청이나 대학의 모습은 참 안타깝다. 요즘 들어 부쩍 사회적 입김이 거대해진 여러 대기업들의 모습 또한 이런 구조의 일환이리라. 그 속에서 어찌할 줄 모르고 내달리는 우리네 모습도 이런 상황의 연장선일 것이다. 나 역시도 답을 찾을 수 없는 지금의 상황이 답답하지만, 그렇다고 해서 손 놓고 휩쓸리는 것은 분명 답이 아니다. 현실을 인정하되 맹목적으로 휩쓸리지는 않고 우리 대학생들이 이 현실에서 행할 몫은 분명 남아있으리라 생각한다. 비록 지금의 내가 생각지 못하는 어떤 것이라 해도 말이다. 이런 우리 하나하나의 생각들이 모이고 난 후에야 사회구조의 변화가 뒤따르지 않을까. 이상하게 꼬인 대학과 대학생, 취업의 애매한 관계를 넘어서 말이다.

대학생이여, 진정한 지성인이 되어라!

대학문화는 한국의 전반적 문화현실에 비판적 태도로 문제를 제기하며 그 출발을 시작한다. 진정한 대학문화는 대학인 스스로의 창조적이고 비판적인 지성을 바탕으로 하는 건강하고 생산적이며 공동체적 성격으로 변화·발전하는 것이어야 한다.

그러나 지금 현재 우리의 대학 내에서는 진정한 지성을 추구하기보다는 지나치게 눈에 보이는 현실적 이익에 민감해져 있다. 취업하고자 하는 기업에 자신을 조금 더 가치있는 상품으로 보이기 위해서 노력하고 있다. 대다수의 대학생들이 취업하기 위해서 스펙을 갖추는 일을 아무런 비판 없이 받아들이고 있다. 그것은 창조적이지도 생산적이지도 않다.

취업을 위한 준비과정은 주로 개인적인 활동이라고 볼 수 있다. 취업을 위한 소모임 활동을 한다면 사람들과의 교류가 있다고도 볼 수 있겠지만, 대학생활에서 중요한 것은 건전한 인간관계를 통한 지적교류활동이라고 생각한다. 취업 준비 과정을 통해 개인적인 활동만이 대학생활의 전부라면, 상대방과의 교감으로 새로운 것을 발견하고 이뤄내는 것의 소중함을 망각하게 될 것이다. 이런 생활들은 전체보다는 내가 우선이라는 사고방식을 낳게 만들고, 인간관계를 더욱 삭막하고 각박하게 하는 것은 물론이고 자기 자신마저 비인간화하며 관계의 단절과 고립을 만들어버릴 것이다. 대학은 취업을 위한 준비 장소가 아니다. 어떻게 하면 인간이 더 인간답게 살아갈 수 있을지 삶의 본질을 탐구하고 그 과정 속에서 자신의 존재 의미를 인식할 수 있는 곳이어야 한다. 하지만 지금의 대학 현실은 이 각박한 사회 구조를 재생산하는 '산업예비군' 양성소가 되고 있다.

나는 믿고 싶다, 대학이 아직 살아 있다는 것을

대학은 '진리탐구를 하기 위해 존재한다'는 것을 나는 믿고 싶다. 지금 우리는 평등과 자유, 그리고 공동체 의식이라는 대학 고유의 가치를 얘기하면 시대착오적이라는 평가를 받고 있는 '슬픈 시대'를 살아가고 있다.

대학은 치열한 경쟁 사회에서 변해야 살아남을 수 있다고 늘 항변한다. 그 결과 대학은 기업이 원하는 인재상에 따라 대학의 학문 체제 자체를 변화시키고 있다. 대학은 높은 지성과 전문성을 겸비한 인재를 키우고 그 인재는 질 좋은 '상품'으로서 역할을 하고 있는지 모른다. 우리는 현 시점에서 질문을 던져봐야 한다. 진리의 상아탑에서 자신도 모르게 돈이, 취업이 곧 '성공의 잣대'가 되어가고 있는 것은 아닌가?

토익이니 스펙이니 취업 준비로 자신의 삶이 어디로 흘러가고 있는지 모르는 대학생들이 지금 대한민국의 현주소라는 것을 제대로 인식해야 한다. 삶에 대한 통찰이 없고, 이웃에 대한 따뜻한 배려가 없는 각박한 사회 앞에는 참담하고 살벌한 미래가 기다리고 있을 뿐이다.

복학생 전성시대

최상배

복학생, 그들의 과거와 오늘

과거에는 대학생이 휴학을 하는 경우가 흔치 않았다. 남학생의 군 휴학을 제외하고는 특별히 휴학할 만한 이유가 없었기 때문이다. 이때만 해도 복학생은 군대를 갔다 온 경우가 대부분이라 졸업한 여자 동기나 선배를 그리워하며 처음 보는 후배들 틈바구니에서 데면데면 할 수밖에 없었다. 그러나 최근 이러한 추세가 완전히 뒤바뀌어서 군 휴학을 제외한 휴학생 수가 급격하게 늘어나고 있다. 지난 2월 교육과학기술부가 발표한 '전국 174개 대학 재적생 현황(2008년 12월 기준)' 자료에 따르면 지난해 194만 3,437명의 재적생 중 휴학생이 43만 3,699명에 달한 것으로 나타났다. 전체 재적생 중 22.8퍼센트로, 5명 중 1명 이상이 휴학한 셈이다. 특히 군 휴학을 제외한 일반 휴학률이 2000년 이래 최고치를 기록했는데 2000년에 11.8퍼센트였던 일반 휴학률이 2008년 15.8퍼센트로 4퍼센트가 늘었다.

여대생도 휴학생이 2000년 6만 1,910명에서 지난해 11만 2,325명으로 두 배 가까이 증가했다.

이렇게 휴학이 늘어난 사유가 반갑지만은 않다. 그 이유는 크게 세 가지로 나뉘는데 첫 번째는 매년 한숨이 절로 날 만큼 인상되는 등록금을 마련하기 위해서다. 두 번째는 경제위기로 극심한 취업난 가운데 소위 말하는 스펙을 쌓아 취업에 성공하기 위한 것이다. 유학이나 어학연수, 인턴십 참여, 자격증 취득, 봉사활동 등을 이유로 휴학을 결심하는 대학생들이 부지기수다. 사정이 이렇다 보니 대학생들 사이에 자기계발을 위해 한 학기에서 1년 정도 휴학하는 것은 필수가 됐다. 세 번째는 졸업학기가 됐지만 아직 취업을 하지 못한 4학년 학생들이 휴학을 통해 졸업을 유예하기 때문이다. 이들이 졸업을 늦추는 이유는 취업을 할 때 기졸업자보다 졸업예정자를 선호하기 때문이다. 그래서 군대에 다녀와도 어학연수나 인턴십 때문에 휴학했던 여자 동기나 취업 준비로 졸업을 유예하는 선배들과 같이 학교를 다니게 되는 아이러니한 상황이 생겨났다. 결과적으로 늘어난 휴학생은 자연스럽게 복학으로 이어지면서 복학생이 소세小勢가 아닌 대세大勢로 발돋움하게 된 것이다. 복학생 수의 변화와 더불어 복학생들의 대학생활도 과거에 비해 달라진 점이 많다.

환골탈태

전쟁에서 같은 편의 숫자는 병사들의 사기와 직결된다. 아무리 약한 병사들도 그 수가 많아지면 전쟁에 대한 자신감으로 향상된 전투력을 보이는 것이다. 이처럼 복학생의 숫자가 많아지면서 과거의 의기소침한 아웃사이더Outsider 이미지를 탈피하고 자신감 넘치는 워너비Wannabe 스타일로 변화하는 복학생이 늘어가고 있다. 특히 군대를 전역한 복학생들의 외형 변신이 두드러진다.

과거에 '복학생' 이라는 단어는 촌스러움이나 아저씨 같은 느낌을 풍겼다. '복학생 패션' 이라는 말까지 사용됐다. '복학생 패션' 은 야구 모자를 눌러쓴 트레이닝복 차림에 삼선 슬리퍼를 신고 노스 페이스Northface 검은색 등산 가방을 맨 후 가방의 양쪽 보조 주머니에 물통과 우산을 꽂고 돌아다니는 식이다. 과거에는 이런 스타일로 홀로 학교를 누비다가 수군거리는 소리를 듣는 복학생이 있었지만 요즘 캠퍼스를 돌아다녀도 '복학생 패션' 을 한 학생을 찾기가 비오는 날 택시 잡는 것만큼 어려워졌다. 이제 복학생도 촌스럽고 후줄근한 이미지에서 벗어나 댄디Dandy한 헤어와 패션 스타일을 보여주고 있기 때문이다. 대부분의 예비역(군 복무를 마치고 복학한 대학생)들이 무난한 헤어와 패션 스타일로 복학하기 때문에 학번이 알려지지 않은 이상 현역(아직 군대에 가지 않은 대학생)과 구별되지 않을 정도로 발전한 것이다. 개중에는 현역보다 뛰어난 패션 감각으로 복학생이라는 타이틀을 무색하게 만드는 학생들도 있다.

이와 같은 변화는 사회적인 현상이 반영된 것이다. 최근 등장한 신조어인 '그루밍Grooming족' 을 들어본 적이 있는가. '그루밍족' 은 '메트로섹슈얼Metrosexual족' 과 유사한 개념으로 패션과 미용에 아낌없이 투자하는 남자들을 일컫는 신조어다. 이들은 자신을 돋보이게 하기 위해 피부와 두발, 치아 관리는 물론 성형수술까지 마다하지 않는다. 여성들의 사회참여가 갈수록 활발해지면서 남성들의 사회적 영향력이 줄어들게 됐고, 이에 따라 남성들도 신체 자본이라고 표현되는 외모를 잘 갖추어야 성공할 수 있다는 사고가 자리잡게 됐다. 남의 눈을 의식하지 않고 편안한 차림을 고수했던 복학생들이 남의 눈을 의식하고 호감을 줄 수 있도록 외모에 적극 투자하기 시작한 것이다.

환골탈태는 뼈를 바꾸고 태를 빼낸다는 뜻으로 몸과 얼굴이 몰라볼 만큼 좋게 변한 것을 비유하는 의미로 무협소설에 자주 등장한다. 새내기 때 풋풋하고 생기발랄했던 현역이 군대 갔다 와서 복학하니 우중충해지고 폭삭 삭았다는 말은 옛말이 됐다. 더욱 더 성숙하고 세련된 모습으로 환골탈태한 복학생의 변화를 바라보며 과거의 비호감은 사라지고 있다.

복학생? 동병상련同病相憐 No, 동주상구同舟相救 Yes!

동병상련과 동주상구는 비슷한 사자성어 같지만 그 뜻을 살펴보면 과거와 달라진 복학생 간의 태도 변화에 들어맞는다. 먼저 동병상련은 같은 병을 앓고 있는 사람끼리 서로 가엾게 여긴다는 뜻이며, 동주상구는 같은 배를 탄 사람끼리 서로 돕는다는 뜻이다. 두 사자성어는 비슷한 처지에 놓여 있다는 점은 같지만 주목해야 할 차이점이 있다. 바로 동병상련은 서로 가엾게 여기는 것이고 동주상구는 서로 돕는다는 것이다.

과거의 복학생들은 자신들의 설움을 안주 삼아서 생각 같지 않던 복학생활을 술잔에 담아 들이키며 서로를 안쓰러워했다. 다음은 복학생 '동병'과 '상련'의 대화다.

동병 : 상련아, 나 엊그제 전공 수업에서 드디어 여자 후배 한 명이랑 친해졌다. 수업 혼자 듣느라 너무 외로웠는데 구세주가 나타나서 진짜 좋았단 말이야. 그런데 그 후배랑 수업 끝나고 나가면서 우리 과 새내기들을 만났어. 새내기들한테 나 인사시켜준다고 해서 수줍어하면서 따라갔는데 글쎄 내 학번이 안드로메다라고 해서 완전 충격받았잖아. 졸지에 외계인 됐다니까. 진짜 속으로 눈물 나더라.

상련 : 진짜 서럽다. 걔네들하고 서너 살 차이밖에 안 나는데 아저씨 취급이나 받고. 사회에서는 창창한 20대가 학교에서는 왜 이 모양이냐?

동병 : 밥 혼자 먹는 것도 이제는 어느 정도 적응됐는데, 수업 빠진 날 노트 필기 빌려달라고 할 사람이 없으니까 옛날 동기들 생각 진짜 많이 나더라.

상련 : 그러니까 말이야. 난 복학하고 진짜 열심히 공부해서 꼭 장학금 타겠다는 마음먹었는데 중간고사 지나고 나가떨어졌어. 요즘 애들 도핑테스트 해봐야 해. 왜 이렇게 공부를 열심히 해? 맞다! 난 우리 과 필수전공과목 바뀐 것도 모르고 엄한 수업까지 들었는데 진짜 최악이었어.

동병 : 과 엠티나 행사에도 참여하고 싶은데…. 괜히 불청객 되는 것 같아서 포기한 지 오래됐다. 취업할 생각하면 그런 데 가는 게 오버하는 것 같기도 하고.

상련 : 에고. 뭐 우리만 그러냐? 다른 복학생들 다 똑같지 뭐. 술이나 한잔 해!

반면 요즘의 복학생인 동주와 상구의 대화를 들어보자.

동주 : 상구야! 너 요즘 일본어 공부한다고 했지? 혹시 일본어 스터디 그룹 들어갈 생각 없어? 나 전공 수업에 아는 후배 한 명 생겼는데 나한테 일본어 스터디 관심 있냐고 물어보더라고. 듣다보니 너 생각나서 내 친구 일본어 공부하는데 한 번 물어본다고 했지!

상주 : 진짜? 안 그래도 혼자 공부하려니까 막막했는데 정말 잘됐다. 진짜 고마워.

동주 : 뭐 이 정도 가지고. 너도 저번에 학교 기자 모집하는 거 나한테 알려줬잖아. 후배들만 있는 동아리가 영 어색했는데 거기서 진짜 잘 지

낸다. 기자단에 과는 달라도 같은 학번 친구들이 여럿 있어서 후배들하고도 쉽게 친해질 수 있었어. 요새 학교 다닐 맛이 난다니까.

상주 : 나도 나도. 아! 아까 학교 홈페이지 게시판에서 해외 봉사단 프로그램 봤거든. 너도 이따 집에 가서 한 번 봐.

동주 : 응, 꼭 확인해볼게. 그리고 너 경희 알지? 우리 여자 동기 있잖아. 걔 1년 동안 캐나다에서 인턴십하고 자격증 공부하다가 이번 학기에 복학했다고 하더라고. 너도 잘 지내나 묻더라. 다음에 같이 맥주 한잔 하자.

위 대화에서 나타난 것 외에도 요즘 복학생들은 끈끈한 커뮤니티 그룹을 형성해서 학제개편사항이나 공모전, 취업 등에 관한 다양한 정보를 공유한다. 과거에는 예비역 복학생이 대부분이라 남자 복학생들만 있어서 분위기도 우중충하고, 그들이 가진 정보나 인맥도 한정적이었다. 반면 요즘은 어학연수, 인턴십으로 휴학한 학생들이 많기 때문에 자연스레 예비역과 어우러져 다양한 정보와 인적 네트워크를 나눌 기회가 많아진 것이 큰 특징이다.

복학생 新연애 풍속

복학생의 연애도 사뭇 양상이 다르다. 학업이나 취업 준비를 뒷전으로 하고 여자 친구에게만 빠져 지내는 시대는 지났다. 과거에는 복학생이 연애한다고 하면 '팔자 좋다' 하며 비아냥거렸지만 요즘은 서로에게 시너지 효과를 줄 수 있는 연애를 추구하기 때문에 우려의 목소리도 줄어들고 있다. 시험 기간에 도서관이나 카페에서 같이 시험 공부하는 것은 기본이 됐고, 어려운 경제상황을 감안하여 비싸고 분위기 좋은 레스토랑보다는 학교 앞 저렴한 식당을 선호한다. 그리고 나이 어린 친구들과 사귀면 공부보다는 노는 게 우선이라는 편견도 사라진 지 오래다. 오히려 학업이나 미래에 대한 준비로 바쁜 저학년들로 복학생이 더 깜짝 놀라고 위축되는 경우가 많다.

캠퍼스 커플인 A군과 B양은 이런 세태를 반영하는 커플이다. 둘은 학회를 통해 인연을 맺었는데 A군은 복학한 지 한 학기가 지난 예비역이고 B양은 이제 막 1학기를 마친 새내기다. A군은 군대에 있을 때만 해도 전역하면 연애는 잠시 뒷전으로 미루고 학업과 어학 공부, 아르바이트에만 전념하기로 마음먹었다. 여자 친구에게 따로 신경 쓸 여유가 없을 거라 생각했기 때문이다. 게다가 자신의 경험으로 미뤄보아 나이가 어릴수록 놀기 바쁘고 이성 친구와 함께하는 시간이 많아야 했다. 그러나 A군의 예상은 복학 후 보기 좋게 빗나갔다. 취업난이 하도 심각해서인지 후배들은 자신보다 더 열정적으로 공부하고 취업 준비에도 관심이 많았다. 이 커플의 아지트는 도서관이다. 대부분의 데이트는 도서관에서 같이 공부를 하면서 보낸다. 아들에게 여자 친구가 생겼다는 소리에 걱정하셨던 부모님도 자연스레 학업 성적도 올라가니 둘의 연애를 긍정적으로 받아들이셨다. 그렇다고 둘이서 공부만 하는 것은 아니다. 여름방학 때는 해외 봉사활동 프로그램에도 같이 지원해 다녀왔고, 짬짬이 아르바이트를 해서 번 돈으로 한 달에 한 번씩 국내관광명소를 여행한다.

또 하나의 복학생 연애의 추세로 데이트메이트Datemate를 꼽을 수 있다. 데이트메이트란 친구보다는 가깝고 그렇다고 애인은 아닌 관계를 말한다. 얼마 전 《뉴욕타임스》 칼럼에도 비슷한 내용이 실렸는데 30세 이하 미국 젊은이들의 상당수가 애인을 만들기보다는 호감 가는 친구 또는 지인들끼리 심각하지 않은 애정 표현이나 스킨십을 포함한 가벼운 만남을 선호하고 있다고 한다. 전문가들은 경제적 불황과 함께 장기적 관계에 대한 두려움 등을 그 요인으로 꼽고 있는데 이 같은 현상이 일시적 유행이 아닌 일상적 규범이 돼가고 있는 것 같다고 덧붙였다.

데이트메이트를 만드는 것은 비단 미국뿐만 아니라 한국의 대학생, 특히 복학생들 사이에서도 일반화돼가고 있다. 복학생에게도 사랑은 중요하고 필요한 요소로 여겨진다. 하지만 복학생들 대부분이 고학년이기 때문에 사랑보다는 미래에 투자하는 것이 중요하다고 생각한다. 그래서 굳이 애인 사이로 서로의 관계가 부담이 되는 것보다는 데이트하고 싶을 때 만나서 이야기도 나누고 맛있는 것도 먹는 것이 더 좋을 수 있다는 생각에서 기인한 것이다. 그리고 둘 중 한 명이 애인이 생긴다면 연락을 자제하고 그 친구를 이해하는 것이 예의라고 생각하는 것도 재밌는 부분이다.

데이트메이트인 가군과 나양에 관한 이야기다. 가군과 나양은 휴학 후 인턴십을 하다 만났는데 서로 말도 잘 통하고 만나면 편안한 마음이 들어 친해졌다가 각자 복학 후 자연스레 데이트메이트 관계가 됐다. 이들은 적어도 일주일에 한 번쯤 꼭 만나서 함께 저녁을 먹거나 가볍게 술을 마신다. 혹 시간이 빌 때는 영화를 보기도 하고, 카페에서 서로의 일상이나 고민을 나눈다. 애인도 아니고 친구도 아닌 것이 이상한 관계로 느껴질 수 있지만 서로는 절대 어색하거나 불편하지 않다. 친구 이상으로 마음을 터놓으면서 동시에 개인적인 사생활은 침해하지 않기 때문이다. 무언가를 서로에게 부탁하거나 도움을 줄 때도 애인처럼 정성을 다하고 말하지 않은 것도 알아서 배려해 주면서 가끔 손을 잡거나 팔짱을 끼기도 하지만 키스 이상의 선은 절대 넘지 않는다는 암묵적인 합의가 존재한다. 결정적으로 둘 중 한 사람에게 애인이 생겨도 섭섭해 하거나 그 사람과의 만남을 후회하지 않는다.

복학생의 사랑과 연애에 관해서는 끊임없이 논란이 진행된다. '현실에 충실한 사랑이냐? 미래에 충실한 사랑이냐?' 이상과 현실의 잣대에서 아무리 고민해도 정답은 없다. 다만 요즘 나타나는 복학생의 연애풍속을 이야기할 뿐이다. 선택은 각자의 몫에 맡긴다.

복학생을 대할 때 필요한 태도는?
역지사지易地思之와 줄탁동시啐啄同時

역지사지는 복학생을 이해하고 대학생활을 함께 해나가기 위해서 가장 중요한 말이다. 상대방과 처지를 서로 바꿔 생각해보는 것만으로도 불편하거나 어색할 수 있는 딱딱한 관계가 부드러워질 수 있기 때문이다. '내가 복학생 선배의 입장이라면 어떨까?', '내가 복학생 선배를 마주하는 후배의 입장이라면 어떨까?' 느껴보기만 해도 서로에게 상처가 되거나 거부감이 들 수 있는 언행을 삼갈 수 있다.

후배들은 복학생 선배를 보고 '갑자기 어디서 나타난 거야? 엄청 불편하네' 하고 생각할 수 있지만 특별한 사정이 있을 때만 했던 휴학이 특별한 사정이 없어도 한 번쯤 하는 것으로 트렌드가 바뀐 이상 그 선배의 모습이 2~3년 후 나의 모습이 될 수도 있는 것을 알아야 한다. 반면 복학생들은 후배를 보고 '우리 때는 안 그랬는데 요즘 애들은 엄청 까칠하단 말이야. 또 공부는 왜 그렇게 열심히 하는 거야?' 라는 생각을 하겠지만 정말 특별히 붙임성이 좋지 않은 이상 복학생은 부담이 될 수 있다. 객관적으로 보면 요즘 이런 말을 하는 복학생이 신입생이었던 시절보다 복학생에 대한 인식이 확실히 좋아졌다. 그리고 복학생은 다들 복학 전에 '이제는 후배들하고 놀 땐 지났어. 공부만 열심히 해야지' 라고 생각하는데 막상 학교에 와보면 후배들이 더 열심히 공부하고 그들한테 오히려 배워야 할 것도 많다. 그러니 후배들과 더 친하게 지내도록 노력해야 하는 것이다. 후배가 먼저 다가가나 선배가 먼저 다가가나 고민하는데 정답은 그냥 내가 먼저 다가가는 것이다. 내가 후배일 때도 또는 선배일 때도 먼저 다가가서 친해지고자 노력한다면 상대방의 마음의 문은 쉽게 열릴 것이다.

복학생의 적응력을 높이기 위해 필요한 게 한 가지가 더 있다면 학교의 관심과 지원이다. 1년 전 추석 무렵 세계경제위기로 우리나라까지 그 한파가 불어 닥치기 시작했을 때 국내 유명 CEO들은 불황 대처를 위한 사자성어로 줄탁동시啐啄同時를 1위로 뽑았다. 이 사자성어의 뜻은 병아리가 알에서 나오려면 어미닭과 새끼가 알의 안팎에서 동시에 쪼아야 한다는 것이다. 복학 후 학교 적응을 위해서 가장 중요한 게 복학생 자신의 노력이겠지만 학교의 도움도 필요하다. 이 사자성어의 뜻처럼 병아리가 혼자서 알을 깨는 것이 아니라 어미닭이 밖에서 동시에 쪼아야만 순탄하게 부화가 이뤄지는 것처럼 말이다.

복학생들을 위한 상담 프로그램을 운영하여 이들이 당면한 현실적 문제, 학사제도에 관한 사항이나 진로 문제 등 혼자서 해결하기 어려운 것들에 관해 조언을 해준다면 실질적인 도움이 될 것이다. 또 복학생과 재학생의 교류가 자연스럽게 이루어지도록 도우미를 연결하는 것도 좋은 방법이 될 수 있다. 마지막으로 다른 대학교 중 일부는 학기마다 복학생들을 위한 오리엔테이션을 열어 좋은 반응을 얻고 있다. 복학생들을 위한 오리엔테이션으로 전공 기초 강의와 함께 팀 프로젝트를 수행하고 스터디그룹으로 이어질 수 있도록 하는 것이다.

복학생 전성시대

경제위기의 일상화 속에서 휴학은 필수다. 자의든 타의든 지금 대학생 대부분은 잠재적인 복학생인 것이 대한민국 대학의 현실이다. 이러한 상황에서 복학생은 이방인이 아니라 자연스러운 대학의 구성원이 되어야 한다. 복학생은 내일의 자신의 모습일 수 있기 때문이다. 복학생이 학교에 적응하지 못하고 겉돌았던 이유는 그들이 소수였고 자신을 나타낼 방법을 알지 못했기 때문이다. 그러나 이제는 복학생 전성시대다. 복학생 아저씨는 이제 옛말이다. 우리 주변의 복학생들은 촌스러운 아저씨가 아니라 서로 돕고 의지할 수 있는 선배이자 함께 힘을 모아야 할 동기다. 이제 동변이와 상련이의 소주잔 공감은 변화된 사회와 대학문화 속에서 추억 속 한 장면이 되었다.

대학원, 일그러진 우리 사회의 도피처

이예하

우리는 '대학민국'에 살고 있다

대한민국은 철저히 대학교육 중심의 사회가 되어가고 있다. 고교 졸업생 가운데 80퍼센트 이상이 대학에 진학하는 현실을 생각하면 이제는 대한민국이 아닌 '대학민국'에 살고 있다는 느낌이 든다. 고등교육까지 맹목적인 목표가 되는 대학교 입학. 그런데 여기서 끝나는 것이 아닌, 대학 졸업 이후 일부 학생들은 대학원 진학에 다시 한 번 도전한다. 대학원은 무엇을 위한 곳인가. 우리는 대학원을 통해 무엇을 기대하고 있는가. 나는 대한민국 사회에서 대학원이 갖는 의미를 개인적인 측면을 통해 바라보고 이해하고자 한다. 이 과정을 통해 우리 사회의 일그러진 교육 현실에 대해 다시금 생각해보며, 개인의 미래 설계에 작은 보탬이 되었으면 하는 바람이다.

대학원에 왜 가는가

대학원에는 왜 가는 것일까. 사람에 따라 이유는 다양하다. 이는 최근 대한민국 사회를 강타한 청년 실업난에 의한 어쩔 수 없는 선택일 수도 있고, 아주 예전부터 '공부가 좋아서' 염원해오던 일일 수도 있다. 또는 학부 시절에 공부해 온 학문의 방향을 틀어 전공을 변경하는 기회를 만들기 위해, 전문가가 되기 위해, 혹은 인맥을 형성하기 위해서 우리는 대학원 진학을 목표로 한다.

취업포털 잡링크의 통계 조사에 따르면(대학원생 815명 대상, 2005년 3월) 대학원 진학 이유에 대해 '취업 때 좋은 대우를 받기 위해서' 라는 응답이 34.9퍼센트로 가장 많았다. 또한 '취업이 어렵기 때문' 이라는 응답자도 30.3퍼센트에 달해 전체의 65.2퍼센트가 취업 문제 때문에 대학원에 진학한 것으로 조사됐다. 이 밖에 '진로상 필요해서' 21.6퍼센트, '최종 학력을 높이기 위해' 10.4퍼센트 등의 응답이 뒤를 이었다. 더불어 전체의 32.4퍼센트가 '대학원에 다니면서 구직활동을 하겠다' 라고 답하여, 취업의 연장선으로 대학원에 진학하려는 경향을 보인다.

많은 사람들이 대학원을 취업 혹은 더 나은 이직을 위한 하나의 '경력' 으로 간주하는 경우가 많아졌다. 또 다른 취업포털 스카우트가 실시한 대학원 진학과 관련된 설문 조사(직장인 1,912명 대상, 2002년 9월) 결과를 보면 응답자의 83.3퍼센트가 "대학원에 진학할 의향이 있다"고 답했다. 결국 대학원은 소위 말하는 개인의 '자아 찾기' 의 수단이 된다. 사회 진출을 앞둔 대학생들의 경우 취업에 대한 두려움에 앞서 대학원에 진학하면 더 좋은 조건의 직장을 찾지 않을까 생각하고, 직장인들은 취업 후에도 업무에 마음을 붙이지 못하고서 또 하나의 전환점으로 대학원 진학을 고려한다. 만족할 수 없는 현재 조건을 극복하기 위해 주어진 시간을 연장하고자 할 때, 대학원은 또 하나의 '기회'로 큰 매력을 갖는다.

하지만 대학원 진학을 생각한다면 맹목적으로 대학원에 대한 기대를 키우기 전에, 학교에 대해 보다 더 크고 넓게 알아가는 시간이 필요하다. 기본적으로 자신이 앞으로 취업을 목표로 하고 있는지, 아니면 학문 그 자체에 뜻이 있는지 진지하게 되짚어 볼 필요가 있다. 각각의 학교 역시 자신들의 정체성을 고민하고 있기 때문이다. 학교가 대형화되면서 순수연구중심대학Pure University과 전문인력양성형대학Practical University의 구분은 점차 모호해지고 있지만, 기본적으로 학교가 어떻게 변화하고자 하는지 알아보는 것은 무척 중요하다. 결국 차별화된 교육이 지원자가 원하는 목표에 도달하게 하는 원천이 되기 때문이다. 단순히 '대학원에 가면 뭔가 달라질 것'이라는 기대는 금물이다.

실제 우리나라는 최근 10년간 수많은 대학이 생겼다. 대학에 가고자 하는 수요가 늘어나는 만큼 입학 정원 역시 대학별로 20~40퍼센트가 늘었다. 200개 4년제 대학 중 박사 학위를 주는 대학은 70퍼센트에 달한다(교육통계연보, KEDI, 2004). 그러나 이는 무조건 따라하기 식의 무차별 확장으로, 각 대학은 아직 고유의 특성을 가지고 있다고 하기에는 부족하다. 이렇다 할 특색 없이 차별화되지 못한 졸업자들은 경쟁력을 지니지 못한다. 현재 약 17퍼센트인 이공계 석·박사 실업률은 이와 같은 문제점을 보여주는 하나의 예다.

그렇다면 대학원에 대한 '막연한 기대'가 생기는 원인은 무엇인가. 결국 우리 사회의 왜곡된 교육 현실에 책임을 돌리게 된다. 비록 국내에는 350여 개의 대학이 있지만, 이른바 SKY로 불리는 3개 대학 졸업생이 각계 고위직의 절반 안팎을 차지하고 있는 것이 우리의 현 상황이다. 이와 같은 현재의 모습이 사람들에게 실력 대신 학벌이 신분과 서열을 만든다는 잘못된 인식을 심어주게 되었다. 대학원 역시 이와 같은 '학벌'의 연장선으로, 진학 전의 깊이 있는 고찰이 이루어지지 않고 맹목적인 기대를 갖는 경우가 많다. 하지만 이제는 각 학교와 학생의 실력을 객관적으로 평가하는 기준이 필요한 시점이다. 또한 대학원 진학은 잘못된 기존의 사회 인식을 따르는 '조건'으로 이해되어서는 결코 안 되며, 반대로 이러한 기존의 통념을 깨뜨릴 수 있는 전환점 역할을 해야 한다.

비싼 등록금보다 고급 인력 과잉이 문제

현실적으로 대학원 진학을 망설이게 만드는 가장 큰 요인은 바로 비싼 등록금이다. 위에서 언급한 '진학 전의 깊이 있는 고찰'은 이 때문에 필수적이다. 학교마다 차이가 있지만, 일반적으로 서울 소재 사립대 기준으로 대학원 등록금은 한 학기에 약 400~500만 원 정도다. 국립대학의 경우 300만 원이 조금 넘는다.

지난 2006년 다수의 전문대학원이 출현하면서 연간 최고 2,000만 원을 웃도는 대학원 등록금이 이슈가 된 적이 있었다. 국회 교육위원회 소속 이경숙 열린우리당 의원이 대학별로 제출받은 지난 2004년부터 2006년까지의 3년간 대학원 등록금 현황을 분석한 결과를 보면, 경희대 의학전문대학원 4년 과정에 드는 순수 학비만 7,000만 원, 성균관대 인문사회계열 SKK GSBGraduate School of Business과정 수료에는 2년간 4,600만 원이 필요하다. 이와 같은 전문대학원뿐 아니라 일반 대학원 등록금 역시 연간 1,000만 원을 넘는 등 저소득층은 물론 중산층도 대학원 교육비를 감당하기 어려울 정도로 뛰고 있다(한국대학신문, 2006.10.11).

한국의 경제 환경에서 대학생·대학원생이 학업과 동시에 등록금

전액을 부담하는 것은 현실적인 한계가 있다. 특히 대학원은 단순히 졸업 후 학위 취득을 목표로 하는 것이 아니라 특정 분야에 대한 전문성을 키우는 것을 전제로 하고 있기 때문에, 대부분 대학원생의 가족들이 등록금을 부담한다.

그렇지만 대학원생 입장에서 아무리 공부라는 허울 좋은 명분이 있다 해도 마냥 가족의 울타리 안에만 있을 수는 없는 일이다. 조금 미뤄진 사회 진출은 이를 충당할 수 있을 만큼의 결과를 낳아야만 한다는 책임감, 혹은 부담감으로 다가온다. 또한 이 시간이 미뤄지면 미뤄질수록 이 '대가代價로서의 미래'에 대한 기대는 점점 커진다. 결과적으로 이러한 악순환은 청년들의 사회 진출 시기를 늦추는 주요인이 된다.

우리 사회는 일자리가 부족한 것일까. 그보다는 고급 인력이 과잉 공급되고 있다고 보는 것이 맞을지 모른다. 2009년 2월 기준, 84퍼센트의 고등학생이 대학에 진학하는 대한민국의 현실은 무척 비현실적이다(전문대학 포함, 통계청). 이는 다른 국가들과 비교했을 때 더욱 확연하다. 독일의 대학 진학률은 35퍼센트, 일본의 경우는 45퍼센트로 우리에 비해 훨씬 낮은 수치를 보인다(OECD, 2006년 기준). 대학은 무조건 가야 한다는 고정관념에 사로잡혀 대졸자들이 넘쳐나고, 일자리는 한정되어 있어 전문고등학교나 전문대학 출신이면 충분히 할 수 있는 단순 일자리까지 석·박사 출신이 몰리고 있다. 이러한 상황에서 대학원 진학이 개인의 역량을 강화시키기 위한 선택이었는가에 대한 반성이 이루어져야 한다. 수많은 대졸자 사이에서 '대학원'이라는 조건 하나만으로 차별화를 꾀하는 것은 바람직하지 못하다. 이와 같은 흐름 속에서는 국내 대학원 시장 역시 순식간에 필요 이상으로 커질 가능성도 충분히 내재하고 있기 때문이다.

대학원에 진학함으로써 얻어지는 결실은 전적으로 본인의 노력과 의지에 달려 있다. 특정한 이점을 갖기 위해 대학원 진학을 결정하겠지만, 비싼 등록금과 그에 따르는 졸업 후의 부담감은 예비 진학자가 한 번쯤 진지하게 고려해보아야 하는 대목이다. 본인의 의지에 따라서 대학원에 진학하는 것이 과중한 부담과 짐이 될 수 있다는 것을 인지하고 현재 자신이 할 수 있는 일은 무엇인지를 다시금 되돌아보는 자세가 필요하다. 무엇보다 대학원을 또 하나의 스펙으로 인식하기보다는 학문 탐구를 통해 이루고자 하는 자신만의 목표 의식이 있어야 함을 기억하자.

'학생'이 뭐길래?

일부에서는 요즈음 대한민국 국민을 '20년 공부해 20년 일하고 30년 놀게 된다'는 말로 표현한다. 우리나라 국민들은 일반적으로 초등학교 6년, 중학교 3년, 고등학교 3년, 그리고 대학 4년으로 약 16년 이상을 공부하는데, 최근 추세는 어학연수, 군복무, 인턴십, 전공 변경, 취업 변경 등으로 학교를 떠나는 시기가 갈수록 늦어지고 있다. 조사에 따르면 대한민국 청년들의 평균적인 사회 진출 시기는 28.8세이다. 반면 평균 퇴사 시기는 50대 초반으로 앞당겨지고, 평균 수명은 계속 늘어나고 있다. '학력 과잉' 풍조 속에서 대졸 출신 미취업자의 사회적 비용은 20조 원이 넘는다는 분석까지 나오고 있다(《인구구조 고령화의 경제·사회적 파급효과와 대응과제》, 한국개발연구원·잡링크·SBS미래한국리포트).

많은 청년들이 '학생' 신분을 연장하고자 하는 이유는 무엇인가. 대학생으로서 가장 많이 듣는 이야기 중 하나가 '학생 때가 가장 좋다'는 말이다. 그리고 사실, 현재 우리 대학생들은 그 누구보다 자유롭고 즐겁다. 사회적인 혜택은 곳곳에 존재하고, 공부하는 학생이라며 배려와 관심을 한 몸에 받는다. 하지만 편한 만큼 이 시대의 '학생'은 어느새 '소비자' 적인 성격을 띠게 되었다. 학생 신분을 연장하면 '소비' 할 일이 많고, '소비'는 그 특성상 끝이 없다는 점을 잊지 말아야 한다. 수없이 존재하는 공모전과 어학 시험, 자격증을 준비하고자 한다면 과연 그 마침표는 언제 찍어야 마땅할까.

매스컴을 통해 대학생활이 미화되고 학생 신분을 권장하는 것은 '학생'이 존재함으로써 이윤을 얻을 수 있는 이들이 많이 존재하고 있기 때문이다. 과연 우리가 학생 신분을 유지하고자 하는 것은 우리 자신의 이익을 위해서인지, 혹은 어떤 누군가의 의도에 무의식적으로 영향을 받은 것인지 생각해보아야 한다. 학생 신분을 연장하는 것은 물론 무한한 매력이 있지만, 이에 따라 흘러가는 시간, 그리고 늘어나는 나이는 개인에게 무시 못할 변수라는 점을 알아야 한다.

대학원이 '학생' 신분 연장 의미를 갖는 것은 분명 사실이다. 다양한 목적을 가지고 뜨거운 가슴을 가진 사람들이 학교를 통해 또 다른 기회를 찾아서 학교로 온다. 하지만 단순히 학생이라는 집단 안에 소속감을 느끼기 위한 대학원 진학은 소비지향적으로 흘러갈 위험이 있다. 학교는 기본적으로 학생들이 생산적인 활동을 공유할 수 있도록 돕는 기관이었지만, 이제는 상황이 조금 다르다. 의지가 결여되어 학문적 생산을 할 여력이 없는 학생들은 자본주의 구조에서 소비자에 불과하다. 우리 사회에 학생이 너무나도 많아, 더 이상 '학생'은 특별한 집단이라 할 수 없다. 고교 졸업자의 대부분이 대학 혹은 그 이상의 교육을 받고 있는 것이 우리의 현실이다. 학생으로서 특혜를 바라는 것은 무리한 욕심이며, 지나친 바람인 것이다.

전문가 양성과 평생교육기관인 대학원

대학大學 그 이상을 바라보는 교육기관이 바로 대학원이다. 학생들이 대학원 진학을 통해 크게大 배울 수 있도록學 하는 실질적인 지원이 필요하다. 연구 중심의 전공은 선발에서부터 재학 기간의 훈련 모두 철저히 연구 중심으로 이루어져 소수 전문인력 양성에 집중할 필요가 있다. 또한 다양한 경험을 필요로 하는 전공의 경우는 단순 수업 외의 비교과 영역에도 투자가 이루어져야 한다. 학생이 특정 분야에 관심을 가지면 그 부분에 대해 이해하고 깊이 공부할 수 있도록 열린 환경을 제공해 주어야 한다는 이야기다. 대학원이 명목상 존재하는 기관이기보다는 실질적으로 생각해온 문제를 해결할 수 있는 장場이 될 수 있어야 하기 때문이다. 더불어 이와 같은 맥락에서 대학원의 높은 등록금은 취업이 아닌 학업에 의지를 가진 예비 지원자를 가로막는 큰 장벽이 되므로 시급히 해결되어야 한다. 지금과 같은 높은 등록금은 경제적 기득권층이 '학위 취득을 위한 진학' 및 '도피 유학' 등의 문제를 일으키는 원인을 제공할 뿐이다.

더불어 대학원이 차후 평생교육기관으로써 역할을 분담할 수 있기를 희망한다. 통계 자료에 따르면 교육예산 중 평생교육예산이 차지하는 비중은 한국의 경우 0.8퍼센트에 불과하다. 이는 미국의 30분의 1에도 미치지 못하며, 일본과 비교해도 8분의 1 수준이다(한국의 평생교육 수준 진단-OECD국가들을 중심으로, KEDI 2004). 결국, 학교는 어느 누구보다 오랜 기간 다니지만 졸업하면 그 이상은 없는 곳이 바로 대한민국인 것이다. 그 때문에 학생 신분을 떠나기가 어렵고, 사회에 대한 부담감만 커져간다. 대학원은 전문가 양성과 더불어, 재정적으로 자립한 사회인들, 혹은 제때 시기를 놓친 이들이 부담 없이 참여할 수 있는 교육기관으로 발전하여 국민의 전반적인 교양 수준을 끌어 올릴 수 있어야 한다. 대학원은 특혜를 주기 위한 곳이기보다는, 배우고자 하는 의지와 실천하고자 하는 목표가 있는 사람들이 모여 힘을 얻는 기회를 제공해야 한다. 직업의 귀천을 없애듯 학력의 귀천 역시 없애고 실수요자를 중심으로 한 대학원이 되도록 접근하는 자세가 필요하다.

5교시 나른한 전공 수업 시간, 당신의 심장은 뛰고 있습니까

류보미

지금, 당신의 심장은 뛰고 있습니까

얼마 전 텔레비전 프로에 오지여행가이자 국제구호개발기구인 월드비전의 긴급구호팀 팀장으로서 많은 학생들의 롤모델이 되고 있는 한비야 씨가 출연했다. 그녀는 인터뷰 중 "왜 이렇게 힘들고 위험한 일을 자원하는가?"라는 질문에 대한 답으로, 자신 있게 "이 일이 내 심장을 뛰게 하고 내 피를 끓게 한다"라고 대답하는 것을 보고 나는 전기에 감전이라도 된 듯 놀랐다. '내 심장이 뛰게 하는 일을 한다니……. 얼마나 짜릿하고 멋진 말인지! 그런 일을 한다면 너무 신나고 재미있어서 힘이 드는 것을 모르고 평생을 행복하게 일할 수 있을 것만 같아 부럽다' 고 생각하는 한편, 속이 쓰리기도 했다. 내가 그녀의 선택을 왜 부러워하고 있는지, 좋은 학교의 졸업이 좋은 직장으로 연결되는 사회에서 정말 가슴뛰는 일을 위한 공부를 하고 있는지에 대하여 다시 한 번 생각해볼 수밖에 없었다.

이제 수능이 며칠 남지 않았다. 내가 그러했듯이 현재 수험생들은 수능시험 날 아침에 부모님의 격려를 짐처럼 이고 시험장에 들어갈 것이다. 그러고는 모르는 문제가 나올 때마다 내 손에 신의 은총이 내려져 정답만을 찍기를 간절히 기도할 것이다. 수능시험의 짐을 벗어던진 후에는 성적에 울고 웃으며 어느 대학에 갈지, 어느 과에 갈지, 다음 해를 기약할지를 결정하느라 고민할 것이다. 그들은 성적과 적성을 두고 수능 5교시라고 불리는 '원서질'을 시작한다. 담임선생님, 부모님과 상담하고 인터넷에 불이 나게 들락거리며 내 성적에 맞는 '좋은 학교', '좋은 학과'를 찾기 위해 동분서주한다. 성적이 좋고 마음에 드는 학과가 부모님과 사회를 만족시켜줄 수 있다면 좋겠지만, 보통의 학생들은 학과보다는 학교, 적성보다는 성적에 맞는 과를 찾아 저울질하며 갈등에 빠진다. 각종 인터넷 사이트에는 성적에 맞는 학교, 학과를 지원해 주는 서비스가 시작되고 어떤 학교에 어느 학과가 인기 학과인지, 그 학과의 취업률은 얼마고 연봉은 얼마인지가 쏟아진다. 이 '원서질'로 취업과 연봉까지 일직선으로 연결되어 있다고 믿는 수험생들은 주변사람들이 말하는 선호학과를 선택하여 그 학과의 경쟁률을 올리는 데 일조하고 있다.

인기학과=돈이 되는 학과?

초등학교 1학년이던 나는 동물과 곤충을 무척이나 좋아하는 야생소녀였다. 바다와 산을 접하고 있는 작은 마을에서 태어나 자연환경의 혜택을 누리며 살았다. 병아리와 햄스터가 내 친구였고 잠자리와 메뚜기는 나의 주요한 연구 대상이었다. "너는 커서 뭐가 되고 싶어?"라는 어른들의 질문에 나는 "곤충학자가 될 거야"라고 자신 있게 말하곤 했다. 중학교 시절에는 판사가 되기를 희망했고, 고등학교 때는 의사나 약사가 되고 싶다고 말했으며, 지금은 "대학원에 갈지는 모르겠지만 결국엔 건설 관련 대기업에 취직하는 것이 목표죠"라고 한숨과 함께 내뱉곤 한다. 이렇게 장래희망이 계속 바뀌는 이유는 무엇일까. 단순히 적성이나 관심사가 변했을 수도 있지만, 사회에 속할수록 경제적으로 안정적인 직업, 사회적으로 인정받고 많은 사람들이 좋다고 생각하고 선호하는 직업이라는 것에 끌려 자각하지 못하는 사이에 영향을 받고 있지는 않았을까. 여기에 내가 말하고자 하는 선호학과와 비선호학과가 생기는 이유가 들어 있다.

2009년 11월 9일자 《대학내일》의 대학뉴스 기사에는 대학생들의 치열한 취업 준비와 공부, 소위 말하는 '스펙'에 목매는 현상에 대한 심리치료기관 EFT KOREA의 마스터 트레이너 최인원 씨의 말이 인용되어 있었다. "한국사회는 10여 년 전 IMF 사태 이후 급속한 산업구조 조정을 겪으면서 평생 직장의 개념이 사라져 많은 직장인들이 조기 퇴직의 불안감 속에 직장 생활을 하고 있다. 이후 사회적 정서 자체가 생존에 대한 불안감으로 가득하다고 볼 수 있다." 한양대 심리상담센터 공영길 교수는 "대부분의 학생들이 진로를 선택할 때, 명예와 부를 중요하게 생각하면서 정작 '나'에 대한 고민은 하지 않는다." 또, "학생들은 자신에게 맞는 직업을 찾는 것이 아니라 직업에 자기 자신을 맞추려 한다"고 말했다.

나는 이 상황이 선호학과와 비선호학과의 문제에도 긴밀하게 연관되어 있다고 생각한다. 인기학과는 왜 인기학과인가. 경제적인 문제는 선호학과와 비선호학과를 만드는 가장 큰 원인 중 하나다. 그 예로 이과를 선택하는 많은 학생들은 성적이 된다면 첫 번째로 의대관련 학과로 지망하길 원한다. 의대, 약대, 한의대, 치대 등의 학과는 대학의 이름과 상관없이 입학 성적에서 최상위를 차지한다. 물론 의학 관련 직업에 대한 보람을 가지고 지원하는 학생도 많지만 보편적으로 고소득에 사회적 명예가 보장되는 직업이기 때문에 아무 고민 없이 지원하는 학생이 대부분이다. 경희대학교에서도 의대가 없어진 후 의학전문대학원을 준비하는 동서의과학부 학과가 처음 신설되었는데 한의대 다음으로 입학 점수가 높고 체육대학 소속의 스포츠의학과도 높은 입학 경쟁률로 유명하다. 점차 의대가 사라지고 의학전문대학원이 증가하고 있는 추세인데 생물, 화학 등의 학과 외에도 공학, 이학 계열의 학생들도 개별적으로 생물, 화학을 공부하여 의학, 약학, 치의학 전문대학원 공부에 뛰어들고 있다.

현재 건축공학을 전공하는 내가 전공을 선택할 때 건축을 전공하신 아버지에게 영향을 많이 받기도 했지만, '졸업 후 먹고 살 걱정은 없겠다' 는 생각이 컸던 것도 사실이다. 이렇듯 대학은 취업이라는 관문 앞에 있는 것이다. 인기학과라는 것은 그만큼 졸업 후 돈이 된다는 것이고 이는 돈을 많이 버는 사람이 인정받는 세태에 비추어 보면 당연한 결과인지도 모른다. '돈' 앞에서 학생들은 적성을 두고 갈등하거나 나처럼 경제력이 큰 직업에 무의식적으로 나의 적성을 맞추고 있다.

선호학과와 비선호학과를 구분할 수밖에 없는 또 하나의 원인은 기업의 차별이다. 기업에서 신입사원을 채용할 때 선호학과와 비선호학과 사이에 차별이 존재한다. 2003년 8월 15일자 SBS 뉴스에서 100개 기업을 상대로 조사한 결과, 조사기업의 63퍼센트가 사원을 채용할 때 특정대학, 특정학과를 선호한다고 대답하였다. 이렇듯 기업이 선호하는 학과가 존재한다는 사실도 대학의 선호학과, 비선호학과 형성을 부추기고 있다.

비인기학과는 돌로 보라?

선호학과 비선호학과를 구분하는 원인으로 앞서 '경제적' 인 이유를 꼽았는데, 그 밖에 문화적, 사회적 원인에 대해서도 살펴보고자 한다. 선호학과에 경제 원리가 들어가 있다는 것을 인식하지 못하는 보통 사람들은 선호학과가 선호되는 이유가 있을 것이라고 막연히 추측한다. 동시에 비선호학과는 사람들의 부정적인 눈빛을 받기 마련이다. 예를 들어 철학과는 우주의 원리를 파헤친다는 궁극의 학문이라는 호평보다는, 비현실적인 공상이나 하는 사람을 길러내는 학문이라는 극단적인 평가를 받기도 한다. 반면 법학이나 의학을 전공하면 많이 배운 사람, 사회에서 존경받는 사람이라는 인식이 존재한다. 이는 선호학과의 경우 비교적 성적이 좋은 학생들이 입학하기 때문에 언론의 스포트라이트나 국가와 기업의 지원도 크게 영향을 미쳤다고 볼 수 있다. 이렇게 문화적으로 사람들이 선호학과와 비선호학과를 구별할수록 차별과 갈등은 심화될 것이다.

한국에서 노벨상이 나오지 않는 이유

이렇게 '인기' 있는 학과와 그렇지 않은 학과가 존재할 때 사회에 끼치는 부정적인 영향은 커진다. 학생들은 개인적인 명예나 부를 쫓아 학과를 선택하고 사회는 이러한 분위기를 조장하지만 결국 개인적·사회적·국가적으로도 손실이 막대하다.

현재 대학 입학 성적의 최상위를 차지하는 학과들은 비교적 졸업 후 경제적인 소득과 명예가 큰 직업을 가지는 '전문직' 과 관련된 학과들이다. 인재들이 이러한 학과에 몰릴수록 학문의 각 분야에서는 성장 불균형을 초래한다. 지식인들은 많은 인재들이 오랜 공부와 노력에 비해 소득이 적은 순수학문을 꺼리는 것을 걱정한다. 이는 순수학문에 대한 연구와 개발을 도외시하는 정부에도 원인이 있다. 우리나라는 급속한 산업화를 경험하면서 기초 학문보다는 쉽게 이익을 창출하고 눈에 보이는 이익을 내는 실용적인 학문에 더 많은 투자를 하는 경향이 있다. 의학, 건설, 기술, 생명공학 분야와 같은 일부 분야는 세계적인 수준에 이르렀지만 이러한 분야에 대한 집중투자는 순수학문의 쇠퇴를 초래한다. 이러한 상황에서 우리나라에서 노벨상이 나오지 않는 것은 당연한 결과인지도 모른다.

자신의 성적과 미래만 염두에 두고 전공을 선택한 학생들 중에는 입학 후에도 적응을 하지 못하고 방황하는 학생이 많다. 사회적인 평판이나 인식만을 두고 선택한 학생들은 적성이 맞지 않아서 고민한다. 절실하게 꿈을 좇아 온 학생이 아니라면 상대적으로 흥미와 집중도가 떨어진다. 또한 흥미가 있는 사람에 비해 능률이 떨어져서 실력 차가 커진다. 이 때문에 일부 사람들은 전과를 하거나 복수전공을 통해 다른 전공을 기웃거린다. 경희대학교는 전과와 복수전공이 자유롭기 때문에 전공 때문에 수능 공부를 다시 하는 학생들은 거의 없지만 이러한 제도의 혜택이 거의 없는 대학교에서는 많은 학생들이 전공 때문에 다시 오랜 기간 수능시험을 준비하는 경우가 생긴다. 이는 개인적으로나 학교와 사회로서도 큰 손실임에 틀림없다.

선호학과에서 빚어지는 부작용은 이뿐만이 아니다. 앞서 언급했듯이 경희대학교에서는 많은 학생들이 전과와 복수전공제도의 혜택을 누린다. 이 제도가 긍정적인 방향으로 이용되면 더없이 좋겠지만 일부 악용되기도 한다. 내 주변에서는 경희대학교의 이러한 정보를 미리 알아서 비선호학과나 입학 점수가 낮은 과로 입학한 후 전과하거나 복수전공하는 학생들도 일부 있다. 이러한 제도가 활성화되지 않은 다른 대학교라도, 학교 순위를 보고 입학해 좋은 기업에 취직하겠다는 목적으로 비선호학과를 선택하여 입학하는 경우도 적지 않다.

진정한 학문을 위한 공부, 소질과 적성에 맞는 진로 선택

요즘 대학교가 학문의 전당이 아닌 '취업사관학교'가 되어버린 것을 보면 씁쓸하기 그지없다. 내년이면 3학년이 되는 나는 '남들이 다 그렇게 하니까' 의무적으로 도서관에 가고, '필독도서'를 읽으며, 경쟁력을 기르기 위해 영어공부를 하면서도 한편으로 고민한다. 남들에 비하여 2년 동안 해놓은 것이 너무나 없다는 것, 스펙을 쌓으려면 앞으로 무엇을 준비해야 하는지, 몇 년 남지 않은 미래에 무엇을 하고 싶은지가 아니라 무엇을 하고 있어야 하는지에 대해.

물론 다수의 학생들은 소신 있게 학과를 선택하고 학과공부를 하고 있으며 미래의 꿈을 명확하게 잡아 한 걸음씩 앞으로 나아가고 있다. 그들은 대학교와 국가의 큰 재산으로 대한민국을 이끌어갈 사람들이다. 대학교 2학년인 내가 대학교의 고질병인 선호학과와 비선호학과의 실태라는 무거운 주제로 글을 쓰면서 부족한 점이 많았다. 글 속에 억측과 실수가 많더라도 조심스럽게 추측을 하고 글을 쓰려고 노력했다는 점, 한 명의 대학생으로서 자기반성과 비판의 소리로 너그럽게 이해해 주시기를 부탁드린다.

마지막으로 덧붙이자면, 민족사관고등학교의 교훈은 다음과 같다. "출세를 위한 공부를 하지 말고 학문을 위한 공부를 하자, 출세를 위한 진로를 택하지 말고 소질과 적성에 맞는 진로를 택하자. 이것이 나의 진정한 행복이고 내일의 밝은 조국이다." 진정한 학문을 위한 공부, 소질과 적성에 맞는 진로 선택. 나를 비롯한 현재 대학생들에게 주어진 가장 큰 과제가 아닐까. 5교시 눈꺼풀이 절로 감기는 시간, 나에게 다시 한 번 물어본다.

"지금 하고 있는 공부가 정말 너의 가슴을 뛰게 하니?"

그녀의 고시

박종윤

우리들의 '그녀'

일본에 교환학생으로 가있던 1년 동안, 그녀는 NPO (Non-Profit Organizations: 비영리조직)에서 지역화폐 운동을 했다고 한다. 대학에 와서 친해진 친구들 중에서도 가장 스마트한 축에 드는 그녀였다. 영화에 관심이 많아 영화 동아리에서 회장을 맡기도 했으며, 또 좋은 음악을 분별할 줄 아는 선택받은 귀를 가지고 있기도 했다. 뻔한 에피소드지만 짧게나마 그녀를 좋아한 적이 있었으며, 당연히 일련의 희극적인 해프닝으로 끝나고 말았다. 벌써 5년도 더 지난 일이다. 그녀는 현재 가장 친한 내 후배 녀석과 사귀고 있다. 어쨌든, 지금 우리는 참 사심 없이 좋은 친구들이다.

그녀의 고시

자유로운 영혼을 지니고 있던 그녀이기에, 처음 그녀가 언론고시반에 들어간다는 얘기를 들었을 때 나는 적이 놀랐다. 안정적인 삶을 살기보다는 조금 더 아티스트와 같은 삶을 살 것이라 생각했기 때문에. 그랬거나 저랬거나, 그녀는 말했다. "학교를 졸업하고 나서도 규칙적으로 갈 곳이 필요했어." 하기야 우리는 늘 어떤 곳에 다니고 있었으니까. 또 이런 얘기를 하기도 했다. "언론 쪽으로 가고 싶었는데, 책상에 억지로 앉아 공부라도 하려면 규칙이 필요할 것 아니야." 다분히 현실주의적이었다. 좌우지간 고시반에 앉아 있으면 공부라도 할 테니까. 왜 언론 계통에 종사하고 싶었는지는 별로 묻고 싶지 않았다. 그녀는 원래 글쓰기를 좋아했으니까. 글을 쓰면서도 적당히 먹고살 만큼의 돈 정도는 필요했던 게다.

고시반에 들어가기 전까지, 그보다 더 교환학생으로 가기 전까지 말했듯, 그녀는 영화 동아리를 했다. 몇 편의 영화를 연출했으며 두어 번 그녀의 작품을 보러간 기억이 난다. 아마추어 느낌이 있었지만, 그래도 나름의 시각을 보여준 영화였다. 주제에 영상 관련된 분야를 전공한답시고 괜히 분석적으로 보려고 노력했으나, 그와는 관계없이 그녀의 영화는 흥미로웠다. 흥미란 관심보다 조금 더 깊이 들어감을 말한다. 지레짐작이었지만 영화 관련된 일에 종사할 것이라 생각했다. 그럼에도 그녀는 말했다. "이것저것 할 수 있는 것은 소수니까. 옛날에는 영화 시나리오를 쓰면서 살면 편하고 좋을 것 같았는데 요즘은 그런 불안정한 것이 더 어렵다고 느꼈어." 뭐라 답할 말이 없었다.

그녀와 그녀의 남자친구, 그리고 또 다른 친구들과 별 특별할 것은 없었지만 매일 모여 도시락을 함께 먹으며 이야기를 나눴다. 우리는 지금이나 그때나 큰 돈 없는 대학생이었으므로. 우리는 언론정보학부가 있는 정경대 옆 벤치 중 하나를 늘 차지하고, 때로는 게으르게 누워 따스운 햇살을 쐬었다. 햇살을 쐬면서 우리는 별 말도 안 되는 헛소리들을 자주 늘어놓았다. 별 실효성 없는 낭만적인 시위전략이라든지, 하나의 단어를 정해 말꼬리를 길게 잡고 늘어뜨린다든지. 우리 대화의 대부분은 그런 것들이었다. 마침 봄이었고, 간간이 좋은 바람이 불고는 했다. 말하자면 농담 같은 시간들이었으나, 그녀는 그때 우리와 도시락 까먹던 그 점심들을 꽤 소중한 추억으로 간직하고 있다고 한다.

나와 그녀의 남자친구는 설렁설렁 학교 다니고 수업듣는, 실은 백수에 가까운 처지인지라 도시락을 먹고도 딩딩 기타를 울리며 베짱이마냥 노래를 부르며 햇살을 즐겼지만 그녀는 달랐다. 점심을 먹고 조금 쉬다 곧바로 고시반으로 다시 들어갔으며, 한 번 들어가면 한동안 나오지를 않았다. 눈 밑에 다크서클dark circle이 점차 뺨 쪽으로 진출하는 것이 눈에 띄었으나, 그럼에도 그녀는 고시반 생활이 꽤 재미있었다고 고백한다. "솔직히 처음에는 이해 안 가는 규칙도 많았는데, 그래도 재미있었어. 좋은 사람도 많았고." 맞다. 좋은 사람들이 함께라면 어디든 지옥이겠더냐. 그럼에도 그녀는 우리가 많이 부러웠다고 했다. "네가 걷는 길은 피드백이 바로 오는 길이잖아. 그런데 나의 길은 그런 것이 없었던 게지." 지금도 그렇지만 당시에도 나는 이곳저곳에서 공연을 하러 다니는 뮤지션이었으니까. 내 상황이 조금 더 낫다고는 말할 수 없었으나 그래도 이해할 수 있는 말이었다. 그나마 나는 지상이었고 그녀는 반지하였으니.

현실의 딜레마에 빠지다

고시원 생활이 재미있었건 그렇지 않았건 간에 그녀의 담배가 조금씩 늘어가는 것만은 확실했다. 조금씩 더 말라가는 것도 확실했다. 초조해보였다. 당시에는 그러려니 했지만 후에 들은 바로는 꽤 힘들었던 것 같다. "고시 공부의 특징인데, 시험에서 떨어지면 의미가 하나도 없는 거야. 나도 좀 걷는 삶을 살고 싶었어. 한 발 걸으면 피드백이 오고, 그런 삶을 살고 싶었어…….” 이런 얘기를 하기도 했다. “내가 그 반지하에 살고 있어도 아무도 몰라. 살아있다는 느낌이 안 드는 거야. 내가 없다 해도 세상은 돌아가니까.” 그것은 어떤, 근본적인 공포였을 것이다. 아무것도 아니라는 생각. 자신에 대한 근본적인 불신. 고시란 결국 누군가 낸 시험을 통과하느냐, 그렇지 못 하느냐로 평가받는 것이었으니, 이전까지 자신의 삶이 가진 궤적이 어떠했는가는 크게 중요하지 않았던 것이다. 시작할 때까지만 해도 생각지 않았던 문제와 당면한 그때, 그때를 그녀는 '위기' 였다고 말했다.

지상으로 나가는 것은 멀고도 요원했다. 특히 오랫동안 고시반에서 지상으로 나오지 못한 선배들의 존재가 그녀의 마음을 무겁게 했다. “고시반에 되게 오래 있는 언니 오빠들……. 그런 분들 안타까운 게 시험에는 이제 베테랑인데도 최종에서 뽑히지 않으면 소용이 없는 거야. 그런데 그런 사람들은 나하고 다른 게 3년 하면 버리기 힘들거든. 최규석 만화 『100도』 봤지? 거기 보면 99.9도에서 그만두면 안 된다고 말하잖아. 그러나 현실은 딜레마인 거야. 조금만 더 하면 될 것 같은데, 될 것 같은데…….” 아무렇지 않아 보이지만 사실은 늘 불안하다고, 하루에도 열두 번씩 마음이 오락가락 한다는 얘기를 한다. 그보다 조금 더 깊은 얘기들도 있었다. “그런데 그런 게 있어. 공부를 계속 하다가 힘드니까, 조금씩 자신의 이상을 포기하는 거지. 그래서 예전에는 생각도 안 했던 곳에 원서를 쓰기 시작해. 그러다가 막상 붙잖아? 그러면 그때 더 좌절감이 큰 거야. 몇 년 동안 공부해왔는데, 이게 뭐냐? 하는 생각이 드는 거지.” 실제로 내가 아는 친구들 중에서도 어딘가에 취직을 했다가 결국 다시 공부를 하는 사람들을 많이 봤다.

1학기가 끝나고 여름방학이 시작된 이후로, 우리는 자주 만날 기회가 없었다. 사이가 틀어지거나 했던 것은 아니었고, 다만 우리는 서로 너무 바빴다. 그쯤 나는 홍대 등지의 클럽에서 공연을 늘리던 시기였고, 또 공정하지 못한 사회에 대하여 목소리를 더할 수 있는 문화행동을 기획하는 일에 본격적으로 참여하던 시기이기도 했다. 그녀는 공부에 진력하고 있다 했다. 그녀의 남자 친구와는 활동 반경이 겹치는 지라 종종 볼 일이 있었지만, 그녀와는 도통 자리가 없었다. 어쨌든 원래부터 꿋꿋한 친구이기 때문에 크게 걱정했던 것은 아니다. 다만 어느 신문사에 지원을 했다가 탈락했다는 얘기가 전해질 때는 괜히 마음 한 구석이 착잡했다. 동시에 괜히 나 역시 불안했다. 매일 반지하 고시반에서 공부하는 그녀, 그리고 친구들 중에서도 가장 영민한 축에 들던 그녀도 원하던 결과를 얻을 수 없는 '사회'라는 것이 못내 두려워졌다. 마음껏 기타를 치며 지금을 즐기는 나 자신이 불안해졌다. 올해 여름은 유난히 더웠다.

뫼비우스의 띠

좋은 소식이 들려왔다. 초가을이었다. 꽤 유명한 영화잡지사에 취직했다는 소식이었다. 개인적으로는 그리 선호하는 영화지는 아니었으나, 일단 취직을 했다는 그 자체로 좋았다. 친구가 어딘가에서 돈을 벌고 있다는 사실 자체로 좋았다. 스물넷이라는 나이에 집에서 살고 있다는 이유 하나만으로 괜한 자격지심을 느끼고 있던 나로서는 더욱 그랬다. 원래 신문사에 가려다 잡지사로 진로를 바꾼 이유를 묻자 그녀는 말했다. "솔직히 원래부터 안 되는 게 있더라고. 나는 감성이 잡지에 더 어울리는 편인데, 억지로 신문에 맞추려고 해봤자 처음부터 신문에 잘 맞는 감성을 가진 친구들을 이길 수가 없었어." 그리고 덧붙였다. "위기가 왔었는데, 취업이 빨리 되어 다행이었어. 아니면 한동안 굉장히 힘들었을 거야." 그러고 보면 그녀가 고시반에 있었던 시간은 6개월 남짓이었다. 짧지 않은 시간이었으나 다른 이들에 비하면 긴 시간도 아니었다. 훨씬 더 오랜 기간, 이를테면 2~3년 이상을 보내는 사람도 고시반에는 적지 않았다.

갑작스레 연락이 왔다. 오늘 밤 간만에 회동하자고. 취직턱을 낸다니 마다할 이유가 없었다. 얼른 채비를 하고 신촌으로 나섰다. 치킨에 맥주, 좋은 조합이었다. 크게 돈이 걱정될 상황은 아니었으나 오랜 기간 '씀씀이 줄이는 법'에 익숙해진 우리는 여전히 비싼 안주보다는 적당히 싸고 양이 많은 안주를 선호했으며, 또 그 편이 더 맛있기도 했다. 공짜로 먹는 술은 늘 그렇듯 맛있었다. 그녀는 학교 공간과는 다른, 잡지사라는 새로운 공간에서 사회 초년생으로서 우리와는 또 다른 문제에 맞닥뜨려 있었다. 일은 크게 어렵지 않으나 기존과는 다른 관계망에서 그녀는 다소간 외로움을 타고 있는 듯했다. 그러나 어차피 우리는 그때까지도 죽 노는 백수들에 가까웠으므로 그녀 이야기가 썩 잘 들어왔던 것은 아니다. 이해할 듯도, 말 듯도 했다. 그날의 술자리는 그녀의 취직을 축하하는 자리였지만 마냥 즐거운 것만은 아니었다. 하지만 우리는 즐겁거나, 즐거워보여야 했다. 그것은 당위였다. 현실적인 수많은 고민들에 다시 둘러싸인 그녀가 왠지 한 발짝도 못 걸어나간 듯 보였다. 제자리, 어쩌면 우리는 뫼비우스의 띠처럼 비상구가 없는 공간을 빙빙 돌고 있는 것인지도 모른다는 생각이 들었다. 집에 가는 길, 바람이 찼다.

〈개청춘〉이라는 다큐멘터리를 함께 본 날이었다. 나와 그녀, 그리고 그녀의 남자친구, 이렇게 셋이서. 아직 정식으로 개봉하지 않았지만 공동체 상영이란 방식으로 작게 소규모 상영회를 이곳저곳에서 열고 있었다. 그날은 연세대 100주년기념관에서 상영했다. 20대의 삶을 솔직하게 드러낸 좋은 작품이었다. 다큐멘터리는 온통 어떤 '물음' 들로 가득 차 있었다. 무엇이 정말 행복한 걸까? 우리는 행복한 걸까? 한 시간 반 정도 다큐멘터리를 보고, 다시 한 시간 반 정도 관객과의 대화 시간을 가진 우리는 도합 세 시간 정도를 투자하여 그 질문들에 대한 답을 나름 찾아보려 했으나 큰 소득이 없었다. 원래부터 그 답이 존재하지 않았던 것처럼. 기념관의 계단을 내려오면서 우리는 마치 약속이나 한 듯 맥주를 마시고 싶다 했다. 신촌역 옆 공원에서, 우리는 맥주 한병씩 들고 '짠' 했다. 그날따라 왠지 말이 술술 잘 풀렸다. 우리는 아주 오랜만에 각자의 첫 '꿈'에 대해 얘기했다. 맥주는 1인당 겨우 한 병씩이었지만, 우리는 각자의 꿈 이야기에 조용히 취해갔다. 하늘이 맑아 별도 좋은 밤이었다.

글을 써야 했다. '안정적인 삶을 향한 대학생들의 분투'라는 주제였는데, 내게는 퍽 어려운 것이었다. 나는 그들에 비하면 너무 자유인이었고, 안정적인 삶과는 거리가 멀었으니까. 주변의 고시생들을 휘휘 둘러보다, 마침 단박에 친한 그녀를 떠올렸다. 선택권도, 시간도 없었기에 바로 전화기를 들었는데 뜻밖의 이야기를 들었다. 얼마 일하지 않았던 영화잡지사를 그만두고 꽤 이름이 있는 모 인터넷 언론사로 자리를 옮겼다는 이야기였다. 이력서가 마음에 들었는데 늦게 연락이 왔다는 것이다. 개인적으로는 전 직장보다 조금 더 호감 있는 곳으로 옮겼기에 축하할 만한 일이었는데, 그래도 원래 영화기자를 할 마음도 컸던 그녀가 갑자기 직장을 옮긴 배경이 궁금했다. 그녀는 말했다. "고시반에서 공부할 땐 조금이라도 마음 가는 매체만 가도 행복할 줄 알았다. 그런데 영화기자가 되고 싶어서 영화잡지사에 들어갔는데도 만족이 안 되는 거였어. 스스로 업무에 환상이 있었던 거지. 모르겠어. 그런 아쉬움이 평생 따라다니지 않을까? 어느 직업을 가지고 싶다 생각하는 순간 결국 만족하지 못할 운명에 처하는 것일지도 몰라." 글쎄, 또 그녀는 덧붙였다. "이번에 직장 옮기면서도 진짜 고민 됐거든. 아마 그곳에서도 이게 싫고 저게 싫고……. 싫은 것 투성이일 거야. 그래도 이번에 이직하면서 포기한 것이 많으니까, 조금이라도 열심히 살 수 있을 거란 생각이 들어."

당신은 정말로 행복한가

나는 4학년 2학기 대학생이고, 그러니 통상적으로는 마지막이라 부를 만한 학기를 다니고 있다. 그러나 요새 대학생들이 흔히 그렇듯, 5학년까지도 다닐 예정이다. 솔직히 빨리 졸업하는 게 나을지, 아니면 조금이라도 '유예' 시키는 것이 나을지 나는 아직 판단이 서지 않는다. 학교 밖에서는 대학생보다는 음악창작자 혹은 글쟁이로 자신을 소개하는 데 더욱 익숙하고, 앞으로도 계속 연주를 하고 글을 쓰고 싶고 노래를 하고 싶다. 그녀는 이제 모 인터넷 언론사 국제부에 속한 정규직 기자다. 언니와 자취를 하고 있으며 조만간 집에서 나올 예정이란다. 이번 봄 학기에 졸업했으며, 간간이 친구들과 함께 회동하고는 한다. 우리는 만나면 소주보다는 맥주를 더 선호하는 사이의 친구다. 또한 둘 다 스물넷이다.

어떻게 사는 것이 맞다, 틀리다고 판단할 능력이 내게는 없다. 잘 살 것이라는 확신도 내게는 없다. 어쩌면 잘 못 살 가능성이 더 많을지도 모르겠다. 그것은 내 능력 밖의 문제일 수도 있으니까. 안정적인 수입이 있었으면 좋겠다고는 생각한다. 그러나 그것이 행복의 필요충분조건은 아닌 것 같다. 충분조건 정도는 될까. 글쎄, 역시 모르겠다. 어쩌면 별로 상관 없는 것일 수도 있다. 함부로 단정 짓지 말자는 얘기이다. 아마 우리가 질문해야 할 것은 '안정적인가?' 가 아니라 '정말로 행복한가?' 일 것이다. 그래, 너 그래서 정말로 행복하니? 우리가 물어야 할 것은 바로 이것이다. 어쨌거나 지금 우리 스물넷, 아직은 버릴 것보다 가지고 싶은 것이 더욱 많은 나이다. 비록 불안한 나이지만, 잘 살고 잘 못 산다는 것은 결국 남들의 시선이기 때문에 우리가 크게 잘 못 살고 있다 생각지는 않는다. 좌우지간 나는 오늘도 기타를 치고, 그녀는 오늘도 글을 쓸 것이다. 환상과 현실 사이에서 허우적대며 웃고 울 날들이 아직 많이 남았을 테지만 아무렴 좋다. 우리는 각자, 때로는 살아있다는 사실 하나만으로도 박수 받을 만할 때가 있으니까. 그러니 가끔은 비루할지라도, 심장소리가 이끄는 곳으로 일단 한 번 걸어보자.

누구나 할 수 있지만 아무나 할 수 없는 일, 자원봉사

김유진

입시지옥에서 벗어난 대한민국의 고등학생들은 대학이라는 새로운 세상을 만난다. 대학이라는 새로운 세상에서의 하루 일과는 고등학생 시절과는 달라도 너무 다르다. 주체할 수 없이 여유로운 시간을 관리할 수 있는 건 오직 나 자신뿐이고, 매사의 결정권은 나 스스로에게 달려 있다. 어느 누구도 간섭하거나 방해하지 않는 자유로운 생활이 영원토록 계속될 것만 같다. 하지만 이상하게도 우리나라 대학생들은 고학년이 될수록 생활 패턴이 고등학교 시절과 매우 유사해지는 경향을 보인다. 통제하거나 감시하는 사람만 없을 뿐, 고등학교 시절 '대학'을 목표로 내신 관리 및 수능시험 공부에 전력투구했던 것과 마찬가지로 '취업'이라는 목표를 향해 사교육은 물론이고 학점, 영어 점수, 대외활동 등의 각종 경력 관리에 매진한다. 이미 몇 해 전부터 대학생활이 고등학교 생활과 유사해지는 속도가 점차 빨라져서 이제는 갓 입학한 새내기들조차 학점 관리 등 취업을 염두에 둔 대학생활을 하는 것을 볼 수 있다. 이러한 경향은 자원봉사 활동에서도 크게 다르지 않다는 것을 알 수 있다. 고등학교 시절엔 학년마다 의무적으로 채워야 하는 봉사활동 시간 수가 정해져 있었다. 아무래도 의무적으로 하기 때문에 봉사를 통한 기쁨이나 보람을 제대로 느끼기란 쉽지 않다. 그럼 자율적으로 하는 대학생의 봉사활동은 어떠한가. 각자 필요에 따라 자원봉사를 하지만 진정한 봉사정신은 결여되어 있는 것 같다.

대학생 자원봉사, 취업을 위한 또 하나의 스펙?

졸업을 1년 앞둔 J씨의 하루는 바쁘다. 4학년 졸업반, 소위 취준생(취업 준비생)이라 불리는 대열에 들어선 그에게도 높은 취업의 관문은 예외가 아니다. 학점, 토익 점수, 공모전, 인턴십 등으로 대표되는 '스펙' 쌓기에 하루 24시간은 부족하기만 하다. 하지만 이렇게 스펙 쌓기에도 부족한 시간을 쪼개고 쪼개서 그는 평소엔 관심도 없었던 자원봉사 활동까지 시작한다. 서울특별시 주관 대학생 봉사활동 프로젝트인 '동행' 봉사단의 단원이 되어 한 학기 동안 동대문구의 한 초등학교 보조교사가 되어 방과후 수업을 지도한다는 것이다. 졸업할 때가 다가와 바쁜 와중에도 봉사활동까지 시작하다니, 의미 있는 활동으로 대학생활을 마무리하고 있는 그의 모습이 멋져 보였다. 그러나 잠시 후, 탄식과 함께 쏟아지는 그의 한 마디 "공부하기도 바쁜데, 이젠 자원봉사 활동까지 평가의 기준으로 삼다니. 대학생한테 너무 많은 걸 바라는 거 아니야? 이럴 줄 알았으면 시간이 남아돌던 저학년 때 자원봉사라도 좀 해 놓을 걸……." 졸업을 일 년 앞둔 J씨는 오늘도 그렇게 바쁜 시간을 쪼개서 '자원' 봉사를 하러 간다.

자원봉사 활동이 취업을 위한 스펙의 일종이 된 것은 어제오늘 이야기가 아닌 듯하다. 자원봉사 경력이 취업의 성패를 가를 만큼 결정적인 역할을 하는 건 아니지만, 의미 있는 대학생활을 보냈다는 증거로 자기소개서에 한 줄이라도 더 채우기 위해서는 꼭 필요한 요소가 되어버린 것이다. 자기소개서를 포함한 서류전형 통과는 신춘문예 당선만큼이나 어렵다는 우스갯소리처럼, 남들에 비해 조금이라도 더 눈에 띄는 자기소개서를 작성하기 위해서 자원 봉사활동을 비롯한 모든 대학생활에서의 경험은 한 편의 감동적인 드라마로 완성된다. 이렇듯 처음부터 스펙 쌓기의 일환으로 시작한 자원 봉사활동은 작문의 과정을 거치면서 더욱 미화되고, 취업용 이력서로 포장이 된다.

이렇게 대학생들이 취업용 스펙을 쌓기 위해 경험할 수 있는 자원봉사 활동은 그 종류가 매우 다양하다. 지역사회단체, 독거노인시설, 장애아동시설 등에서 하는 봉사활동이 가장 대표적이라고 볼 수 있다. 최근에는 교내 행사 중에서 재학생들에게 자원봉사 기회를 제공하는 경우도 많이 있다. 외국인을 위한 한국어 도우미활동은 봉사 학점을 인정받을 수 있는 가장 대표적인 사례다. 자신의 전공과 관련된 봉사활동으로는 방과후 공부방 교사, 학습도우미 등을 할 수 있다. 이렇게 다양한 종류의 봉사활동은 모두 어느 정도의 육체적, 정신적인 수고를 필요로 한다. 하지만 다 같은 종류의 활동이 아니기 때문에, 상대적으로 더 많은 에너지를 소모하는 봉사활동이 있는 반면 비교적 수월한 봉사활동이 있을 것이다. 스펙 쌓기의 일환으로 바쁜 시간을 쪼개서 '자원' 봉사 활동을 해야 하는 졸업반 학생이 바로 당신이라면, 둘 중 어떤 봉사활동을 택하겠는가. 반드시라고 말할 수는 없지만, 대부분은 후자를 선택할 확률이 높다. 이렇듯 취업을 목적으로 하는 자원봉사에서는 진정한 도움의 손길이 필요한 곳에서 봉사를 하는 것이 아닌, '편한 봉사'를 추구한다는 점에서 또 다른 문제점을 내포하고 있다.

경험을 위한 봉사, 그 허와 실

모든 학과의 학생들이 취업난에 시달리고 있는 것은 분명 아니다. 의·약학 계열과 같이 특정한 학과의 학생들은 요즘과 같은 취업 경쟁으로부터 비교적 자유롭다. 그렇다면 이러한 의·약학 계열 전공 학생들의 봉사활동, 즉 의료봉사 활동은 어떠한 모습일까?

의·약학 계열 중에서도 특히 한의과대학 학생들의 의료봉사 활동은 학기 중과 방학 중에 걸쳐 매우 활발하게 이루어진다. 방학기간 동안의 장기봉사는 대부분 과내 봉사활동 동아리를 통해 이루어지고, 학기 중의 주말봉사는 별도로 구성된 주말봉사팀을 통해 이루어진다. 주말을 이용한 봉사활동은 지역 보건소나 교회, 공공기관 등의 장소에서 이루어지고, 장기봉사는 의료혜택을 받지 못하는 무의촌에서 이루어지는 경우가 대부분이다. 장기봉사의 경우에는 일주일에서 열흘 정도 봉사활동 장소 내의 보건소나 마을회관 등의 건물에서 봉사단 자체적으로 자급자족 하는 생활을 원칙으로 한다. 이렇게 취업과는 별도로 봉사활동에 적극적으로 참여하는 한의과대학 학생들의 모습은 정말 참되고 의미 있는 봉사정신을 실현하는 것처럼 보인다. 전공을 십분 활용한 봉사활동이라는 점에서도 이들의 의료봉사 활동은 앞서 이야기한 일반계열 학생들의 봉사활동과는 차원이 다른 것처럼 느껴지기도 한다. 하지만 한의과대학 학생들로부터 직접 들은 경험담에 의하면 의료봉사 활동의 실상은 겉으로 보여지는 것과는 달리 많은 문제점들이 있었다.

가장 크게 지적할 수 있는 부분은 학생들의 봉사 참여 목적에 있다. 실은 학생들의 입장에서 봉사활동은 학교에서 배운 이론을 '실습'할 수 있는 경험의 장이 될 수 있고, 학생들은 이에 봉사활동 참여 목적을 두는 경우가 대부분이라고 한다. 학교에서 배운 이론을 학교에서 실습하는 데는 한계가 있기 때문에 거의 모든 학생들은 학교 바깥에서 실습 기회를 가져야 할 필요성을 느낀다. 이 때문에 봉사활동 참여도가 높은 것 또한 사실이다. 이렇게 봉사활동을 통한 '실습'을 하다 보면, 가끔은 자신도 모르게 환자들 앞에서 이미 의사가 된 듯한 우쭐한 느낌을 갖게 될 때도 있다고 한다. 학교에서는 학생 신분이지만, 학교를 떠나 봉사활동을 하러 간 곳에서는 의사로 봐도 손색이 없기 때문일 것이다.

두 번째로 지적할 수 있는 것은 직접 의료행위를 하는 학생들이 무면허라는 점이다. 물론 의료봉사를 할 때는 학과 교수님과 같은 면허 소지자가 동행하는 것을 원칙으로 한다. 하지만 언제나 이 원칙이 지켜지는 것은 아니라고 한다. 때로는 면허소지자 없이 학생들만으로 구성된 봉사단이 봉사활동을 가는 경우도 있는데 이럴 경우에는 무면허 학생들이 의료행위를 한다는 것 자체를 문제 삼을 수도 있을 것이다. 면허 소지자만이 의료봉사를 하는 것이 옳다고 본다면, 학생으로서 봉사활동을 할 수 있는 기회 자체가 없어지는 것이기 때문에 이는 어쩔 수 없는 한계라고 할 수도 있다. 하지만 만약 봉사활동을 하던 도중 의료사고라도 날 경우 문제가 매우 복잡해질 소지가 있기 때문에, 여전히 민감할 수밖에 없는 문제다.

의료봉사 활동 또한 일반 봉사활동과 마찬가지로 한계들을 지니고 있다. 경험을 목적에 둔 봉사를 하고 있는 한의과대학생들의 봉사활동은 취업을 위한 봉사활동 문제와는 별개로 나름의 문제를 가지고 있다.

봉사정신이 결여된 자원봉사, 무용지물인가.

안타깝게도 우리나라 대학생 중에서 참된 봉사정신을 가진 자원봉사자는 찾기 어려운 것일까. 봉사정신이 결여된 자원봉사 활동을 전부

무가치한 것, 쓸모없는 것이라고 단정하는 것은 과연 옳은 시각일까. 결코 그렇다고 볼 수 없다.

봉사정신은 부족하다 할지라도 자원봉사 활동을 하는 학생들로 인해 도움을 받는 사람들이 분명히 존재한다. 당장 자원봉사 활동을 해야 하는 졸업반의 취업 준비생이 없었더라면 방과후 교실 운영이 불가능할 수도 있고, 실습이 필요한 한의과대학 학생들이 봉사활동을 가지 않았더라면 무의촌 거주자들은 다른 의료혜택을 받을 길 없어 더 큰 어려움에 처하게 되었을지도 모른다. 결국 자원봉사는 활동 그 자체가 목적이 되어야 한다는 자원봉사 활동의 원칙에는 어긋난다 할지라도 이 사실 때문에 봉사활동 자체를 무가치한 것으로 판단하기에는 봉사활동의 혜택을 받는 수혜자가 분명히 존재한다는 것이다. 봉사정신이 결여된 대학생의 자원봉사 활동은 봉사활동의 진정한 의미와 가치를 퇴색시킬 수 있는 근본적인 문제점이 분명히 존재하며, 이 문제점은 개선되어야 마땅하다. 하지만 이러한 이유로 현재 이루어지고 있는 대학생 자원봉사 자체를 무용지물로 판단해서는 안 된다.

대학교 봉사활동 동아리, 진정한 봉사정신 실현의 장

지금까지 살펴본 것과 같이 취업을 위한 자원봉사나 의료봉사 활동은 모두 봉사자가 봉사활동 자체가 목적이 아닌 개개인의 상황에 따라 다른 목적이 있음을 알 수 있었다. 그러나 대학생 전체가 이러한 모습의 자원봉사 활동을 하고 있을 것이라고 일반화시키는 것은 매우 위험하다. 개중에는 봉사활동 동아리를 통해서 진정한 봉사정신을 실현시키고자 하는 대학생들도 존재하기 때문이다. 각 대학마다 적어도 한두 개의 중앙 봉사활동 동아리가 운영되고 있으며, 각 단과대별로는 더 많은 수의 봉사활동 단체가 운영된다. 우리 학교의 경우는 '경희봉사단'을 가장 대표적인 봉사활동 동아리로 꼽을 수 있는데, 이 동아리의 활동은 지역사회봉사의 일환으로 사랑의 김장 나누기, 다문화가정 돕기, 지역사회 환경미화(클린 타운), 명절맞이 이웃돕기 바자회 등으로 그 활동 범위가 매우 다양하며 모두 자발적인 참여자들을 중심으로 활발하게 운영된다. 대학생활 4년간 봉사활동 동아리 생활을 하며 대학생으로서 진정한 봉사정신을 실현하는 학생들은 양적으로도 질적으로도 다른 차원의 봉사를 하고 있다. 진정한 '나눔'의 봉사를 하는 학생들의 모습은 수많은 스펙 중 하나로 행하는 다른 모든 학생들에게 큰 귀감이 되고 있다.

봉사활동은 이력서에 한 줄을 채우기 위한 것이 아니다. 대부분의 학생들이 취업을 위해 어쩔 수 없이 봉사활동을 하지 않으면 안 된다고 생각하지만 기업에서 원하는 인재는 봉사활동을 많이 한 사람이 아닌 '봉사정신'을 가진 사람이다. 쉬우면서도 이력서를 채우는 데 무난한 봉사활동이 수많은 취업 준비생들을 대면한 기업의 인사 담당자에게 큰 인상을 주기는 힘들 것이다. 물론 취업을 위한 봉사활동도 충분히 가치가 있지만 봉사활동 외의 목적을 가지고 하는 봉사활동은 결국 봉사가 아니라 취업이라는 대가를 원한다는 점에서 의미가 퇴색할 수밖에 없다. 취업에서 중요한 것은 인성과 능력이지 봉사활동 경력이 아니다. 봉사활동은 봉사정신을 가지고 해야 하는 것 아닐까.

5

소통의 주파수를 돌려라!

Love is cool

원용웅

"오빠, 나 쿨해! 내가 처음이야?"

"뜨악!" 차례대로 보여지는 화면 속 남자들은 아리따운 여자 친구의 이 질문을 듣고선 하나같이 당황하지만, 결국 마지막 장면에서는 쿨~ 하게 모두 함께 모여 술잔을 기울인다. 다소 선정적인 질문과 여성이 여러 남자와 동시에 연애를 했다는 설정은 한 주류회사의 '쿨한 여자의 쿨한 사랑법' 이라는 콘셉트의 광고다. 소위 '쿨가이', '쿨녀' 등이 대세를 이루고 있는 현 시대에, 연애관도 이처럼 쿨한 사랑으로 바뀌고 있다.

요즘 젊은이들의 사랑은 쿨cool, 이 키워드 하나로 통한다. 속어로는 '멋진' 이라는 뜻과 함께 대표적으로 '시원한', '냉정한' 이라는 사전적 뜻을 가진 '쿨' 이란 단어가 사랑과는 어떠한 관계가 있는 걸까? 보통 사랑이란 단어는 열정, 뜨거움 등의 단어로 연상되어 묶이기 때문에 도저히 쿨과는 어울리지 않는데 말이다.

누나, 우리 엔조이에요?

몇 년 전 S 방송사의 대표적인 공개 개그 프로그램에서 인기 코너의 대표적인 유행어, "누나, 저 가지고 논 거예요? 우리 엔조이예요?"는 그저 '즐기는' 오늘날 젊은이들의 연애관을 그대로 보여준다. '즐기다'라는 뜻을 가진 엔조이enjoy는 '섹스 파트너' 혹은 '사랑을 느끼지는 못하지만, 자신이 외롭기 때문에 그냥 이성 친구의 역할을 하기 위해 존재하는 상대'를 가리키는 고유명사가 되었다.

실제로 클럽이나 나이트클럽 등이 몰려있는 유흥가를 가보면 하룻밤을 보낼 상대를 찾는 굶주린 젊은이들이 넘쳐난다. 또한 주위에서도 양다리 개념을 벗어나 이성 친구가 존재하지만 육체적 관계만 즐기는 '엔조이' 혹은 '세컨드'가 존재하는 경우가 부지기수다. 과거와 같은 순결한 사랑, 지고지순한 순정은 더 이상 일반적인 연애관이 아니다. 이제 이성과의 교제는 자신의 욕구를 채우는 수단으로 인식되고 있다.

이러한 인식 변화 속에서 대학에 입학한 후, 이성 친구를 만들기 위한 첫 미팅의 설렘 또한 이제는 옛말이 되었다. 오늘날 대학생들의 미팅은 그저 하루 즐기는, 그 이상 그 이하의 의미도 없다. 혹여 마음에 드는 이성이 미팅 장소에 나타나 '애프터'라도 신청하면, 가차 없이 답변이 날아온다. "왜 이래? 쿨하지 못하게!"

연애는 그냥 즐기는 거야, 쿨하게!

우리 세대들에게 미래를 함께 설계하는 진지한 사랑은 달갑지 않다. 속전속결! 아직까지도 연애 관련 정보에서 많이 인용되고 있는 2006년의 한 설문 조사 자료를 보자. 3년 전, 대학매거진 《씽 굿》과 취업사이트 '파워 잡'에서 총 423명의 대학생들을 대상으로 실시한 '대학생 연애관' 이라는 설문 조사에 따르면 약 30퍼센트의 선택으로 1위를 차지한 대학생의 평균 연애 기간은, 고작 100일이었다. 연인들의 이벤트 중 가장 화려하고 감동이 넘친다는 100일 기념 이벤트는 100이라는 숫자가 주는 상징성 외에도, 무려 3개월 넘게 교제한 것에 대한 자축의 의미로 성대하게 치러지는지도 모른다.

'100일이나 됐어? 오래 사귀네, 축하해' 라는 친구의 인사를 받는 요즘이라지만, 3개월이 조금 넘는 짧은 기간 동안 연인들은 과연 진정한 사랑을 하는 것일까? 아니면 그냥 즐기는 것일까? 아니, 애초에 진정한 사랑이란 무엇일까?

연애 따로, 결혼 따로

진정한 사랑이라면 쉽게 말해 결혼을 전제한 사랑이다. 결혼이란 평생을 함께할 반려자를 구하는 것이므로 진정한 사랑을 구하지 못하면 하기 힘들다. 그렇다면 진정한 사랑과 쿨하게 즐기는 사랑은 서로 대립하는가.

연애 자체를 즐기는 현 상황은 대학생들 사이에서 만연하고 있는 '연애 따로, 결혼 따로' 라는 인식이 큰 영향을 미쳤을 가능성이 높다. '연애는 잘생기고 예쁜 사람과 가급적 많이, 결혼은 능력 있는 사람과 한평생' 이라는 이 인식은 분명 우리 부모님 세대의 해바라기 연애관과는 차이가 있다. 물론 한 사람만 바라보는 순정파 사랑관이 전적으로 옳다거나 혹은 그 반대라는 말을 하고 싶은 것은 아니다.

결혼을 전제로 한 연애는 진지할 수밖에 없으며 진지한 연애는 쿨하지 못한 법이다. 실제로 바람둥이가 연애를 잘한다는 말이 있는 것처럼, 결혼 전에 연애를 많이 해본 사람들이 결혼생활도 잘 한다는 말이 있다. 쿨한 사랑을 통해 비로소 진정한 사랑을 만날 수 있다. 사귈 때는 열정적으로, 헤어질 때는 깔끔하게, 이것이 바로 쿨한 사랑법이다.

속도위반에는 딱지가 없다

이한위, 유세윤, 조한선, 권상우와 손태영 타블로와 강혜정. 이 연예인들의 공통점은? 바로 '혼전임신을 통한 결혼' 이다. 최근 연예인들의 잇단 혼전임신 결혼 발표는 더 이상 놀랍지 않다. 많은 네티즌들은 이들의 혼전임신 결혼에 대해 부정적인 의견보다는 "예쁜 사랑이다, 책임감이 멋지다"라는 말로 이들의 결정을 축하한다. 이는 개방된 성 인식만큼 혼전순결에 대한 인식도 많이 약해졌기 때문일 것이다.

혼전순결은 여성에 대한 억압으로 작용해왔다. 순결을 포기하는 순간은 결혼식을 마친 이후가 되어야 한다. 사랑하는 청춘남녀가 결혼을 전제로 하지 않으면 육체적인 접촉을 할 수 없다는 것은 인간의 본능을 과도하게 억제하는 것이다. 또한 순결을 잃었을 때 사회의 반응은 남자보다는 여자에게 초점을 맞춘다. 첫날밤에 침대 시트에 순결의 증거가 남지 않으면 여성은 남편에게 죄책감을 가져야 했다. 그러나 요즘 대학생들에게 혼전순결은 시쳇말로 '아웃 오브 안중' 이다.

2006년에 실시한 '대학생 연애관' 설문 조사를 다시 살펴보자. '육체적 관계를 맺는 평균 시점' 을 물어보는 질문에 놀랍게도 1개월(22.1퍼센트), 100일(19.9퍼센트), 1년 이상(12.4퍼센트) 등의 순으로 응답자가 많았고 '만난 당일' 이라는 응답도 5.9퍼센트나 됐다. 혼전순결. 이것이 옳고 그름을 따지기 전에, 이미 대학생들 사이에 혼전순결은 더 이상 중요하지 않다.

동거? 상관없어!

"동거인 구합니다." 동성 룸메이트를 구하는 전단지의 내용이 아니다.

대학가에는 지금 남녀 동거문화가 빠르게 확산되어가고 있다. 이미 2004년 《일요시사》에는 이런 내용의 기사가 실렸다.

> 한 대학의 교내신문사에서는 '남녀동거문화'에 대해 재학생들을 대상으로 설문 조사를 실시했다. 이 신문이 지난 10일 발표한 결과에 따르면 '동거에 찬성하느냐'는 질문에 '찬성한다'와 '상황에 따라 가능하다'는 대답이 각각 28.5퍼센트와 45.6퍼센트로 찬성 의견이 70퍼센트 이상을 차지한 것으로 나타났다. 동거 경험을 묻는 질문에 응답자 중 4.6퍼센트가 '동거 경험이 있다'고 대답했다.

실제로 남녀 동거 경험의 비율은 낮지만, 남녀 동거에 대한 긍정적 인식의 비율이 상당히 높다는 것이 중요하다. 이는 그만큼 대학생들의 성인식뿐 아니라 혼전순결에 대한 인식 또한 개방되어 있음을 짐작할 수 있다.

남녀칠세부동석에 101번째 프러포즈의 주인공이 순정남이고 순결을 지키기 위해 혀를 깨무는 열녀는 더 이상 우리 세대의 키워드가 아니다. 결혼이 아니면 동거는커녕 손도 제대로 잡을 수 없었던 수십 년 전에 비하면 동거에 대한 설문 결과는 충격적이다. 사랑은 더 이상 순애보가 아니라 몸이 가는 대로 따라가는 부수물이다.

연애도 좋지만 섹스도 좋아

동거에 대한 인식의 변화만큼이나 성관계에 대한 인식도 변했다. 대체로 남성에 비해 성관계에 대해 보수적이라고 여겨졌던 여성들의 인식 변화가 눈에 띈다. S여대, E여대 등 3개 대학 여대생 533명을 대상으로 설문 조사한 결과에 따르면 전체 응답자의 거의 반이라고 할 수 있는 49퍼센트(256명)가 혼전 성관계가 가능하다고 응답했고, 전체 응답자의 22퍼센트(121명)는 '처음 만난 남자와의 잠자리가 가능하다' 고 답했다. 거의 10년이 다 되어가는 설문 조사 자료에서조차 이렇게 개방된 성 인식을 확인할 수 있다.

섹스가 연인 관계에서 얼마나 비중을 차지할까. 한경닷컴 번트뉴스의 기사에 실린 20~39세의 미혼남녀 841명을 대상으로 2주간 설문조사에서 "연인과의 정서적 유대감에 섹스가 영향을 미치는가?"란 질문에 전체 응답자의 71.0퍼센트가 매우 큰 영향을 미친다고 답했다. 또한 "섹스를 원하지도 않고, 관심도 없는 사람과 교제할 수 있나?"란 질문에는 무려 전체 응답자의 80.6퍼센트가 교제할 수 없다고 답했다.

이처럼 섹스는 연인 관계에서 아주 큰 부분을 차지하고 있다. 물론 더 나아가 결혼생활에 있어서는 말할 것도 없이 중요한 부분일 것이다. 결혼생활에서 성생활이 중요하다는 것은 이미 많은 대학생들이 인지하고 있는 사실이다. 혼전순결에 대한 인식이 많이 개방되었고, 그로 인해 동거문화가 확산되어가고 있는 시점에서 순결은 첫 경험의 고통을 상징하는 것 이상의 의미를 가지지 못한다.

Love is cool, Love is game!

쿨한 사랑은 멋진 사랑을 의미한다. 그러나 실상은 어떨까? 우리는 쿨하다는 의미를 어떻게 이해하고 사용하고 있을까? 쿨한 사랑은 헤어짐을 전제하고 있다. 우리가 실제로 쿨하다는 단어를 쓸 때는 소위 사랑 때문에 폐인이 되고 자존심을 버리고 매달리는 '찌질함' 을 보여주지 않고 헤어진 연인의 새출발에 대해 손뼉 쳐줄 수 있는 사람에 대한 찬사를 할 때다. 그것이 쿨한 것이다. 그렇기 때문에 쿨한 사랑을 할 때는 자신의 모든 것을 다 바치는 무모함이 배제되어야 한다.

지금 대학생들에게 결혼은 연애의 종착점이 아니다. 섹스 역시 사랑의 확인이 아니다. 지금 대학생들에게 사랑은 일종의 게임이다. 자신과 상대방과의 정서적 유대도 중요하지만 자신과 상대방이 맡은 역할에 따라 행동을 하는 '게임' 의 룰을 지키는 것이 더 중요하다. 쿨한 사랑은 언제나 대체자를 모색한다. '영원한' 이라는 단어만큼 쿨한 사랑에서 금기시 되는 것은 없다. 모든 것이 변하는 세상에서 영원한 것을 찾는 것은 구태의연한 행동이고 현실을 모르는 행동이다. 쿨하기 위해서는 모든 것을 버릴 준비가 되어 있어야 한다. 집착하는 것은 쿨하지 못하기 때문이다. 따라서 쿨한 사랑은 상대방이 자신을 대체할 수 있는 플레이어를 찾았을 때, 또 내가 상대방을 대체할 수 있는 플레이어를 찾았을 때, 미련 없이 보내줄 수 있어야 한다. 전자레인지용 3분 요리처럼 필요할 때 금방 찾을 수 있고 질릴 때는 미련 없이 다른 것을 먹을 수 있는 마음가짐이 쿨한 사랑의 전제조건이다. 그렇기 때문에 쿨한 사랑은 본질적으로 연애를 목적으로 하는 게임일 수밖에 없다.

그러나 쿨한 사랑은 결국 진보를 배제한다. 사람들이 일부 연예인들의 속도위반 결혼에 찬사를 보내는 것은 이들이 쿨한 사랑이라는 세태에 결여된 진정한 용기를 보여주었기 때문이다. 쿨한 사랑은 룰을 정하고 그 룰 안에서만 움직이는 것을 뜻한다. 상대방에게 부담을 주는 것은 금기시 된다. 진지한 사랑은 상대방과 미래를 함께 하는 것을 의미한다. 이것은 '룰' 을 파괴하는 것이다. 쿨한 사랑에서는 룰을 뛰어넘는 용기보다는 룰을 지키는 순응이 훌륭한 플레이어로서의 자질이다. 룰을 깨는 것은 큰 용기가 필요하다.

대학생들이 쿨한 사랑을 추구하는 것은 시대의 반영이다. 불확실한 미래, 구조화된 사회에서 적응하기 위해서는 비판이나 도전보다는 순응이 필요하다. 자신의 환경이 흘러가는 대로 잘 따르고 적응하는 사람이 좋게 평가 받는다. 쿨한 사랑은 쟁취하는 것이 아니다. 룰을 정하고 그 룰에 따라 사랑을 한다. 조건이 맞지 않으면 쟁취하기 위해 도전하기보다는 흘려보낸다. 그것이 우리들이 말하는 쿨한 사랑이다.

'말하지 않아도 아는 情'; 요즘은 情도 구걸하는 시대

김수현

나는 현재 졸업을 앞둔 막바지 대학생이다. 또한 지방의 집을 떠나 서울에서 생활하는 '서울 유학생' 가운데 한 사람이다. 지방 출신 학생들은 생활 기반과 환경이 완전히 바뀌게 된다. 그렇기 때문에 지방 출신 학생들은 대학생활뿐 아니라 자신을 둘러싼 환경에도 적응해야 한다. 또한 지방 출신 학생들은 서울이나 대도시 출신의 학생들에 비해 대체적으로 서열과 집단주의에 더 민감하다. 따라서 지방 출신 학생들은 상대적으로 개인주의에 대해 더 민감하게 느낀다. 이 글에서는 개인주의 문화를 중심으로 학교 생활을 하며 겪는 여러 가지 문제점에 대해 이야기해보고자 한다.

사라진 향우회

우리 학교는 내가 입학을 할 때와 달라진 점이 많다. 처음 대학교에서 눈길을 끌었던 동아리 홍보 대자보, 향우회 소식, 학생회들의 공약 선언 플래카드 등은 내가 대학생이라는 것을 실감나게 하는 조형예술이었다. 이리저리 어디를 가입할까 고민하며 훑어보던 중 향우회 모임 포스터는 내 눈을 끌었다. '○○향우회', 모든 것이 낯선 지방 출신 20세 서울 유학생이 정감을 느낄 수 있는 공간이며 공동체 의식을 느낄 수 있는 모임이었다. 어색하기만 한 서울말, 처음 보는 사람들 사이에서 '○○동네에서 왔다'는 한마디면 이미 마음을 터놓을 수 있으니까. 하지만 대학교 4학년이 된 지금, 우리 향우회 후배들은 남아있지 않다. 점점 사회가 개인주의화되고 있는 건지, 관심이 없어지는 건지, 처음엔 조금 섭섭했지만 이제는 조금씩 현실을 받아들이고 있다. 이제 내가 어느 동네 출신인지보다는 어떤 능력을 가졌는지가 내 정체성을 평가받을 수 있는 세상이 된 것이다.

공동체의 와해

2006년도 즈음 하버드 대학생이 서울대학교에 교환학생으로 와서 쓴 수기 글을 읽은 적이 있다. 그중 가장 기억에 남는 것은 동아리에 대한 다음과 같은 평가였다.

> "한국에서 가장 좋았던 점은 대학교 동아리 문화였다. 이렇게 동아리가 잘 유지되는 나라가 없는 것으로 안다. 자신이 좋아하는 취미를 가진 사람들끼리 모여 대학생활을 하는 것이 정말 부럽다."

다른 어떤 나라에도 없는 문화를 가진 것이 조금은 자랑스럽기도 했고, 한국이라는 나라이기에 가능한 문화일 것이라고 받아들였다. 하지만 지금 그 학생이 한국에 다시 돌아온다면 저 이야기를 다시 꺼내지 못할 것 같다. 이력서에 한 줄을 더 쓰기 위해 1학년 때부터 스펙

싸움을 시작하는 이들. 이제는 선배, 고향 친구보다 취업 스터디에서 만난 친구들을 더 자주 본다.

"취업하려면 어쩔 수 없어요. 선배가 제 취업을 보장해주지도 않고, 지금 놀면 취업은 꿈도 꿀 수 없는 일이죠."

무명으로 인터뷰한 09학번 학생의 말이다. 이처럼 앞으로 다가올 미래를 준비하기 바쁜 학생들은 전공이나 단체 생활에 관심이 없다. 그래서 모 단과대학에서는 과 행사에 불참 시 장학금 혜택 및 수강신청에 제한을 두는 규정을 통해 학생들을 모은다. "장학금, 해외탐방 등 학생들이 이익이 되는 것이 있다고 생각하지 않으면 참여를 하지 않으니까 제한을 두는 것이죠. 학점만 좋다고 장학금을 받을 것이라고 생각하는데 과 행사 참여 점수를 부여하게 되면 자연스럽게 오기 싫어도 오더라구요." 인터뷰를 한 단과대학 대표는 씁쓸한 현실이지만 이렇게라도 과 행사를 이끌어 나가는 것이 최선이라고 한다. 도대체 왜 이런 일들이 벌어지고 있는 것일까. 자연스럽게 쌓여야 할 친목 관계가 계산을 통해 맺어지는 현 세태는 정情을 사고팔고 있다는 느낌이 들어 안타깝기만 하다.

조용히 졸업할 수밖에 없는 개인주의 문화

처음 이 주제를 택했을 때 많은 학우들의 공감을 얻을 수 있을 것이라 생각했다. 그러나 내 예상과는 달리 이 주제로 후배 및 학교 선배들과 인터뷰하는 것은 쉽지 않았다. 동의를 표하는 사람들도 있었지만 그보다 '왜?' 라는 질문이 더 많이 돌아왔다.

"난 지금이 훨씬 좋아. 굳이 학교 생활하지 않아도 조용히 학교 다니다 졸업하면 되지. 그건 개인 차이 아냐? 사람 만나는 것을 좋아하고 싫어하고의 차이지."

이러한 생각을 밝히며 인터뷰를 거부하는 친구가 대부분이었으며,

개인주의적 성향을 옹호하는 경우가 많았다. 인터뷰 결과는 충격적이었다. 몇 년 전만 해도 선후배들은 동아리 뒤풀이 및 다양한 구실을 핑계 삼아 함께 밥 먹고 술도 마시며 서로의 고민을 함께 나누고 사회 문제에 대해 열변을 토하며 하나임을 확인했다. 또한 농촌봉사활동, 동아리 MT 등을 통해 밤을 새우며 서로에 대해 이해하고 공동체에 소속되어 있는 소속감을 확실히 느낄 수 있었다.

반면 현재 대학생 문화 속에는 '우리'라는 생각을 찾아보기 힘들다. 이들에게도 역시 동아리 모임 뒤풀이, 농활 등이 있을지 몰라도 그 성격을 들여다보면 많은 차이를 보인다. 예전에는 순수한 마음이었다면, 지금은 나중에 이력서 한 줄을 채우기 위해서 동아리에 가입하는 계산적인 마음이 자리 잡고 있기 때문이다. 나중에 자신의 이력서에 경력을 추가하기 위해 행사에 '얼굴만 비추고' 돌아가는 사람의 수도 늘어가고 있다. 대학에서는 더 이상 '우리'를 찾기 힘들어지고 있는 것이다.

개인주의적 문화가 확대되는 또 다른 이유는 개인적인 놀이공간의 확대를 통해 유추해볼 수 있다. 요즘 대학생들은 개인의 자유를 침해해서는 안 된다는 무언의 압력을 받고 있다. 즉 한 집단에서도 개인적인 성향을 더 중시하고 그것을 당연히 여기는 것이다. 이런 모습을 그들의 소비문화에서도 찾을 수 있다. 노래방, PC방, 비디오방 등의 놀이공간은 대학생들의 성향에 발맞추었기 때문에 번성하고 있다. 이러한 '방' 문화는 개인의 자유를 남에게 침해받지 않고 자신만의 시간과 여가를 즐기는 것이 중시되기 때문에 발전하고 있는 것이다.

형이라고 해야 돼, 후배라고 해야 돼?

대학에 입학해서 친구들과 놀다보면 유난히 마음에 걸리는 것이 있다. 중·고등학교 때는 모두가 같은 또래의 학생이기 때문에 대면할 때 부담감을 가질 필요가 없다. 하지만 대학은 그렇지가 않다. 다양한 연령대의 학생들이 존재하는 만큼 다가가기에 어렵다. 경희대학교 황순령 씨는 같은 학번인데도 나이가 다른 것을 다음과 같이 말한다.

"나이가 다르면 말을 걸기가 조금 이상했어요. 언제나 친구들이랑 지내다 갑자기 '언니, 오빠' 하는 것이 어색하기만 했거든요. 한두 사람도 아닌 많은 사람들이 그렇게 대하니 처음엔 어색할 수밖에 없었어요."

이러한 상황이기에 처음 만난 사람에게 더욱 조심하게 되고, 가까이 다가가기도 무섭기에 혼자서 지낼 수밖에 없다. 또한 고등학생 때는 모두가 같은 교복을 입고 같은 수업을 듣고, 밥도 함께 먹는 공동체 생활을 했지만 대학은 그렇지가 않다. 대학에서는 철저히 개인적으로 역량을 기를 수밖에 없는 체제다. 자신이 듣고 싶은 수업만 골라서 혼자서 4년 동안 생활을 해도 전혀 문제가 없다. 강제성이 없어지고 그 자리를 채운 자율성은 개인주의를 촉진시킨다.

서열과 예절을 중시하는 한국 사회에서 이질적인 학번, 나이의 공존은 언제나 공론화하기 조심스러운 이야기다. 대학생활을 하며 이야기를 나누다 보면 자연스레 공동체 관계에 관한 문제제기가 화두가 될 때가 많다. 공동체에 처음부터 정착하지 못한 학생들은 울타리 안으로 들어가지 못하고, 나이가 조금이라도 많으면 같은 학번인데도 불구하고 '친구'라고 부르지 못하고 밖에서 맴돌게 되기 때문이다.

학번을 강요하다 보니, 선배와 후배 사이에 호칭도 꼬이게 된다. 학교에 먼저 입학했음에도 불구하고, 아래 학번보다 어릴 때는 서로 선배라고 불러야 할지, 언니나 오빠라고 불러야 할지 난감하기 부지기수다. 이 문제에 대해서는 서로간의 가치관 정립이 정확하게 필요할 것 같다. 한국 문화에서는 나이가 많으면 무조건 선배로 대접해준다. '언니, 오빠, 누나, 형'이라고 부르며 존대를 해주고, 배려도 해준다.

'찬물도 위아래가 있다' 는 말이 괜히 나온 속담이 아닌 것이다.

하지만 나는 이러한 경우 학번의 위아래가 아닌 서로간의 예의를 통해 공동체를 형성하는 것이 좋다고 생각한다. 호칭보다 중요한 것은 서로가 친해지려고 하는 마음과 처음 보는 사람에게 예의를 갖추고 있는가의 여부라고 생각한다. 만약 이 문제 때문에 어려움을 겪는 친구가 있다면, 그냥 마음을 여는 것이 우선이라고 말하고 싶다. 학번과 나이는 사람과 친해지는 데 별로 중요한 문제가 아니라고 생각한다. 인간관계에서 '사람과 친해질 필요가 없다' 고 생각한다면 '사회에 적응할 이유가 없다' 고 생각하는 것과 같다. 서열에 대한 지나친 집착은 스스로를 고립시킬 뿐이다.

개인주의 문화에서 해결책은 없는가

개인주의 문화가 대학 내에 팽배해 있어 이대로 가다가는 대학의 고유한 공동체 문화는 사라질 것이다. 사회는 하나의 공동체다. 학교에 다니며 배우는 것은 수업과 연구만이 아니다. 사회에 혼자 떨어졌을 때 살아갈 수 있는 작은 사회를 느끼는 곳이 바로 대학이다. 이 대학 안에서 사람과의 관계, 한국의 문화를 잘 이해하고 사회에 나가야 준비된 사회인이 되지 않을까 싶다.

이 문제를 해결하기 위해 다른 학교의 예시를 찾아보기로 했다. 극단적인 개인주의에 대한 문제는 우리 대학에만 국한되어있는 문제는 아니라고 생각했기 때문이다. 국민대학교의 예를 들어보자. 국민대학교 종합정보시스템에는 특이한 카테고리가 있다. 바로 '선후배 찾기' 다. 이 카테고리는 자신이 졸업한 고등학교의 선배 및 후배가 입학했을 때에 학과 및 연락처를 기재해 서로 연락할 수 있게 시스템을 제공한다. 이 작은 배려로 자신의 출신교 선배와 자연스럽게 연결될 수 있다. 처음 대학생활에 적응이 되지 않거나 잘 모르는 것이 있을 때 모교 선배들에게 조금은 덜 부담스럽게 찾아갈 수 있는 이유는 모든 것이 생소한 대학환경에서 느낄 수 있는 지역과 출신학교라는 공통점에서 온 공감대 때문이 아닐까 한다. 국민대학교 김성서 씨는 "우리 동네에서 살던 형이 같은 학교라는 사실을 알게 됐을 때 연락을 먼저 할 수 있었죠. 뭔가 자랑스러운 기분이 들었습니다"라며 학교의 시스템을 실용적으로 사용하고 있다고 밝혔다.

대학은 이처럼 학생들끼리 서로를 연결할 수 있도록 적극적으로 도와야 한다. 학교는 학생들에 관한 모든 정보를 가지고 있다. 이러한 정보를 효율적으로만 사용해도 학생들에게는 큰 도움이 된다. 또한 '카네기 리더십'과 같은 프로그램처럼 학생들이 쉽고 친숙하게 접근할 수 있는 프로그램을 만들어 학생들이 서로 교류를 할 수 있는 장을 마련하도록 노력해야 한다. 물론 학교의 노력만으로 모든 것이 해결될 수는 없다. 대학에서 제공해줄 수 있는 것은 연결시켜주는 밥상을 차려주는 것이다. 밥을 떠먹는 것은 학생들의 몫이다. 이러한 시스템이 정착되고, 이용하는 것은 학생들이 만들어나가는 문화의 몫이다.

개인주의로 변하는 형태는 막을 수 없는 문화적 변화다. 그러나 대학생은 변화에 대해 수동적으로 편승하기보다는 비판적이고 창의적인 문화 창달을 위해 노력해야 한다. 개인주의 문화가 반드시 나쁜 것만은 아니지만, 개인주의에 대한 무비판적인 수용으로 공동체가 와해되고 소통과 토론의 장이라는 대학의 본질마저 해치게 된다면 대학생으로서 본질을 잃어버리는 일이다. 대학이 부여한 자유를 오직 자신의 취업과 경력 쌓기에만 낭비해 버린다면 대학만이 가지는 공동체 문화는 소멸해 버릴 것이다.

바람직한 공동체 생활 및 학교 생활에 대한 글을 쓰며, 학교 생활을 다시 한 번 돌아볼 수 있었다. 나 또한 행동보다 말뿐인, 실속 없는 대학생 가운데 하나일 뿐이었다. 하지만 앞으로의 발전 방향을 생각하고 그것을 위해 노력할 수 있는 대학생이 되었다는 것만으로도 작게는 내 안에서의 큰 발전이고, 크게는 대학인들의 밝은 미래를 향한 작은 한걸음이 되리라 생각한다.

우리는 대학생이다

고아라

몸이 불편한 대학생 이야기

에피소드 1 과제가 있었다구요? 무용학과 고아라

청각장애인으로서 무용을 전공하는 사람은 드물다. 따라서 대학입학 전형에서도 청각장애인을 배려하는 경우는 거의 없다. 그래서 일반 전형을 통해 무용학부에 입학하게 되었다. 무용학부는 인원수가 적기 때문에 무용 실기 수업을 할 때에는 학업에 큰 영향을 받지 않는다. 문제는 교양 수업이나 이론 수업이다. 교수님의 하는 말을 다 듣기 힘들고 출석 체크를 할 때에도 내 이름을 듣지 못하는 경우가 많다.

한 번은 이런 일이 있었다. 수업 시간에 다른 학생들이 교수님에게 무엇인가를 제출하고 있었다. 알고 보니 지난 수업 시간 과제였다. 수업 시간에 지나가는 말처럼 내준 과제였는데 나는 듣지 못한 것이다.

결국 과제를 내지 못했고 불이익을 당할 수밖에 없었다.

"교수님. 저는 과제가 있는지 몰랐어요."

에피소드② 엘리베이터는 세 번 보내고 타는 거다 경영학과 정영현

어느 곳에 가든 엘리베이터는 휠체어를 타는 장애인에게 휠체어 다음으로 중요한 이동 수단이다. 3층 이상 높은 건물이나 새로 지은 건물에는 보통 엘리베이터가 있어서 다행이다. 그런데 엘리베이터가 있어도 번거로운 점이 있다. 수업 시간이 가까워져 사람들이 많이 이용하는 때에는 엘리베이터를 몇 번이나 놓치고 그냥 보내는 일이 다반사다. 사람들로 가득 찬 엘리베이터에 차마 휠체어를 끌고 들어갈 수 없기 때문이다.

엘리베이터를 세 번 정도 놓치게 되면 표현은 하지 않지만 속으로 "내가 걸을 수만 있으면 이 정도는 걸어서 올라가겠다. 젊은 사람들은 좀 내려서 걸어 올라가지" 하는 생각을 종종 한다. 물론 다른 학생들에게 잘못이 있는 것은 아니다. 그들도 엘리베이터를 이용할 권리가 있다. 그러나 휠체어를 탔다는 이유로 수업에 늦는 심정을 헤아려줬으면 좋겠다. 수업에 늦지 않을 유일한 방법은 모든 수업을 같은 건물의 같은 층에서 듣거나 공강 시간을 한 시간 이상씩 배정하는 것뿐이다. 물론 그렇게 수강신청을 하는 것은 불가능하다. 그래서 나는 항상 지각한다.

에피소드③ 죽음에 대한 두려움이 나를 잠식한다 법학부 박재휘

아직도 2002년 10월 17일의 일을 잊을 수 없다. 14살, 갓 중학교에 들어가 1학년이 된 나는 체력장 오래달리기를 하고 나서 운동장에 누워버렸다. 그 순간, 말이 나오지 않더니 몸도 움직일 수 없었다. 평범했

던 소년이 좌반신 불수의 장애인으로서 살아가게 된 것이다. 어느 정도 치료를 받고 간신히 학교에 복귀하였지만 고통스러운 나날은 계속 이어질 뿐이었다. 성적이 좋을 리 없었다. 그래도 계속 이를 악물고 나 자신을 독려하며 보내왔다. 나에게는 신세 한탄을 할 여유조차 없었다. 몸이 불편해진 나에게는 오직 공부만이 살 길이었다. 그래서 죽을 각오로 열심히 공부했다. 간신히 법학부에 입학했다.

그러나 좌반신 불수의 장애인으로서 타지 생활을 한다는 것은 걱정되고 두려운 일이었다. 남들이 밖에서 캠퍼스 생활을 누릴 때, 나는 많은 것들을 포기해야만 했다. 아니, 애초에 시도조차 하지 못했다. 기대감보다 두려움이 더 컸기 때문이다. 몸이 더 악화될지도 모른다는 두려움. 다른 사람들이 나를 외면할 것 같다는 두려움. 이곳이 내가 있어도 되는 곳인가에 대한 두려움. 두려움은 언제나 나를 따라다니고 나는 외톨이로 살아갈 수밖에 없다. 머릿속의 복잡한 생각들은 나를 더욱 위축시킬 뿐이다. 어디에도 이러한 내 마음을 털어 놓을 수 있는 곳이 없다.

장애학우들을 위한 경희대의 노력

대학교에 입학하던 해에, 대학에서는 장애학생을 위한 제도를 실시한다고 했다. 마침 내가 다닐 때부터 이 제도가 생겨 다행이라고 생각하지만, 실시한 지 얼마 안 되었기 때문에 미흡한 점이 많을 것이라고 예상했다. 첫 학기에는 지원자가 없었지만, 장애학생 담당 선생님의 노력 덕분에 기말고사가 끝날 즈음인 12월에 경희봉사단 사람들과 제주도로 장애학생 셀프 리더십 캠프Self-leadership Camp에 다녀올 수 있었다. 이 프로그램은 다른 대학과는 달리 본교 학생지원처의 적극적인 노력이 있었기에 가능했다. 그 이후로 한 학기마다 한 번씩 장애학생들과 함께 교류할 수 있는 기회가 있었다. 이를 통해 장애학우들 간의 공감대와 권리의식을 형성할 수 있었다.

뿐만 아니라 우리 학교는 수강신청 및 변경 우선권을 제공해주며, 기숙사 우선 배정 및 장학금 지급 시 장애학생 우선 수혜 제도가 있다. 시험 기간에 스터디룸을 만들어 같이 공부할 수 있는 튜터링도 마련해 준다. 이처럼 대학에서 장애학생들을 위해 운영하는 제도를 다음과 같이 세 가지 정도로 정리해볼 수 있다.

① 장애 학생을 위한 시설

첫째, 전용 기숙사의 설립과 운영, 야간 도우미 배치, 식사 서비스, 경보 시스템 등이 있다.

둘째, 캠퍼스 안내 및 시설 이용 지도를 제공하여 건물 배치도, 리프트의 위치, 장애학생 화장실 시설, 장애인 주차 공간 등이 표지된 지도를 제작한다.

셋째, 이동 및 교통을 지원한다. 이는 교내 이동 등 수송서비스 관련 단체의 지원을 받을 수 있다.

넷째, 건강 서비스 지원이 있다. 이는 보건실 내에 장애학생의 위급한 의료 조치에 대비하고 있다.

다섯째, 중앙도서관에 쉽게 접근하지 못하는 장애학생에게 콜서비스를 실시하여 장애학생이 원하는 책을 대신 배달해준다.

② 장애 학생을 위한 학업·생활 보조

우선 학업 측면에서 장애학생이 직접 필기를 하는 데 어려움을 느끼면 대신 필기해주고, 식사할 때 식대를 대신 가져다주는 등 도우미를 제공해주는 서비스가 있다. 그리고 특히, 장애학생의 동선에 대한 이동 편의를 지원하기 위해 전동휠체어와 수동휠체어 대여서비스를 지원하고 있다. 장애학생이 학교 생활을 하는 데 전반적인 생활 도우미를 지원하는 것은 두말할 필요가 없다.

③ 기타 장애 학생을 위한 프로그램

이 밖에도 생활 및 전문심리 및 진로지원 및 취업 상담을 해주며, 기숙사 우선 배정, 의료검진 무료지원, 교양서적 구입 지원 등이 있다. 장애학생에게 대학 선배의 조언을 주는 기회를 제공해주기도 한다. 다른 학교에는 없는 경희대학교의 한 프로그램으로는 경희봉사단원들과 함께 하는 셀프 리더십 캠프Self-leadership Camp가 있다. 비장애인 학생들과 교류함으로써 대인관계를 폭넓게 만들 수 있게 한다.

장애가 없는 대학생 친구들에게 보내는 편지

요즘엔 장애학생들이 학교에 다니는 것이 많이 좋아진 것 같습니다. 앞서 이야기했듯이 특히 시설 부분을 보면 학교 측에서도 많은 예산을 투자하고 있으며 가시적인 효과를 거두었다고 생각해요. 하지만 여전히 대학생활 속에는 폭력이 숨어 있다는 거 아시나요? 그 이유는 바로 당신이 저를 바라볼 때 갖는 '인식'의 문제랍니다. 전체적으로 볼 때, 일반 학생들이 저를 많이 도와준답니다. 늘 감사해요. 특히 휠체어 타는 친구에게 생기는 신체적·물리적 문제점들을 학우들이 항상 신경써주고 있습니다.

하지만 장애가 있어서 못하는 일이 아닌, '장애인이기 때문에' 어떠한 일을 할 때 제외당하는 경우가 있습니다. 이런 경우가 '인식 개선'이 되어 있지 않다는 점이지요. 이것은 '보이지 않는 폭력'입니다. 예를 들어, 어느 수업에서 반장을 뽑을 때 미리 약속이나 한 것처럼 당연하게 자연스럽게 장애학생은 제외시킵니다. 장애가 있어서 도저히 할 수 없는 일이라면 장애학생 스스로가 도전할 생각도 못하겠지만, 어디가 불편해서가 아니라 장애인이라는 이유로 대학생활을 즐기는데 한계를 그어버리는 것이지요. 구석구석에 이런 폭력이 숨어 있습니다.

장애인이기 때문에 불편할 테니까 힘들 테니까 도와주고 배려해주는 것은 참 고마운 일이지만, 너무 앞서 나가 장애학생의 생각의 폭조차 좁혀버릴 때가 많아요. 우리는 장애인이기 이전에 자랑스러운 본교의 학생입니다. 장애가 문제가 돼서 어떤 일을 시도조차 못할 것이라는 편견을 버려주세요.

장애가 있는 대학생 친구들에게 보내는 편지

우리에게는 세상에 적응하기 위해 두 가지 방법이 있습니다. 편의상 A안과 B안이라고 하지요. A안은 비장애인들의 기준에 맞춰 그들이 밟는 길을 따라가는 것이고, B안은 우리의 장애의 특성에 맞춰 스스로의 길을 개척하는 것입니다. 아마 대부분의 장애학우들은 A안을 따라 살아왔을 것입니다.

청각장애인은 수업 시간에 교수님의 말씀을 정확하게 듣기 힘듭니다. A안을 따라 살아온 학생은 자신의 장애를 드러내기 싫어 수업을 따라가지 못하는 피해를 감수하게 됩니다. B안에 따르면 대필도우미제도가 있는데도 말이죠. 이것은 비단 청각장애인만의 이야기가 아닙니다. 장애를 가진 학생 모두에 관한 이야기입니다. 우리 학교에는 자신의 장애를 드러내기를 거부하면서 끝까지 비장애인인 것처럼 살아가려는 사람들이 있습니다. 하지만 A안과 같은 방법으로 정말로 '정상인'과 같은 생활을 할 수 있을까요? 우리는 우리의 현실을 인정하고 그것을 극복하기 위해 노력해야 합니다. '정상인'과 같이 생활하면서 자신의 장애가 드러날까 봐 마음 졸이는 위태로운 생활 끝에 얻는 것은 무엇입니까.

대학은 고등학교와는 다릅니다. 대학은 작은 사회이면서 열린 공간이고 성숙한 지성이 살아 있는 곳입니다. 우리의 장애를 비웃는 사람은 자신의 미성숙함을 드러낼 뿐입니다. 우리는 당당하게 B안을 통해 살아가야 합니다. 우리가 가진 정체성을 자각하고, 긍정적이고 적극적인 마인드를 갖고 자신의 환경을 자신에게 유리하게끔 조성할 수 있어야 합니다. 이 시기를 넘기지 못하면 우리는 영원히 A안을 통해 가슴 졸이며 살 수밖에 없습니다. 다른 사람들과 공정하게 경쟁하고 이를 통해 우리의 역량을 증명해야 합니다. 우리에 대한 인식은 우리 스스로의 노력을 통해 바꾸도록 해야 합니다. 그러나 숨기만 해서는 아무것도 얻을 수 없습니다.

우리는, 경희인이다!

이 글의 제목인 '우리는 경희인이다'에서 '우리'는 나처럼 장애를 가진 학생들 집단을 가리키는 말이 아니다. 장애를 가진 나와 장애를 갖지 않은 너, 나와 네가 함께 꿈꾸는 대학을 의미한다. 장애란 결국 고정관념에서 나오는 정보이자 편견이다. 이러한 편견 때문에 비장애 대학생들은 자기들끼리 이야기를 나누고 장애학생들은 편견에 억눌려 말하지 못한다. 이 두 집단의 커뮤니케이션은 서로가 서로에게 선을 긋는 보이지 않는 구분의 인식을 바꿀 때에야 비로소 가능하다.

나는 너를 장애를 가지지 않은 학생이라고 보지 않는다.

너의 이름이 나에게 존재로 다가온다.

나는 장애학우가 아니라 '고아라' 다.

소통의 문을 열어라!

오세욱

학습권, 자유와 방종 사이

한국에서 교수와 학생의 관계는, 초·중·고등학교에서 선생님과의 관계와는 확실히 다른 부분이 많다. 단순히 수업에서의 관계뿐만 아니라 수업 외적인 곳에서 맺는 관계도 많이 다르다. 나는 초등학교 4학년 때까지 담임선생님 한 분께서 국어, 영어, 수학, 사회, 과학은 물론, 체육, 음악, 미술 등 전 영역을 가르치셨다.

이후 초등학교 5, 6학년 때는 영어와 체육 담당 선생님이 따로 계셨고, 중학교에 올라와서는 모든 과목의 선생님들이 따로따로였다. 심지어 고등학교에 올라와서는 이과·문과를 선택하여 나의 적성에 맞는 쪽을 선택할 권리가 주어졌다(물론 이때도 각 과목의 선생님과 문·이과가 들어야 하는 수업은 정해져 있었지만).

반면, 대학에 들어와서는 전공에 따른 수업과 교수님, 수업 시간에 대한 모든 선택을 내가 할 수 있게 되었다. 심지어 전공이 아니더라도 내가 듣고 싶은 과목의 수강에 대한 자유가 주어졌다. 그만큼 그 권리와 선택에 대한 책임도 모두 학생에게 맡겨진다. 그래서인지 많은 친구들이 대학교에 와서 해방감을 느끼고, 이전 생활과 달라진 더 자유로운 일상의 즐거움을 만끽하는 한편, 갑자기 자신들에게 부과된 책임으로 방황하기도 한다. 자유를 잘못 이해한 학생은 수업을 밥 먹듯 빼먹거나 수업에 대한 에티켓을 지키지 않는 등 '방종'을 대학생의 권리인 양 누리기도 한다.

교수와 학생 간의 딜레마

학생의 입장뿐만 아니라 교육자의 입장에서 봐도 초·중·고등학교와 대학교에서 교육자의 역할과 의무는 많이 다르다. 초등학교부터 고등학교까지는 각 학급의 담임은 1년 동안 학급 내 모든 학생들의 생활, 진로 등 모든 부분을 담당한다. 물론 중·고등학교 교사들의 경우 맡은 과목은 하나일지라도 책임지고 있는 학급의 학생들 하나하나를 관리하고 상담해야하기 때문에 교육자로서 짐이 매우 클 것이다. 뿐만 아니라 사회에서의 교사의 역할도 있었기 때문에 부담은 한두 가지가 아니었을 것이다. 그에 비해 대학 교수 혹은 강사들의 역할과 의무는 적어도 학생과의 관계 면에서는 초·중·고등학교 교사보다는 부담이 덜하다. 그 대신 교수들은 연구, 논문, 학회 등의 일로 바쁘다.

따라서 초·중·고에서의 교사와 학생 간의 관계보다 대학교에서의 관계가 조금 더 먼 것이 사실이다. 멀다는 것은 서로간의 갈등이 적어질 수 있다는 점에서는 좋지만, 그만큼 정을 주고받기 힘들다는 단점도 있다. 그런 점을 보완하고 동시에 학생의 대학 졸업 후 진로 선택까지도 도와주기 위해 몇몇 대학교에서는 각 학생마다 담당교수를 붙여 매 학기마다 상담하는 제도를 의무화한 곳도 있다. 하지만 사실 한 학기에 한두 번 정도 얼굴을 맞대고 상담하는 정도로 교수와 학생이 가까워질 수는 없다. 설사 가까워진다고 해도, 스승과 제자가 아닌 단순한 인간관계의 형성은 교수와 학생이라는 관계에서 플러스 요인으로 보기 힘들다.

이처럼 한국의 교육은 제도적 시스템을 포함하여 교육 환경 전반에 걸쳐 교수와 학생의 관계가 가까워지기 어렵다. 이러한 한계점을 뛰어넘어 건설적인 사제 관계를 만들기 위해서는 교육 외적 환경의 변화를 이루어나가는 것도 중요하겠지만 무엇보다 교육의 중심에 서 있는 교수와 학생, 각 주체들의 역할이 중요하다. 건설적인 관계를 위해서 한국 대학 사회의 주체인 교수와 학생이 개선해야 할 것은 무엇일까.

학생은 교수와 소통할 권리가 있다

사실 고등학교 때까지만 해도 우리나라의 학생들은 공부를 하는 주체임에도 불구하고 교육을 받는 객체로서의 역할이 더 두드러졌다. 한국의 초중고 교육은 '주어지는' 커리큘럼, '주어지는' 수업 시간표, '배당되는' 선생님, '주어지는' 숙제, '주어지는' 규칙을 통해서 학생들을 가르친다. 즉, 학생들이 능동적으로 무언가를 할 수 있도록 만드는 환경이 아니다. 그러므로 12년, 혹은 그 이상을 그러한 환경에서 자라온 한국의 학생들이 대학교에 들어와서 갑자기 능동적으로 교수와의 관계를 만드는 능력이 솟아나기를 바라는 것은 힘든 일이다. 내가 봐도 주변에 먼저 교수의 방문을 두드리는 학생을 찾기는 쉽지 않다. 친하게 지내면 좋다는 것은 알지만 수업 끝나고 질문하러 찾아가는 학생도 드물고, 가깝게 지내기 위해 어떻게 하면 좋은지 알면서도 실천하는 학생들은 거의 없다. 아무래도 학생들은 12년간 '교육자'와 '피교육자'라는 수직 관계에 익숙해져 있기 때문에 먼저 윗사람을 찾아뵙는 것이 어렵게 느낀다. 초·중·고 시절 극히 일부 '엄친아'가 아닌 이상 교무실은 무언가 잘못을 했을 때, 또는 귀찮은 잔심부름 때문에 불려가는 장소로 기억되는 것이 대부분인 것처럼 말이다.

하지만 적어도 대학생이 된 이상 수동적인 자세에서 벗어나야 한다. 대학은 인생의 반 혹은 그 이상을 차지했던 초·중·고 시절과는 다르다. 변화의 필요성은 수능이 끝나고부터 바로 나타난다. 수능이 끝나면 학생들은 자신의 전공을 선택하고, 들어갈 대학을 선택한다. 그렇게 대학에 들어간 후엔 자신이 들을 수업을 선택하고, 해당 교수님을 선택한다. 또한 자신의 일과를 스스로 세우고, 학교 외의 활동(동아리, 연애, 미팅, 아르바이트 등 다양한 과외활동들)을 모두 스스로 계획해야 한다. '부모님'이나 '선생님'이 나를 잡아주는 것이 아니라 내가 스스로 그 모든 것들을 관리해야 한다.

이 모든 활동들의 기반에는 대인관계가 자리 잡고 있다. 예전에는 그런 인간관계까지 어느 정도 교사들이 먼저 손을 내밀었다. 먼저 나서서 학생들을 상담하고, 학생들과 놀고, 학생들을 혼냈다. 하지만 대학교에서는 교수가 먼저 나서서 학생을 이끄는 일은 거의 없다. 대학교에서 교수와 학생은 각각 독립된 개체들이다. 왜냐하면 교수들은 초·중·고 교사들처럼 대학생 하나하나를 일일이 보살필 의무가 없기 때문이고, 무엇보다도 대학생은 성인으로서 자존감을 가진 존재로 대우해야 할 필요가 있기 때문이다. 그러므로 연구와 업무로 벅찬 교수들에게 대학생 하나하나를 이끌어줄 것을 요구할 수는 없다. 만약 교수에게 그러한 의무가 있다고 주장한다면 그것은 12년 동안 부여받고 주어지는 객체로 길들여진 한국의 학생들에게 갑자기 환원된 어쩌면 당연하면서도 무거운 '그들 스스로에 대한 책임'을 버거워하며 어리광을 부리는 것에 불과한 것이다.

그러나 '서로에 대한 의무 없음'이라는 판결이 결코 서로간의 무관심을 뜻하는 것은 아니다. 외국의 사례를 살펴보면, 외국의 우수한 대학들의 경우 교수 1인당 학생 수가 적기 때문에 교수들이 '튜터'이자 '멘토'로서 학생의 역량을 키우는 데에 효율적인 성과를 내는 경우가 많다. 즉 교수들이 먼저 나서서 학생과의 관계를 맺을 의무는 없지만, 학생과 교수의 관계가 가까울수록 학생의 역량이 십분 발휘될 가능성이 크다는 것이다. 그러므로 대학교에서 바람직한 사제 관계를 위해서는 우선 학생들이 교육의 객체에서 벗어나 주체가 되어야 하고, 먼저 나서서 교수의 방문을 두드려야 한다. 학생들이 능동적으로 나서서 전공분야의 '튜터'이자 인생의 '멘토'로서 '저를 이끌어주십사' 하는 부탁을 드려야 한다는 것이다. 교수가 나서서 학생을 이끌 의무는 없지만, 학생으로서 조언을 구할 권리는 있기 때문이다.

수평적인 관계가 필요하다

초·중·고 12년의 교육시스템에 잘 길들여진 것은 비단 학생뿐이 아니다. 그렇다고 초·중·고등학교보다 고등교육기관인 대학교의 교수들이 초·중·고의 교육시스템에 길들여졌다는 것은 아니다. 하지만 여전히 많은 대학 교수들은 초·중·고의 사제 관계처럼 대학교 내에서도 학생과 교수 사이에 수직 관계를 맺기를 원한다.

물론 교수라는 직위는 아무나 얻을 수 있는 것이 아니다. 후학들의 모범이 될 수 있는 학식을 갖춘, 매우 명예로운 직위이다. 하지만 그것이 학생과의 수직 관계를 정당화할 수는 없다. 수업은 학생들에게 일방적인 지식의 전달이 아닌 대화와 토론의 방식을 통해 창의적인 사고와 비판적인 사고력 함양을 목표로 해야 한다. 수업은 진리에 대한 탐구 과정이어야 하기 때문이다. 교수가 가진 지식과 식견을 학생들이 존중해야 하는 것은 맞지만 그것이 일방적으로 강요되어서는 안 된다는 것이다. 또한 인간관계에서 수평 관계가 되어야 한다. 대학생들은 성인으로서 삶에 책임을 지는 주체다. 자신에 대한 책임을 질 수 없던 시기에는 선생님들의 시시콜콜한 지도가 필요했지만 대학생들은 자신의 행동과 생각에 책임을 져야 한다. 학생들에 대한 군림은 학생을 삶의 주체로 인정하지 않고 권위에 따라 통제하려는 것이므로 지양해야 한다. 또한 학생과 교수 간의 수평 관계는 교류를 원활히 하여 양자의 건설적인 발전에 도움이 된다.

같은 맥락에서, 교수가 학생의 시험 점수, 과제, 수업 태도, 성실성 등을 전체적으로 고려해 성적을 매기는 것과 마찬가지로, 학생도 교수를 평가할 수 있는 제도가 마련되어야 한다. 이러한 요구에 맞추어 많은 대학에서 교수 평가제를 실시하고 있다. 하지만 이러한 교수 평가제가 대부분 허울 좋은 제도에 불과하다. 학생에게 학점은 나중에 사회에 진출할 때 중요하다. 그러므로 학생은 교수한테 좋은 평가를 받으려고 노력한다. 학생이 교수 강의를 평가해봤자 그 점수가 학생에게 공개되는 것은 아니다. 아무리 학생들이 어떠한 강의에 대한 불만족을 표현해도 만약 그 강의의 교수가 그러한 학생들의 태도를 교수의 권위에 대한 침해 또는 부정하는 행위로 받아들이고 나중에 그 수업을 들을 학생들에게 자신의 수업에 대한 평가를 공개하지 않는다면, 교수 스스로도 발전할 수 없을 뿐만 아니라 개선되지 않는 강의에 매년 짜증을 내는 안티들이 늘어날 것이다.

많은 사람들이 어떤 교수가 학생의 지적을 받아들이지 않겠느냐고 생각한다. 실제로 많은 교수들이 학생들의 교수 평가를 겸허하게 받아들이고, 수업의 질을 향상시키기 위해 강의평가를 학생에게 공개해야 한다는 의견에 동의한다. 하지만 여전히 대다수의 교수들은 학생들의 수업에 대한 평가와 지적을 권위에 대한 도전으로 생각한다. 그래서 수업에 대한 평가는 인정한다 해도 평가 결과를 공개하는 것을 반대하곤 한다. 이것은 실제 비싼 등록금을 내고 수업을 받는 학생들이 더 나은 강의를 선택할 수 있는 권리를 제한하는 것이다. 교수님들은 바람직한 사제 관계에 앞서 학생들이 자신의 수업에 대한 평가를 내리고 그 평가를 학생들이 서로 열람할 수 있게 하여 학생들에게 질 좋은 수업을 선택할 권리를 부여함과 동시에 교수님 스스로의 발전을 위한 척도로 활용해야 한다.

서로가 변해야 한다

바람직한 사제 관계를 위해서 모든 것을 바꾸어야 하는 것은 아니다. 학생들이 더욱 능동적으로 교수들과 관계를 맺기 위해 노력하고, 교수들도 학생들에게 조금 더 친근하게 다가가려고 노력한다면, 우리가 흔히 이상적이라고 말하는 사제 관계에 빨리 도달할 수 있을 것이다. 물론 그러한 과정에서 만들어지는 제도, 혹은 규율 등에는 현재 당장 받아들이기 힘든 것들도 많이 있을 것이다. 실제로 현재 대학 내에서는 학생과 교수 사이에 이견이 생겼을 때 쌍방의 의견들을 수렴하여 절충하는 방식으로 갈등을 중재한다. 그래서 여전히 우리가 바라는 사제 관계의 구축은 우리에 의해 현재 진행 중이다.

대학 사회 내의 변화가 한꺼번에 이루어지길 바랄 수는 없다. 우리 스스로 천천히 변화를 이루어나가면 된다. 이러한 과정이 쌓이면, 과거와의 비교가 가능해질 것이다. 이처럼 긍정적인 변화를 이루어나가면 한국 대학 내의 사제 관계가 쌍방의 건설적인 성장을 도모할 수 있도록 개선될 것이다.

학업 외 활동의 새로운 지형도

박소연

하나를 해도 제대로 해라

대학교는 학문만을 하기에는 아까운, '기회' 들이 정말 많은 장소다. 고등학교를 벗어나서 겪는 문화적 충격 두 가지는 갑자기 늘어난 자유와 너무나도 많은 선택 사항들이다. 특히 동아리를 선택할 때 이러한 경험을 하게 된다. 대학 신입생이 되자마자 자신의 관심사에 따라 동아리에 가입하는 경우도 있지만, 적지 않은 학생들이 가입 시즌에 이곳저곳을 기웃거리다 친구 손에, 선배 손에 이끌려 결국 '엉뚱한' 동아리에 가입하기도 한다. 모든 동아리 생활-학업 외 모임의 문화-에 대해 이야기하기 전에 가장 먼저 일러두고 싶은 말이 있다면 "무엇이든 시작하기보다 끝내는 것이 더 어렵다"는 것이다. 역시 그 놈의 '욕심' 탓에 여기저기 기웃거리다가 정리의 필요성을 느끼고 곤혹스러웠던 적이 있다.

3학년이 될 때까지 '학업 외 활동' 에 대해서는 남부럽지 않게 했다.

경희대학교에서는 방송국, 홍보대사, 홍보처 기자단, 단과대 축구 동아리, 학회와 캠퍼스 밖에서는 기업체험 프로그램(SK telecom TC), 《대학내일》 학생 리포터, 기획재정부 대학생 기자단, 홍보대사(신한은행)가 있다. 솔직히 말해서 이 가운데 굉장히 열심히 활동한 것도 있고 그렇지 못한 것도 있다. 양다리를 걸친 적도 있으며 시작하고 끝나는 기간이 겹쳐져 세 다리가 된 적도 있다. 그러나 문어발식 동아리 활동은 무조건 '비추' 다. 아무리 역량이 뛰어나다고 한들 관심과 노력을 분산하면 그만큼 어느 한 쪽에 소홀해지게 마련이기 때문이다. 그렇게 되면 함께 몸담고 있는 동아리 동기들에게 피해를 주는 것은 물론 자신에게도 좋지 않다. 실제로 '한 달에 한 번 회의' 와 '한 달에 한 번 정기모임' 이 겹친 적이 있었다. 두 군데 모두 '의무 참석' 이었고 어쩔 줄 몰라 고민하고 마음 졸이며 결국 한 군데에만 참석했고, 참석하지 못한 곳에서 비난받을 수밖에 없었다. 대개 의무가 있는 동아리인 경우 '양다리' 활동을 금하고 있기 때문이다. 단순히 친목 도모의 동아리면 그렇게 크게 문제가 되지 않는다. 하지만 이 경우에도 의무가 없다는 생각에 소홀해져서 그 '친목' 이라는 의미가 퇴색될 우려가 있다.

의도했던 바는 아닌데 넘치는 의욕으로 시작한 여러 가지 활동으로 곤란을 겪는 경우도 많다. '대학생 스펙 쌓기' 에 대한 특별강연을 들었던 기억이 난다(200~300명이 넘는 학생들로 넘쳤던 걸로 기억하는데 아마도 모두 '스펙' 에 대해 관심이 높기 때문일 것이다). 거기 강연에서 나를 포함한 많은 대학생들을 뜨끔하게 했던 대목이 있다. 기업에서는 무조건 '경력 칸을 꽉 채운' 이력서를 원하는 것이 아니라는 거다. 기간도 쓰게 되어 있는데 당연히 문어발식 동아리 활동을 한 경우라면 알아차릴 수밖에 없고, 인사 담당자도 '이 친구는 그냥 한 줄 경력을 넣으려고 발만 담그는 활동을 했군' 이라고 판단할 수 있다는 것이다. 하나를 해도 제대로 한 경우가 더 낫다는 결론이었다. 하나만 선택해서 졸업할 때까지 '한우물만 파라'가 아니다. 여러 가지 경험이 중요한 시대고 관심사도 자꾸 바뀌므로 처음부터 신중히 생각해서 자신이 감당할 수 있는 범위 내에서 자신의 역량을 끌어올리고 또 즐길 수도 있는 만큼 학업 외 활동을 하는 것이 필요하다.

신중히 선택해라

나는 새내기 3월 봄, 중고등학생 때부터 으레 해왔던 의무감 반, 관심 반, 동경심까지 곁들어 '대학 방송국'에 오디션을 봤다. 다행히 합격했고 1학기 동안 아침 모니터링, 수습 방송국원 교육 등 정말 바쁜 생활을 했다. 이 경험을 통해 고등학교에서는 만나볼 수 없었던 다양하고 많은 사람들을 사귈 수 있었다. 하지만 바쁜 동아리 활동 때문에 학과 친구들과는 사귀기 어려웠고 중앙 동아리 성격인 교내 방송국에서는 수업보단 방송국 활동이 중요했다. 그렇게 6개월간 모니터링이 끝나고 '수습 딱지'를 떼고서 한 학기 동안 방송활동을 했다. 관심사가 비슷한 친구들, 선배들을 사귀고 좋은 정보를 공유한다는 것은 분명 좋은 일이었다. 하지만 2학년에 올라가면서 '과연 이 길이 맞는 걸까?'라는 의구심이 들기 시작했다. 그냥 '관심 있다' 정도로 내 장래를 결정짓기에는 불충분했기 때문이었다. 이쯤 되면 하게 되는 이런 고민들은 나뿐만이 아니라 대다수의 친구들에게도 해당되었다. 한 학기가 지나자 드디어 안녕을 고하는 동기들이 생겨나기 시작했고 1년이 지나자 남아있는 친구들도 계속하느냐 남느냐에 대해 부쩍 이야기하곤 했다. '내가 발 담그기 시작한 이곳이 대학생활을 모두를 차지해버리는 건 아닐까? 그렇다면, 난 정말 신중히 이곳을 선택한 걸까?' 하는 고민들. 여기뿐만 아니라 그후 내가 활동했던 모든 곳에서 고민하게 된 문제였다. 가장 힘들었던 것은 역시나 인간 관계였다. 오디션을 보는 동아리의 경우에는 특히 처음에 '제발 이것만 하게 해준다면 뭐든 할 텐데' 라는 마음으로 시작했다가 '안 하느니만 못했다' 라는 마음이 들지 않도록 신중을 기해야 한다. 나중에 가서 인연을 맺었던 동아리에서 발 빼기가 생각만큼 쉽지 않다는 것을 미리 알아두길 바란다.

지피지기면 백전무패! 다양한 동아리의 세계

동아리들이 영리해지고 있다. 목적이 명확하고 비전이 분명하다. 두루뭉술하게 친목 도모 위주로 대학 동아리가 돌아간다고 생각한다면 오산이다. 동아리는 크게 학교 언론 기관, 자기계발 동아리(공모전, 토론, 전공 및 관심 스터디), 친목 동아리(친교, 종교, 여행 등), 봉사 동아리, 스포츠 동아리 등 교내에서 또는 학교끼리 연합으로 된 동아리로 구성되어 있다. 그리고 요즘에는 기업이 만든 참여프로그램도 많다. 기업 참여프로그램의 성격은 위의 동아리 분류와 비슷하다. 다만 기업 홍보 활동을 겸하게 된다고 보면 된다. 삼성, LG, 현대, GS, 롯데, SK 등 웬만한 대기업 및 시중 은행, 외국계 회사부터 공기업, 공공기관까지 이러한 대학생들의 학업 외 활동을 주도하고 있다. 인맥 형성과 기업 문화 체험, 스펙까지 쌓을 수 있는 장점이 있어 아주 인기가 높고 그만큼 경쟁도 치열해지고 있다.

학교 언론기관으로는 신문사, 방송국이 대표적이다. 자기계발 동아리로는 공모전, 토론, 창업, 광고, 전공 및 관심 스터디 등 대다수의 학술적 성격을 띠는 동아리로 묶어볼 수 있다. 그리고 친목 도모와 취미생활을 함께 하는 동아리가 있다. 등산, 스포츠, 여행, 종교 동아리가 대표적이다. 정말 셀 수도 없을 만큼 동아리의 성격과 종류가 다양해지고 있다. 새내기들이 동아리 성격을 파악조차 못할 때 선배들의 현란한 '홍보'에 혹하고 넘어가 가입을 해버리는 경우를 잘 이해할 수 있다. 그러지 않기 위해서 스스로 홈페이지에 들어가 보고 가능하다면 이미 들어가 있는 선배들에게 물어보면서 확실히 알아보는 것이 필요하다. 친목 도모 동아리는 사람 관계만 무난히 하면 되기 때문에 심사숙고 없이 들어갔다고 해도 동료에게 피해를 줄 일은 없다. 그러나 자기계발 동아리나 학교 기관 등 '역할 분담'이 뚜렷한 경우에는 내가 나오고 싶을 때 언제든 나올 수 없다. 그러한 행동은 무책임한 행동이기 때문이다.

언론 동아리

학교 신문사의 경우 크게 세 가지로 나눌 수 있겠다. 학교 언론기관인 대학보사, 영어신문, 학교홍보처 신문사다. 세 동아리의 성격은 많이 다르다. 목적도 다르고 구조도 다르고 당연히 하는 일도 다르다. 경희대학교는 학보사인 《대학주보》, 영어신문사 《The University Life》, 홍보처 웹진 《Future 경희》가 있다. 대학주보는 학내 사건 사고, 이슈 등을 학생들이 편집, 취재, 보도한다. 그야말로 일반적인 대학 신문사다. 영어신문사는 영어로 신문을 제작하는 곳이다. 영어와 언론에 관심이 있는 친구들의 집합체라고 할 수 있다. 개인적으로 항상 대단하다고 생각하는 친구들이다. 왜냐하면 그냥 기사 글쓰기도 만만치 않은데 영어로 기사를 쓰고 편집한다는 것은 영어신문 읽기도 버거워 하는 나에게 너무 도전적이기 때문이다.

그리고 다음은 대학생활의 절반을 차지한다고 해도 과언이 아닌 홍보처 소속 기자단 《퓨처 경희》다. 모든 대학에는 홍보처가 있다. 우리 학교는 '문화홍보처'라는 이름으로 홍보처 소속 기자단이 운영되고 있다. 웹진 형태로 매주 경희대학교 메인 홈페이지에 인터뷰 기사를 업데이트하고 있다. 교수, 학생, 동문들 중 매주 경희대학교를 빛낸 자랑스러운 1인을 선정하여 학생들이 직접 인터뷰하여 기사를 쓰고 홍보처 교정국의 손을 거쳐 메인 홈페이지에 오르게 된다. 나는 이 활동을 다섯 학기째 하고 있다. 대학생활 4년 중 2년 반을 보낸 것이다. 지금 이렇게 글을 쓰게 된 것도 이 활동을 통해서이며 내 학업 활동 중 가장 보람을 느꼈던 동아리다. 《퓨쳐 경희》 활동을 통해 학생 신분으로는 만나기 힘든 사람들을 만날 수 있었고, 한 달에 두세 차례 글을 쓰면서 글쓰기 실력도 향상시킬 수 있었으며 동아리 활동으로 장학금까지 탈 수 있었다. 뿐만 아니라 일정 기간 활동 시 해외 취재 기회까지 있어 나로선 좋은 경험이고 경력이 되었다. 기자단 활동은 특히 언론사를 희망하는 친구들의 경우 굉장히 좋은 자산이 될 수 있다. 실제로 언론사에서도 학창 시절의 이러한 경력을 높이 사주는 경우가 많다고 한다. 아무래도 글은 쓸수록 늘고 취재 및 인터뷰 실력은 할수록 늘기 때문이다. 아무래도 이러한 것들을 조금이라도 '맛' 보는 것은 값진 경험임에 틀림없다.

언론기관 활동으로 대학 방송국을 빼놓을 수 없다. 나 역시 중, 고등학생 때부터 방송국 생활을 해왔기 때문에 마치 당연히 대학에 와서도 방송을 해야 한다고 생각했다. 전국 각지에서 방송활동에 관심이 있던 사람들부터, 그냥 평범한 대학생활은 하기 싫다 하는 친구들, 주체할 수 없는 끼를 가진 친구들 모두 지원하는 곳이 바로 방송국이다. 아나운서, PD, 엔지니어, VJ 등 여러 분야들이 있다. 누구나 한 번쯤은 텔레비전에 나오고 싶어 하는 어린 시절의 꿈이 있듯 많은 친구들이 대학교에 올라와서 대학 방송국에 관심을 가진다. 하지만 오디션을 거쳐야 하고 뽑힌다고 해도 바쁘고 힘든 일정을 소화해야 한다는 소문 등으로 쉽사리 지원을 하지 못하는 경우가 많다. 학기 초 다른 동아리에 비해 높은 경쟁률을 가진 곳이기에 뽑힌 신입국원들은 자랑스럽고 강한 의욕을 가지고 방송국 생활에 임한다. 물론 나 역시도 예외는 아니었다. 아침 수업도 버거워하는 대학생이지만 수습국원을 무사히 끝마치겠다는 일념 하나로 아침 방송 모니터링도 기분 좋게 가고 매주 있는 회의와 엠티와는 성격이 다른 세미나 등 조금 '특별한' 모든 것들이 마냥 신기했다. 대학 방송국 역시 신문사와 마찬가지로 다른 친목 도모 성격의 동아리와는 많이 다르다. 학교 기관으로 분리되며 엄연히 장학금을 받고 경력과 관심 영역을 충족시키는 값진 학업 외 활동이다.

자기계발 동아리

다음으로 자기계발 성격의 동아리다. 요즘 대다수의 대학생들이 주목하고 있는 동아리들이 대부분 여기에 속한다고 볼 수 있다. 창업, 광고, 주가 예측, 경제 분석, 경영 전략, 영어 토론, 시사 토론, 독서, 각종 공모전 준비 동아리 등 성격과 목적이 점점 각양각색으로 발전하고 있는 분야다. 공통 관심사와 미래에 대한 계획이 비슷한 사람들이 모였기 때문에 서로 발전하기 좋은 기회다. 특히 공모전 동아리의 경우 팀을 따로 구성할 필요 없이 항상 동아리 사람들과 꾸리고 연습도 같이 할 수 있기 때문에 요즘 각광받고 있다. 광고 동아리의 경우도 대부분 공모전을 공략한 동아리라고 볼 수 있다. 경제 경영 관련으로는 창업, 주가 예측, 경제 분석, 경영 전략 동아리 등이 있는데 이 역시 자체 세미나를 갖고 포럼을 여는 등 함께 '스터디'를 할 수 있어 좋다. 하지만 대부분 이런 성격의 동아리는 자체적으로 시험을 거쳐 신입 멤버를 뽑기 때문에 그렇게 호락호락하게 내가 하고 싶다고 들어갈 수 있는 곳은 아니다. 토론이나 독서 동아리 등의 경우는 입부 조건이 상대적으로 까다롭지 않다.

취미, 친목 도모 동아리

마지막으로 대학생활을 '즐기기' 위해서, 학창 시절을 '학점과 도서관'으로만 장식하고 싶지 않은 이들을 위해 취미와 친목 도모를 목적으로 모인 활동이 있다. 스포츠, 종교 동아리가 대표적이다. 이것들은 대부분 단과대학 안에 소속되어 있거나, 중앙 동아리 형태로 이뤄져있다. 학교끼리 연합하는 경우도 많다. 산악, 스키, 축구, 농구, 검도, 테니스, 태권도 등 없는 스포츠 동아리가 없을 정도며 종교 역시 기독교, 불교, 천주교 등 골고루 동아리가 형성되어 있다. 주말이나 방학, 각자 스케줄을 고려하여 취미생활을 '함께' 하자는 취지이므로 강압적 분위기는 아니다.

캠퍼스 외 활동

캠퍼스 밖의 활동도 많다. 각종 기업체나 정부 기관에서 대학생을 상대로 만든 커뮤니티 활동이 많기 때문이다. 홍보대사 활동, 기자단 활동, 마케터, 서포터 등 많은 이름으로 운영되고 있다. 솔직히 캠퍼스 밖에서 이뤄지는 이런 동아리 성격의 활동들은 공식적으로 인정받고 더욱 다양한 세계를 경험할 수 있다는 장점이 있다. 물론 2차, 3차에 걸친 테스트를 보아야 한다. 날이 갈수록 치열해지는 이 세계는 욕심있는 대학생들이 서로 정보를 공유하고 자기 커리어와 인맥을 넓혀가기 위해 분주히 노력하는 집합소다.

원활한 동아리 생활을 위해서라면 '약속'을 지키는 것은 당연하다. 학교 기관부터 자기계발 동아리, 친목동아리 모두 한 가지는 명심해야 한다. 동아리는 하나의 공동체며 약속된 모임이다. 때문에 이기적인 행동은 동아리 전체에게 피해를 주므로 그럴 바에는 '혼자' 즐기는 편이 백 번 낫다. 동아리에 든다는 것은 작은 사회를 경험한다는 것이고 그만큼 내가 얻을 수 있는 무엇인가가 있다. 그러나 이것은 그냥 주어지는 것이 아니라 자신의 노력도 필요하다. 그 노력 중 자발적 '참여'가 무엇보다도 중요하다. 그럴 자신이 없다면? 동아리 활동을 하지 말고 혼자 놀아라.

나의 학업 외 활동 포트폴리오 짜기

한 번쯤 학업 외 활동을 한다는 것은 정말 나쁘지 않은, 아니 꼭 해봐야 할 대학생의 의무라고 생각한다. 누군가는 '그래도 학점과 토익이 전부다'라는 말을 하겠지만 나는 동의하지 않는다. 만일 후배가 '학점과 토익이 전부인가?'라는 질문을 한다면 '아니'라고 딱 잘라 대답해주고 싶다. 그렇다면 성공적인 학업 외 활동을 위해 내가 한 실수를 되풀이하지 않기를 바라는 마음에서 부끄럽지만 조언을 해주고 싶다.

먼저 나만의 포트폴리오를 만들어보길 권한다. 내 관심사는 무엇인지부터 정하고 목표, 그리고 시간표, 학기와 학년 별 계획까지 짜놓는 것이다. 예를 들어 1학년 때는 내 관심사 찾기, 2학년 때는 정해진 관심사나 집중해야 할 방향 깊게 파고들기, 3학년 때는 가장 큰 역할 맡기 또는 경력에 도움이 될 만한 것을 이루기로 목표를 정한다. 그리고 강의 시간표와 관련 동아리나 가고자 하는 기관 및 단체의 일정을 맞추고 참여하는 데 학업에 방해되지 않는지 체크해야 한다. 2학년 때는 소화가 가능하다면 다른 성격의 두 개 이상의 학업 외 활동도 나쁘지 않다. 봉사나 공모전, 스포츠 동아리에 든다면 주말에 봉사, 주 1회 공모전 도전 동아리 활동, 공강시간에 스포츠 동아리 활동을 하게 될 것이다. 이 정도면 무리 없이 '바쁘고 알차게' 대학생활을 할 수 있을 것이다. 하지만 욕심난다고 '기자단, 공모전, 창업, 봉사 동아리'를 다 한다면 분명 학업에 지장을 줄 수밖에 없다. 위에 언급한 동아리는 상당한 시간 투자와 참여가 요구되기 때문이다.

P양와 K군, J양과 L양

'욕심녀'라는 별명을 가지고 있는 P양. 대학교에 들어와서부터 뭘 그렇게 하고 다니는지 항상 바빠 보인다. 이력서 경력 칸에는 남부럽지 않게 쓸 내용이 넘친다. 반면에 그녀가 한숨을 내쉬는 대목은 학점과 공인 외국어 점수를 적는 칸이다. 공부할 시간이 모자랐나 보다.

술 마시는 것이 낙이요, 수업이 없으면 단과대 축구 동아리 친구들과 공을 차거나 '위닝'을 하는 것이 낙인 K군. 주말엔 충분한 휴식을 취한다. 군대 가기 전까지는 그렇게 쉬리라는 게 현재 계획이다.

고등학생 때처럼 여전히 '착실한' 학생으로서 대학교 생활을 보내고 있는 J양. '1학년은 도서관의 위치를 몰라야 예의다'라는 말은 정말 고리타분하고 재미없는 유머라고 생각하는 그녀. '사람이 내실을 기해야지. 시대가 어느 땐데'라고 생각하는 J양은 오늘도 어김없이 4.0의 학점을 위해 도서관에서 전공 관련 서적을 대출하고 근처 카페로 향한다. 토플 학원이 시작되는 저녁까지는 아직 시간이 많이 남았기 때문이다. 방과 후엔 주로 학생회실에서 활동을 하는 단과대 학생회의 L양. 틈틈이 과제를 하며 주말엔 아르바이트와 데이트로 나름 만족할 정도의 바쁜 생활을 보내고 있다. 내 주위에서 가장 많이 발견할 수 있는 대학 친구들의 모습이다. 학업 외 활동을 안 해본 친구들은 거의 없으며 지금 '더 많이' 하고 있거나, 그만두었거나, 한 곳에서 임원과 같은 큰 역할을 맡고 있다. 동아리나 학교 밖에서의 활동 모두 누구를 위해서 하는 것도 아니고 무엇을 꼭 쟁취하겠다고 하는 것도 아니다. 다만 더 풍부하고 다시는 돌아오지 않을 대학생활을 후회 없이 보내기 위해 무언가 하려는 것뿐이다. 거기엔 재미와 기쁨만이 있길 바라지만 실상 그렇지 않다. 내 선택이 나를 힘들게 할 수 있고 수백 번 후회를 할 수도 있다. 기본보다 옵션에 너무 충실했던 P양은 나중에 왜 J양처럼 공부만 하지 않고 바보같이 시간을 허비했나 하고 후회할 수도 있고, J양은 자기와 비슷한 생활을 한 대다수의 취업 경쟁자들을 보면서 '뭐라도 좀 할 걸' 이라는 후회를 할 수도 있을 것이다. K군은 자기 말처럼 그런 생활을 한 후 군대에 갔다가 제대 후 복학할 때쯤, 그동안 왜 그렇게 무의미한 대학생활을 했는지 자책할지도 모른다. L양은 스스로 만족한다고는 하지만 문득 너무 '표준' 으로 보내고 있는 자신의 대학생활에 불만을 느끼게 될지도 모른다. 어느 길에서나 가지 않은 길에 대한 미련과 후회가 있다. 이것도 마찬가지다. 내가 하지 않았을 그것에 항상 아쉬움이 남는다. 최선의 방법은 내가 고민하고 신중히 선택한 동아리나 단체에서 최선을 다하는 것이다. 그러면 그것이 끝날 때쯤, 사람이든 경력이든 간에 고스란히 나의 자산이 된다. 내가 열심히 한 만큼, 내가 뿌린 만큼 거둘 수 있다는 것. 바로 학교 공부 밖에서 얻을 수 있는 지혜다.

6

오피니언 리더와 팔로어 사이에서

대학평가를 평가하다

문주영

그분이 올 시간?

9월 즈음이면 등장하는 대학평가가 한동안은 사람들의 관심을 사로잡는다. 보통 대학평가가 발표되면 1위는 어느 대학이 했는지, 자교의 순위가 얼마인지 등에 대학생, 수험생의 관심이 쏠린다. 대학 본부도 학생들 못지않아서 대학가가 술렁거린다. 이처럼 발표 때마다 관심이 집중되는 대학평가는 학생·학부모·기업에 대학 정보를 제공하기 위해 1994년, 중앙일보에서 시작되었다. 대학평가는 평가 자체가 갖는 이점과 더불어 평가에 사용된 정보를 활용하는 것을 목적으로 한다. 평가를 받는 과정에서 대학은 자체적으로 발전하고 숙고할 기회를 가진다. 또한 대학평가는 수험생이 대학을 선택할 때, 기업이 인재를 선발할 때 참고하는 정보로 활용된다.

대학 본부는 학생들보다 더 민감한데 이는 대학평가의 종합 순위에 따라 지원하는 학생 수가 달라질 수 있기 때문이다. 실제로 대학 본

순위	대학
1	한국과학기술원
2	서울대
3	POSTECH
4	고려대
5	연세대
6	성균관대
7	한양대
8	경희대
9	서강대
10	한국외대

*2009년 중앙일보 대학평가 종합 순위

부는 대학평가를 토대로 새로운 전략과 학사 체제를 준비하기도 한다. 지난해 경희대는 대학평가만 따로 관리하도록 기획위원회도 구성했다. 올해로 16년째를 맞은 2009년 중앙일보 대학평가와 더불어 지난해부터는 조선일보도 대학평가를 선보여서 대학평가에 대한 관심과 집중이 더욱 커질 것으로 보인다.

대학 평가로 인한 여러 가지 문제

"국제화시대를 선도하기 위한 노력의 일환으로 최근 수원캠퍼스를 '국제캠퍼스'로 명칭을 변경하였다."

"2008학번부터는 영어강좌를 일정 과목 이상 이수해야 졸업할 수 있다."

–2007년 10월 11일 경희 《퓨처》에서 조인원 총장이 밝힌 입장

대학평가를 통해 대학 본부는 학교의 발전 방향성을 제고하고, 학내 개선사항을 보완하려 노력하는 중이다. 하지만 대학평가를 준비하는 과정에서 정작 중요한 것을 도외시하는 현상도 나타났다. 대학 본부가 중점적으로 준비하고 있는 국제화 부문이 바로 그러하다. 본부는 서천캠퍼스(고황 편집위원회는 캠퍼스 명칭으로 인한 본교/분교 문제의 대안으로서, 국제캠퍼스를 서천캠퍼스라 명하고 있다)의 명칭을 정할 때 캠퍼스

의 특성을 살려줄 명칭을 숙고해야 함에도 불구하고, '세계화' 라는 유행에 따라 '국제캠퍼스' 로 바꾸었다. 대학평가를 의식하면서 국제화 부문에 과도한 비중을 두었기 때문에 서천캠퍼스의 다양한 단과대 구성을 포함하지 못하는 아쉬움을 낳았다.

08학번을 시작으로 적용된 영어강좌 의무이수제도 절차를 무시했다는 비판을 피하기 어렵다. 대학 본부는 영어강의 비율로 국제화 지수를 높이기 위해서 영어강좌 의무이수제를 실시하고 영어강좌의 수를 확대했다. 의무이수제는 의무적으로 적용되고 수업의 질에 큰 영향을 미치는 정책인 만큼 시행 전에 교수 및 학생과 충분한 의견 공유가 필요했다. 하지만 국제화 지수를 껑충 높일 수 있는 성과주의 앞에서 그 과정은 생략되었다. 게다가 교수나 학생이 수업 시간에 느끼는 어려움을 해결하지 않은 채 영어강좌 수만 확대하여, 영어 실력 향상과 수업의 질이라는 두 마리 토끼를 다 놓치는 결과를 낳았다. 외국인 교수의 채용도 20퍼센트까지 그 비율을 높인다는데, 영어권에 한정될 확률이 다분해서 학문의 다양성을 실현할 수 있을지 의문이다.

신뢰도를 의심하다

이렇듯 대학의 구성원들에게 지대한 영향을 미치는 대학평가는 얼마나 정확하다고 말할 수 있을까. 평가 지표를 살펴보면 대학평가가 제공하는 자료의 신뢰성에 의문을 제시할 수 있다. 교육 여건 및 재정 부문에서 장학금 환원율의 경우, 근로장학금이 장학금에 포함되어 계산되었기 때문에 실질 장학금 환원율은 그보다 더 적을 수밖에 없다(근로장학금은 노동의 대가로 받는 것이므로 장학금이 아닌 임금의 명목으로 수여되어야 한다). 또한 국제화 부문에서는 외국인의 비율만 제시되어 있

평가 지표	비율	세부 지표
교수 연구	30퍼센트	계열 평균 교수당 외부지원, 계열 평균 교수당 자체 연구비, 인문사회 교수당 국내 논문 게재 수, 인문사회체육 교수당 SSCI, A&HCI 게재 수, 과학기술 교수당 SCI 게재 수, 과학기술 교수당 SCI 논문 임팩트 팩터, 최근 5년간 교수당 SCI, SSCI, A&HCI 피인용 수, 최근 5년간 SCI, SSCI, A&HCI의 10회 이상 논문 수, 지적재산권 등록 현황, 기술이전 수입액
평판, 사회 진출도	27.5퍼센트	취업률, 사법 · 행정 · 외무고시 합격자 수, 공인회계사 · 변리사 시험 합격자 수, 거래소 · 코스닥 상장업체 임원 수, 신입사원으로 뽑고 싶은 대학, 졸업생의 직무수행 능력, 졸업생의 리더십 · 조직 융화력, 졸업생의 자기계발, 진학을 추천하고 싶은 대학, 기부하고 싶은 대학, 발전 가능성이 큰 대학
교육 여건	25퍼센트	교수당 학생 수, 교수 확보율, 학생당 장학금, 등록금 대비 장학금(학비감면) 환원률, 기숙사 수용률, 학생당 도서자료 구입비, 학생당 교육비, 교육비 환원율, 세입 중 납입금 비중, 학생 충원율, 중도 포기율, 세입 대비 기부금
국제화	17.5퍼센트	전임 이상 외국인 교수 비율, 학위 과정 등록 외국인 학생 비율, 해외 파견 교환학생 비율, 국내 방문 외국인 교환학생 비율, 영어강좌 비율

2009년 중앙일보 대학평가지표

지 다양한 외국인의 참여에 대한 언급은 없다. 국제화의 진행 방향이 영어권에 한해 있는 현 상황을 고려하면 국제화보다는 영어화에 가까운 평가가 진행되고 있다. 마지막으로 교수 연구 부문에서도 연구 실적을 수치화하는 과정에서 양적인 면만을 평가에 포함하여 연구의 질적 저하를 초래할 수 있다. 지난해 대학평가에서는 논문의 질을 반영하기 위해 논문의 임팩트 팩터를 추가하였지만, 양적인 평가에 가중치가 여전히 많이 실려 있어서 그 반영이 미미하다. 이러한 것으로 보았을 때, 현재 대학평가의 신뢰성을 높이기 위해서는 시정되어야 할 부분이 있다.

대학평가에 대한 평가 필요

대학평가에서 나타나는 전반적인 문제는 다양한 구성원의 관점에서 대학평가를 구성하려는 노력이 부족하다는 것이다. 교육 여건 및 재정, 교수 연구, 국제화, 평판·사회 진출도 등 4개의 지표를 보면 이를 잘 알 수 있다. 교수 연구, 장학금, 기숙사, 도서자료 등의 지표는 교육에 필요한 외부적인 환경을 평가하고 교수의 연구를 장려한다는 면에서 긍정적이다.

하지만 국제화 부문과 평판·사회 진출도 부문에서는 대학을 평가하는 데 단편적인 시각이 작용했다. 국제화 부문의 경우, 평가 기준들이 국제화보다는 영어화에 더 가깝다. 진정한 국제화를 염두에 두고 있다면, 교환 국가의 다양성도 평가 기준에 포함되어야 하나, 외국인 학생과 교수의 수에만 집중하고 있기 때문이다. 평판·사회 진출도의 부문에서도 사회활동에 대한 대학평가의 획일적인 가치관이 드러난다. 이 부문은 취업률, 고시 같은 국가시험 합격자 수, 증권 관련 임원 수 등을 지표로 하여 사회에 진출한 졸업생의 활동을 평가한다. 그런데 국가시험이나 경제 분야같이 한정된 기준으로 사회진출에 대한 성공 이데올로기를 제공한다는 면에서 성공에 대한 다양한 시각을 획일적인 시각으로 재단할 수 있는 위험이 있다. 대학평가는 평가 항목을 봤을 때 객관성과 성공이라는 개념에 대한 다양한 시각을 배제하고 정량적인 측정에만 치중했다는 비판을 면하기 힘들다. 이는 결국 각 대학의 특성을 무시한 채 정량적이고 획일적인 평가에 치중하여 대학의 양적인 팽창만을 조장할 뿐이라는 비판을 받을 수 있다.

대학은 사회의 축소판

지난해부터 각 대학의 실무자들이 요구하는 개선 사항을 반영하긴 했지만 교수나 학생, 교직원 등 대학 구성원이 바라보는 관점은 여전히 매우 부족하다. 특히 대학 교육의 주체자라 할 수 있는 대학생의 입장이 부족하다는 것은 대학평가에서 대학생이 소외된 채 진행되었음을 알 수 있다. 결국 대학생의 빈자리를 채우는 것은 대학평가를 실시하는 중앙일보와 이를 비롯한 사회의 가치다. 대학은 어떤 곳이어야 할지에 대한 고민이 기업의 입장에서 전개되었기 때문에 대학평가는 학생이 대학에 들어와 느끼는 행복이나 만족감 같은 개인의 삶에 관심을 두지 않는다. 그러므로 대학에 대한 정보를 제공하고 학교의 발전을 도모한다는 평가의 취지를 살리기 위해서는 평가의 주체를 대학 구성원인 학생, 교수, 직원 모두에게 확대하는 과정이 필요하다.

이제 대학은 어떠한 곳이어야 하는가에 대한 고민이 필요하다. 다양한 구성원들 간의 소통이 합의점을 이루어 대학의 설계도를 그리다 보면 지금과는 다른 양상의 평가 지표가 등장할 것이다. 학생 입장에 중점을 둔다면 재학생의 만족도, 동아리 활성화, 자치 활동 보장, 학생 복지, 학생 고민 상담소 등의 평가 지표가 가능할 것이다. 또한 대학을 사회에 영향을 미치는 사회의 축소판으로 고려한다면 학내의 민주주의 발전 정도(시간 강사 비율, 비정규직 임직원 비율), 친환경적인 캠퍼스, 사회적 약자에 대한 배려 보장, 다양한 학문 간의 균형 같은 가치도 고려할 수 있다.

또한 순위 매기기식 평가의 한계를 극복하는 대안으로써 평가가 아닌 평판을 기대해 볼 수 있다. 사실상 학교의 특색과 분야별 발전 정도가 다양한데 그것을 수치화하여 종합 순위를 내는 것은 각 대학의 고유한 특색을 무마시킬 수 있다. 또한 학교 구성원들에 대한 평판에 대한 평가는 현존하는 학벌 구조를 완화시킬 계기가 될 수 있을 것이다. 양적인 순위 평가보다는 각 분야의 전문가가 분석한 자료를 토대로 학문별 평판을 제공한다면 대학 정보 제공이라는 평가의 본질을 더욱 살릴 수 있을 것이다.

예비 신용불량자 양성소

김수연

이유 있는 반항, 등록금 투쟁

모든 국민은 능력에 따라 균등하게 교육 받을 권리가 있다. 이는 우리나라 헌법 제31조에 명시되어있는 말이다. 그럼 과연 '능력에 따라 균등하게 교육 받을 권리'란 무엇을 의미하는 것일까. 능력만 있다면 그에 맞는 교육을 받을 수 있다는 뜻이다. 그런데 여기에서 능력이란 교육을 받을 때 필요한 지적인 능력을 뜻하는 것이지 교육을 받기 위한 재정적인 능력을 말하는 것이 아니다. 그러나 우리의 현실을 돌아봤을 때, 정말 능력만 있다면 그에 합당한 교육을 받을 수 있는 사회일까. 새학기가 시작할 때마다 빠지지 않고 기사화되는 대학생들의 등록금 투쟁을 생각해보자. 이미 대학에 들어갔다는 것은 교육을 받을 만한 충분한 능력을 인정받았다는 것인데 많은 대학생들이 재정적인 이유로 학교 다니는 것에 부담을 느껴 투쟁까지 하게 됐다면 이는 헌법 제31조에 위배되는 것이 아닐까? 대학 등록금.

과연 현재 어떤 수준이길래 공부하러 대학에 간 학생들이 길거리에 나와 삭발까지 하며 투쟁하는 것일까. 현재 등록금 수준까지 인상된 것은 어쩔 수 없는 일이었는지, 그리고 이를 해결하기 위한 방법은 없는 것일까?

우골탑은 옛말, 지금은 부모님 등골 빼먹는 모골탑

우선 현재 대학 등록금의 수준은 어느 정도인지 살펴보자. '소 팔아 대학 간다'는 말이 있다. 그러나 등록금 1,000만 원 시대인 요즘에도 적용될 수 있는 말일까? 물론 답은 '아니오'다. 2009학년도 대학 등록금 정보를 교육과학기술부가 분석한 결과, 전체 대학 등록금 평균은 국·공립대가 416만 원, 사립대가 742만 원으로 집계되었다. 반면 올해 산지 소 값의 평균 경매 입찰 가격은 198만 7,000원이라고 하니 그나마 학비가 저렴하다고 볼 수 있는 국·공립대에 가려고 해도 소 두 마리는 팔아야 학비를 충당할 수 있는 것이다. 만약 이러한 등록금 인상이 세월에 따른 물가 인상 때문에 어쩔 수 없는 것이라고 말한다면 아래의 표를 보길 바란다. 2001년부터 2007년까지의 월평균 소득과 연간 등록금 총액, 그리고 물가 상승률을 비교한 표이다. 계산을 해보면 한 해마다 평균적으로 물가는 3.1퍼센트 상승한 것에 견주어 연간 등록금은 무려 6.3퍼센트나 오른 사실을 알 수 있다. 세월에 따른 물가 인상 때문에 등록금이 오를 수밖에 없었다라고 말하기에는 무리가 있어 보인다.

물가 상승률을 두 배 이상 상회하는 대학 등록금 인상률은 학생들에게 공부하기 좋은 여건을 만들어주기 위한 필연적인 결과라고 말할 수 있을까. 이는 세계 각국의 대학 등록금 수준과 비교해보면 답을 내

2001년 이후 가구 소득과 등록금 및 물가 인상률 비교

(단위: 천 원, 퍼센트)

년도	전국 근로자가구 월평균 소득	재학생 1인당 연간 등록금 총액	전년 대비 인상율	물가 상승률
2001년	2,210.5	4,778.9	5.9	4.1
2002년	2,379.8	5,108.5	6.9	2.8
2003년	2,593.3	5,451.9	6.7	3.5
2004년	2,728.0	5,777.4	6.0	3.6
2005년	2,801.8	6,070.2	5.1	2.8
2006년	2,973.9	6,475.9	6.4	2.2
2007년	3,164.3	6,899.4	6.6	2.5

출처: 사학진흥재단, 통계청
※ 2007년 월평균 소득은 2007년 1, 2, 3분기 월평균 소득의 평균값.

릴 수 있다. '2009 OECD 교육지표'에 따르면 국공립대학의 연평균 등록금은 우리나라가 OECD 국가 중 $4,717로 미국($5,666)에 뒤이어 2위를 기록하였다. 사립대학의 연평균 등록금도 미국이 $20,517로 1위, 우리나라가 $8,519로 2위를 차지하였다. 앞서 말한 대로라면 이 교육지표에서 우리나라보다 순위가 낮은 나라의 대학들은 학생들에게 충분한 공부 여건을 만드는 데에 소홀할 것이라는 결론이 나온다. 그러나 이는 사실이 아님을 누구라도 알 수 있다. 물가 상승률과 비교한 대학 등록금 인상률로 보나 세계적으로 본 대학 등록금 수준을 보나 우리나라의 대학 등록금은 비정상적으로 비싸다는 것을 알 수 있다.

대한민국에서 '대학'이란 많은 사람들에게 선택이 아니라 필수적인 과정이라고 인식되고 있다. 본래 대학이란 배우고자 하는 학문에 대해서 더욱 깊이 있는 지식을 쌓기 위해 가는 곳이지만 현재는 마치 의무교육처럼 보인다. 실제로 필자는 지방의 인문계 고등학교를 나왔는데 같은 반 친구들 중 대학에 가지 않고 바로 취업 전선에 뛰어든 친구는 거의 없었던 것으로 기억한다. 그만큼 우리나라에서 대학이란 일반적인 교육 과정이다. 통계청이 발표한 '2008 한국의 사회지표'에 따르면 2007년에 고등학교를 졸업하고 대학에 진학한 비율은 83.8퍼센트로 전년보다 1.0퍼센트 올랐다. 이는 고등학교 졸업생 10명 중 8명은 대학에 진학한다는 것을 의미하여 대학 진학률이 꾸준히 증가해 온 것을 보면 앞으로도 대학 진학률은 더욱 증가할 거라고 추정할 수 있다. 이러한 통계 자료를 보면 대학 등록금 문제가 결코 대학생 자녀를 둔 가정의 부담 정도로만 보아서는 안 되며 사회적, 국가적 문제임을 알 수 있다.

등록금 마련을 위해 선택한 길, 부업과 대출

일반적으로 학비를 충당하기 위해 대학생 자녀를 둔 가정이나 대학생들이 주로 하는 일은 부업이다. 남편의 월급으로는 아이들을 학교에 보낼 수 없으면 어머니라도 부업을 해서 등록금을 벌어야 한다는 의미의 '모골탑'이라는 말까지 등장했으니 가정의 부업은 소수 가정에만 해당하는 말은 아닌 것 같다. 실제로 참여연대 민생희망본부의 '대학 등록금 가계부담 실태보고서'에 따르면 본인 이외에 가족이 등록금 마련을 위해 부업을 한 경험이 있는 학생은 전체 응답자의 20퍼센트에 이르며 이는 대학생이 있는 가정 다섯 가구 당 한 가구는 부업을 하고 있는 것을 의미한다. 또한 같은 설문에서 전체 학생의 15퍼센트는 등록금 마련을 위해 부업을 하고 있으며, 등록금 마련 이외에도 용돈이나 교재비, 학원비를 마련하기 위해서 부업을 하는 학생들도 66.5퍼센트에 이르고 있다고 집계되었다. 학비 마련을 위한 부업은 어쩔 수 없는 일이긴 하지만 필수적인가. 만약 우리나라가 외국처럼 어느 정도 나이가 들었을 때부터 부모님의 경제적인 도움에서 독립하여 스스로 용돈을 벌어서 사용하는 문화였다면 이러한 설문 수치가 높게 느껴지지는 않았을지도 모른다. 그러나 우리나라는 아직까지 대학 등록금과 용돈을 부모님에게 타서 쓰는 대학생들이 많다. 그럼에도 불구하고 학비 또는 기타 용도나 용돈을 위해 부업을 하는 학생들이 81.5퍼센트에 이른다는 것은 재정적인 부담이 심각함을 의미한다. 게다가 학비나 용돈을 위해 부업을 하는 학생들은 학업에 소홀하게 될 가능성이 높다. 대학생의 경제활동이 전적으로 나쁜 것은 아니지만 공부에 영향을 미칠 정도로 아르바이트를 하는 학생들의 비율이 높다면 비싼 학비를 들여가며 들어간 대학의 의미가 퇴색될 수밖에 없다.

학비를 충당하기 위한 가계의 두 번째 방법은 바로 대출이다. 그렇다면 대출은 부업보다 나은 방법일까. 꼭 그렇지만은 않은 것 같다. 현재 정부에서 저소득층의 학비를 지원해주기 위해 시행하고 있는 제도는 '정부보증 학자금 대출제도' 다. 대학생 10명 중 4명은 학자금 대출을 받아본 경험이 있다고 한다. 그러나 저소득층을 위해 마련된 제도임에도 불구하고 학자금 대출의 금리는 이미 7퍼센트 대를 넘어섰다. 오히려 다른 대출 금리보다도 높은 수준이다. 고금리 때문에 대학을 졸업한 학생 중 적지 않은 수가 상환을 연체해 올해 학자금 대출 상환 연체금은 전년보다 무려 51퍼센트나 늘어났다고 한다. 이런 상황이 지속되면서 결국 대출을 받았던 학생들은 신용불량자가 되어간다. 정부 차원에서 저소득층을 위해 실시한 제도임에도 불구하고 신용불량자만을 양산해 내는 학자금 대출은 등록금에 목을 매는 학생들을 돈벌이로 이용하고 있는 셈이다.

장학금, 이대로 괜찮은가

학기가 끝나갈 즈음 혹은 학기가 시작할 즈음 필자를 비롯한 주위의 친구들은 걱정을 한다. 바로 장학금 때문이다. '이번에는 학점이 잘 나와서 장학금을 받아야 할 텐데', '이번에는 학점이 잘 안 나올 것 같은데 성적 장학금 말고 다른 장학금은 없나?', '장학금 여부를 확인하는 날인데 과연 이번엔 받았으려나?' 등의 걱정이다. 이러한 장학금 걱정은 등록금 부담이 너무 크기 때문이다. 등록금이 비싸니 장학금이라도 받아서 부모님의 부담을 덜어드려야 한다. 그렇다면 재학생 중 장학금을 받으며 학교에 다니는 학생이 몇 명이나 될까? 경희대학교의 2009년 장학금 수혜율은 45.1퍼센트라고 한다. 거의 재학생의 반은 장학금을 받으며 학교를 다니는 것이다. 생각보다 많은 학생들이 장학금을 받으며 학교를 다니고 있지만 그렇다고 장학금을 받은 학생들이 등록금에 대한 부담이 없는 것은 아니다. 장학금 수혜율도 중요하긴 하지만 수혜율만 높다고 좋은 것이 아니라 정말 장학금이 필요한 가정의 학비 부담을 얼마나 덜어 주었는지에 초점을 맞춰야 한다. 그런데 2006년도 학비 감면 현황에서 법정 가계곤란자 학비 감면 비율 30퍼센트의 수준을 충족한 학교가 불과 12.8퍼센트라고 한다. 이를 보면 재정적으로 도움이 필요한 가정에 대한 장학금 지원보다는 각 학생에게 돌아가는 장학금이 줄어들더라도 많은 학생에게 장학금을 주는 방식을 채택하고 있는 학교가 많다는 것을 짐작할 수 있다. 조금씩이라도 다수에게 혜택을 주느냐 아니면 정말 도움이 필요한 가정에게 충분히 부담을 줄여줄 만큼의 장학금을 지급하느냐를 선택하는 것은 어려운 일이다. 가장 이상적인 방법은 많은 학생들에게 장학금을 많이 주는 것이겠지만 현실이 여의치 않다면 교내 장학금을 종류별로 학비 감면 비율을 지정해놓고 지급하는 것도 한 가지 방법이 될 수 있다. 가계 곤란으로 받는 장학금의 학비 감면 비율을 다른 종류의 장학금보다 높이고 다른 종류의 장학금의 학비 감면 비율은 조금 줄이더라도 다수가 받을 수 있게 한다면 어느 정도 형평성 있는 장학금 지급 방법이 될 것이다.

장학금의 또 한 가지 문제는 바로 근로장학금이다. 근로장학금을 과연 장학금이라고 부를 수 있긴 할까. 생각해보면 학교 내에서 일정 시간 일을 하고 받는 근로장학금은 장학금이라기보다는 노동의 대가에 가깝다. 시급 또한 일반 아르바이트비와 별반 차이가 나지 않는다. 게다가 근로장학생이 하는 일은 대부분 일반 행정 업무의 보조일 뿐이다. 교내의 행정 업무 보조를 위한 지출을 장학금이라는 이름으로 포장하여 해당 학생에게 지급한다는 것이 올바른 일인가 의구심이 든다. 더욱 문제인 것은 많은 학교들이 장학금 수혜율을 높이고자 근로장학금의 비율을 늘리고 있다는 사실이다. 장학금을 '성적은 우수하지만 경제적인 이유로 학업에 어려움을 겪는 학생에게 보조해 주는 돈' 이라고 정의한다면 근로장학금의 비율은 최소한으로 줄이되 그 외의 장학금 비율을 높이는 것이 올바른 장학금 정책이라고 생각한다.

무늬만 등록금 지원 제도가 아니라 내용까지 튼실한 제도를 위해

우리나라가 OECD 국가 중 대학 등록금 순위 2위를 하긴 했지만 우리 뒤를 잇고 있는 영국, 일본, 호주 등의 국가와 1위를 차지한 미국에서도 대학 등록금에 대한 부담이 분명 있을 것이다. 그렇다면 이러한 나라들은 등록금에 대한 지원을 어떻게 보조해주고 있을까.

표에서 가장 눈에 띄는 부분은 상환 능력 부재 시 상환유예 혹은 면제를 해준다는 점이다. 그리고 대출금액을 등록금뿐만 아니라 생활비까지 보조해줘 학교 다니면서 생활하는 데 도움을 주고 있다. 이 외

	영국	호주	미국
도입 시기	1995	1989	2009
관리 기관	학자금관리공사(SLC)	정부, 고등교육기관, 국세청	연방교육부(FSA)
대출 자격	모든 대학생	모든 대학생	상환 어려움을 겪는 자
대출 금액	3천 파운드 내 생활비	등록금	수업료(상한), 생활비
상환 기간	-	10~12년(최대 25년)	최대 25년
상환 방식	기준 소득 초과분의 9%	소득 수준에 따른 누진의 무상환+자발적상환(10% 보너스)	재량 소득의 15% 이하
상환 능력 부재시	상환유예 (국가 평균 소득 85% 이하인 자)	상환유예 및 면제 (저소득층, 파산 및 사망)	25년 이후 미상환액 면제

출처: http://blog.naver.com/dapapr?Redirect=Log&logNo=110066488577

의 다른 여러 나라들의 등록금 제도 운영 방안을 보면 등록금 상한제, 등록금 후불제, 그리고 등록금 차등 책정 등 다양한 방법으로 학생들의 부담을 줄여주고 있다. 등록금 상한제는 등록금 인상률에 어느 정도 제한을 두어 일정 수준 이상으로 등록금이 오르지 못하게 막는 제도다. 그리고 등록금 후불제는 등록금을 학교 졸업 후에 상환하는 것으로 학자금 대출과 비슷하다고 볼 수 있으나 일정 소득이 있어야 상환이 가능한 제도다. 또한 등록금 차등 책정은 말 그대로 가계 수준에 따라 등록금을 부과하는 제도다.

현재 우리나라에서는 등록금 후불제를 내년부터 시행할 것으로 보이나 그 시행 방안에 대해서는 논란이 많다. 저소득층을 위한 제도임에도 불구하고 여전히 대출 금리는 높은 수준이며 졸업 후 4년이 넘으면 일반 대출로 전환하거나 원리금을 전액 상환하도록 하는 방식을 채택하여 오히려 부담을 안겨주고 있기 때문이다. 이게 과연 친서민적인 제도일까 하는 의구심이 든다. 게다가 해마다 오르는 등록금 인상률에 관한 대책은 없으니 근본적인 해결책 또한 마련되지 않은 것이다. 등록금 후불제를 시행하려면 일단 시행 방안에 대한 수정이 필요하고 근본적인 등록금 문제 해결책을 위해 등록금 상한제나 등록금 차등 책정 또한 마련되어야 한다. 대학 등록금에 고통받고 있는 많은 학생과 가정을 위해 국가는 하루 빨리 효과적이고 형평성 있는 제도를 모색해 시행하여야 한다.

대한민국의 미래가 보인다

최근 한 통계를 보면 교육에 의한 부의 대물림이 한국은 40개국 중 32위다. 경제적 차이로 인한 교육의 격차가 다른 나라보다는 적게 발생한다는 것이다. 그래도 아직은 개천에서 용이 날 수 있다니 다행이다. 그러나 한편으로는 아무리 가정 형편이 어려워도 자식의 교육에는 돈을 아까워하지 않는 대한민국 부모님들의 교육열이 실감나기도 한다. 세계 어느 나라와 비교해도 한국의 교육열은 뒤지지 않는다. 뜨거운 교육열로 인해 결국은 치열한 대학입시도, 비싼 대학 등록금도 생겨났을 수도 있지만 어떻게 보면 이것은 자식 잘 되길 바라는 부모의 마음인 것이다. 그렇다면 부모님들의 교육열과 학비에 대한 국가적 지원이 합쳐진다면 더욱 더 많은 한국의 인재들을 길러낼 수 있지 않을까? 언젠가는 효과적인 대학 등록금 지원 정책으로 다양한 분야에서 우수한 인재들을 다량 배출하는 대한민국이 될 것이라 믿는다.

운동권, 비운동권을 넘어

갈홍식

과거 대학생들은 역동적인 정치활동(이 글에서 쓰인 '정치', 혹은 '정치활동' 이라는 말은 상당히 넓은 범위로 사용된다. 사회의 구성원들이 사회를 변화시키기 위해 벌이는 행동을 뜻한다)을 펼쳐왔다. 1980년대 대학생들은 민주화 투쟁에 참가한 주요한 세력 중 하나였다. 그러나 최근 대학생들의 정치활동은 보다 덜 조직적이고, 보다 덜 적극적으로 변했다. 1997년 IMF 이후, 대학생들에게 사회의 부조리, 노동, 민주주의 등과 같은 추상적이며 광범위한 문제들은 점차 외면을 받았다. 반면 등록금, 학점, 취업 등 그들이 갖고 있는 보다 구체적인 문제들이 관심사로 떠오르게 되었다.

이러한 일련의 변화는 소위 운동권 일색이던 대학 정치에 큰 변화를 가져다주었다. 복지와 취업 등 생활 문제를 강조한 비운동권 학생회의 당선은 이제 당연한 일이 되었다. 2000년대 이후 각종 언론의 대학 선거 보도에서 서울대, 고려대, 중앙대, 성균관대 등 여러 대학에서 비운동권이 당선되었음을 알려왔다. 경희대 국제캠퍼스는 2003년까지 비운동권이 당선되었으며, 서울캠퍼스도 2006년 이후 3년 동안 비운동권 총학생회의 집권이 계속되었다. 비운동권이 성장함에 따라 대학 정치를 보는 틀은 '운동권 대 비운동권'으로 바뀌었다.

그러나 이 틀로 대학 내 정치활동의 양상을 파악하는 것은 상당히 무리가 있다. 우선 운동권, 비운동권이라는 개념 자체가 잘 성립하지 않는다. 그것은 개념 자체의 모호함 때문이기도 하고 그 개념으로 대변되는 세력의 성격이 모호하기 때문이기도 하다. 또한 대학생들이 애초에 양쪽 세력에 대한 관심이 없다. 이러한 사실들은 '운동권 대 비운동권'이라는 틀이 더 이상 유효하지 않음을 의미한다.

운동권의 모호함, 비운동권의 모순

운동권이라는 개념은 '사회운동을 하는 사람들'로 정의된다. 이 정의에 따르면, 거리에서 촛불을 한 번이라도 들어보았던 촛불시민들은 모두 운동권이 된다. 그러나 참가자들은 스스로를 운동권으로 생각하지 않는다. 촛불집회에 참가했던 사람들은 스스로를 운동권이 아니라 그냥 시민이라 말한다. 한편 새로운 보수를 만들고자 하는 뉴라이트운동도 사회를 변화시키려 한다. 그러나 누구도 뉴라이트 운동가들을 운동권이라 말하지는 않는다.

그렇다면 운동권을 '학생운동을 하는 사람들'이라고 좁혀서 정의할 수 있을까? 여기서도 난점은 발견된다. 학생운동에도 여러 가지 흐름이 있다. 민족자주운동, 여성운동, 장애인운동, 노동운동, 환경운동, 학생들의 복지를 위한 운동, 심지어는 학생 뉴라이트운동까지 존재한다. 이렇게 다양한 양상을 갖는 학생운동을 '운동권'이라는 단일한 세력을 가리키는 말로 포괄하여 설명하기는 거의 불가능하다.

운동을 하는 사람들이 단지 사회운동을 했다는 이유로 운동권이라 규정되지 않는다면, 운동권의 규정은 어디에서 발생한 것인가? 80년대 전두환 정권은 운동권에 깃든 부정적인 개념을 적극적으로 만들어냈다. 녹화사업을 통해 운동권이라 불리는 이들에 대해 직접적인 탄압을 가하는 동시에, 언론 플레이를 통해 운동권의 이미지를 만들어냈다. 녹화사업은 1981~1983년간 반 정권 의식을 가진 학생 1,100여 명을 군에 강제로 끌고가 조직적인 가혹행위를 가한 사건이다. 명칭은 불온사상을 순화(적화사상을 녹화)한다는 의미에서 붙여졌다. 물론 운동권에 폭력성이 있으며, 어느 정도는 과거의 운동 행태를 그대로 보여주는 등의 부정적인 측면이 있다. 그러나 오늘날 사용하는 운동권의 의미는 그 이상으로 부풀려져 있다. 국가, 언론 등은 지금도 운동권에 대한 부정적인 이미지를 생산해내고 있으며, 이러한 결과로 '폭력적', '빨갱이', '반국가 단체'와 같은 부정적인 이미지로 굳어진 것이다. 이렇듯 운동권이라는 개념은 실제로 존재하는 정치 세력을 표현한 것이라기보다는, 국가, 혹은 국가를 지배하는 이들이 자의적으로 만들어낸 이미지다. 어떤 이들이 운동권이라 불리는 이유는 바로, 그들이 국가, 혹은 지배 계급의 이익과 배치되는 운동을 했기 때문이다. 그들의 운동 성향이 어떻든 상관없다는 것이다. 뉴라이트운동 또한 반국가적인 성향을 띨 때(그러기 쉽지 않지만), 운동권이라 분류될 수도 있는 것이다. 이렇듯 운동권이라는 개념은 범위가 상당히 모호하며, 때로는 국가나 지배 계급의 의도에 따라 바뀌기도 한다.

한편 비운동권은 '운동권이 아닌 정치 세력'으로 정의된다. 즉, 운동권에 대한 반反테제적 성격을 갖고 있다. 운동권의 개념이 모호한 만큼, 비운동권 또한 무엇인지 알기 쉽지 않다. 일단은 주류적인 학생운동을 반대하는 모든 단체를 비운동권이라 부를 수 있을 것이다. 그러나 대학 내에서 비운동권을 표방하는 단체(학생회)는 사회운동 자체를 하지 않는다고 말하는 경우가 많다. 사회운동을 하지 않고 등록금, 취업, 복지와 같은 학생들의 문제를 해결하자는 것이 비운동권 학생회가 주장하는 것이다.

그러나 비운동권이라고 해서 사회운동을 하지 않을 수는 없다. 대학생들이 사회의 구성원이기 때문에, 대학생들의 문제 또한 사회적 문제다. 등록금 문제가 대표적이다. 과도한 등록금으로 자살하거나 큰 빚을 지는 것은 큰 사회적 문제로 여겨진다. 그러나 비운동권은 사회운동을 하지 않겠다고 했기 때문에 사회적일 수밖에 없는 학생들의 문제 또한 해결할 수 없다. 예컨대 등록금 문제를 해결해야 함에도 그 문제를 해결하는 방법이 사회운동과 연결되기 때문에 등록금 동결이나 인하를 위한 적극적 행동을 할 수 없는 것이다. 그나마 사회운동과 연결되지 않는 USB, 다이어리 배포와 같은 일회성 사업만을 할 수 있을 뿐이다.

한편, 비운동권 중에는 뉴라이트가 개입하는 경우도 있다. 뉴라이트대학생연합은 비운동권의 한총련이라 할 수 있다. 한총련, 한대련이 그러하듯, 뉴라이트대학생연합도 뉴라이트운동을 한다. 그리고 그들의 지원 아래 비운동권이 들어서는 경우가 있다. 이때 비운동권 총학생회가 정치활동, 운동을 하지 않는다고 누가 말할 수 있을까.

여기서 비운동권의 모순이 드러난다. 이들은 학생들의 문제를 적극적으로 해결하겠다는 의지와 함께 동시에 운동을 하지 않겠다는 의지를 갖고 있다. 운동을 하지 않겠다는 의지를 갖고 있는 동시에, 운동을 하는 단체에 속해 있기도 하다. 이 모순점이 비운동권의 모호함을 더욱 증폭시킨다.

운동권, 비운동권에 대한 낮은 참여도

한편 현재 학교를 다니고 있는 대학생들은 현존하는 운동권, 비운동권 세력에 참여하거나, 이들을 지지하고 있는가? 소위 운동권, 혹은 비운동권이라 일컬어지는 단체에 직접 참여하는 학생들은 적은 편이며, 인원 충원이 쉽지 않아 단체의 운영에 어려움을 겪고 있는 상태다.

운동권의 경우, 외부 정치 단체의 지원이 없는 운동은 이미 지리멸렬한 상태다. 근래 경희대 사회과학부 학생회는 경희대 안에서 유일하게 PD(People Democracy의 준말로 민중들의 정치적, 사회적, 경제적인 해방을 위해 전개되었던 운동을 말한다)운동을 하는 곳이었다. 그리고 이들은 외부 단체에 속하지 않고, 학생회 스스로의 의지로 운동을 펼쳐왔다. 그러나 2006년도 이후, 사실상 사회과학부 학생회는 학생회 차원의 운동을 포기했다. 학생들이 더 이상 운동에 직접 참가하거나, 혹은 지지하리라 기대하지 않았기 때문이다. 이후로도 학생회 집행부에 속한 개인의 운동은 계속되었으나, 사회과학부 학생들의 참여가 있었던 운동은 아니었다. 물론 개인 차원의 운동도 최근 들어서는 잠잠하다.

외부 정치 단체와 연계되어 활동하는 운동 단체들의 경우도 사정은 비슷하다. 학교 안에는 한총련, 한대련, 다함께, 민주노동당 학생위원회, 대학생 사람연대 등의 운동 단체들이 있다. 이들은 민주노동당, 사회당 등 학교 외부 조직의 지원을 받고 있다. 그러나 이들 단체도 학생들의 참여는 별로 활발하지 않다. 극단적인 예로 사회당과 연대하고 있는 대학생 사람연대의 경우, 유일한 회원이었던 03학번 이 모 학우가 2009년에 졸업하면서 명맥이 끊겼다. 다함께의 경우도 회원은 있으나 손가락 수를 넘지 않는다.

한편 한총련, 한대련의 경우 전국 총학생회의 연합 단체인 만큼, 총학생회 집행부를 통한 인원 충원이 이뤄져왔다. 그러나 학생회 집행부에 가입하는 학생들이 모두 이들 단체에 가입하는 것은 아니다. 근래 학생들이 집행부에 가입하는 것은 선배들의 권유나, 개인적인 친분, 혹은 학생회 자체에 관심을 갖기 때문이다. 집행부를 통한 운동의 목적은 과거에 비해 많이 퇴색되었다.

한편 비운동권은 그 실체마저 뚜렷하지 않다. 항간에는 경희대 비운동권 뒤에는 뉴라이트가 개입하고 있다고 하는데, 이는 확실하지 않다. 그들의 활동은 선거에 맞춰서 전개되는 경향이 있으며, 그 외에는 거의 활동이 없다. 07년 경희연대, 08년 올바른 선거 문화를 위한 경희학생위원회, 09년 학우 고 모씨가 운동권을 비판하는 활동을 펼쳤으나 이들의 활동 기간은 9월~11월 사이, 즉 선거기간 전이었다. 선거 때만 활동하는 이런 단체에 학생들의 적극적 참여가 있을 리 없다. 이외에 학교 내에서 활동하는 비운동권 단체는 전무한 실정이다.

운동권, 비운동권 단체에 대한 학생들의 참여가 이뤄지지 않는다는 사실은 운동권, 비운동권이 학생들을 이끌지 못함을 의미한다. 즉 이는 운동권과 비운동권이 학생들에게 실질적인 문제로 다가가지 못함을 뜻한다.

이미지만 남은 운동권 논쟁

대학 정치에서 큰 위치를 차지하는 학생회 차원에서 볼 때도 운동권과 비운동권의 구별은 쉽지 않다. 물론 운동권을 구성하는 개인들은 나름대로 사회운동을 하며, 비운동권 학생회를 구성하는 개인들은 사회운동과 거리가 멀다. 그러나 이들이 모여 학생회라는 단체를 만들 때, 그 학생회의 성향은 비슷비슷해진다. 운동권 학생회나 비운동권 학생회 모두 운이 좋은 몇몇 사람들만 갈 수 있는 여행이나, 플래너, USB, 야식 배포 같은 사업에 중점을 둔다. 이러한 사업들로 운동권, 비운동권을 구분하기는 쉽지 않다. 게다가 운동권 학생회라고 하더라도 학생들을 대변하는 입장에서 사회운동에 참여하기를 꺼리는 경우도 있다. 비운동권이 반대해왔던 운동권의 모습은 뚜렷하게 존재하지 않는다. 적어도 학생회 차원에서 운동권과 비운동권은 그 존재 의미를 잃었다고 볼 수 있다.

아이러니하게도 운동권과 비운동권이라는 말은, 운동권과 비운동권이 무의미하다고 여겨지는 때 남발되고 있다. 운동권과 비운동권이라는 말이 정치적으로 활용될 여지가 많기 때문이다. 실제로 선거에서도 운동권, 비운동권이라는 말은 정치적으로 활용된다. 선거 때 상대 후보와의 차별성을 운동권, 비운동권이라는 성격에서 찾는 것이다. 그래서 어떤 선거본부는 비운동권이라는 말로 그들을 포장하고, 상대 단체가 운동권이다 혹은 아니다 하는 식의 논쟁을 벌인다. 어떤 선거본부는 비운동권의 무능함을 지적하여 비운동권과의 차별성을 갖고자 한다. 물론 이때 운동권, 비운동권이 의미를 갖겠지만, 그것은 어디까지나 학생들 사이에 각인된 이미지일 뿐이다.

이 경우 운동권, 비운동권 논쟁은 대학 정치에 좋지 않은 영향을 미친다. 학생회 선거에서 후보자들 사이에 건전한 비판 대신 운동권이다, 비운동권이다 하는 근거 없는 비방만 늘어놓게 된다. 또한 운동권, 비운동권이라는 이미지를 통해 차별성을 획득하려다 보니, 후보자들이 학생회가 무엇을 하는 조직인지 고민하지 않는 듯하다. 실질적인 것을 고민한다는 비운동권 학생회의 공약 중 대다수가 학생들이 학생회의 힘을 빌리지 않고도 해낼 수 있는 것이다. 학생들이 학생회가 없다 해서 USB나 외장 하드를 살 수 없는 건 아니다. 시험 기간 때 야식을 사먹지 못하는 것도 아니다. 물론 운동권으로 지목되는 학생회의 공약도 크게 다르지 않다. 취업 문제, 등록금 문제, 교육의 질 문제 등학생들이 함께 해야 해결될 수 있는 일에 대해선 구체적인 계획을 제시하지 못한다. 정작 학생회만 할 수 있는 일에 대한 심도 있는 활동이 줄어들고 있는 것이다.

운동권, 비운동권을 넘어

이제 몇 년간 대학 정치를 바라보는 유력한 틀이었던 운동권, 비운동권의 틀에 대해 다시 생각해볼 필요가 있다. 운동권, 비운동권이 어떤 세력을 가리키는가도 확실하지 않고, 그 구도가 학생들에게 관심을 끌지도 못한다. 게다가 일부 후보자에 의해 선거에서 악용되기도 한다. 운동권, 비운동권의 구도가 대학 정치의 긍정적 측면에 어떠한 기여도 하지 못한다는 점은 확실하다.

운동권, 비운동권을 넘어 대학 정치를 규정하는 새로운 시각이 필요한 때다. 보다 구체적이고, 학생들의 참여를 끌어낼 수 있는 실질적인 것 말이다. 학생들의 욕망, 각자의 요구는 각기 다르다. 한편으로 학생들 사이에서 취업, 미래에 대한 불안 등과 같이 현실적이며 함께 공유할 수 있는 것들도 있다. 현재 존재하는 단체들이 이러한 요소를 고려하지 못한 채 운동권, 비운동권에 집착한다면 비생산적인 이미지만을 만들어낼 뿐이다.

최근 위안이 되는 것은, 미약하나마 운동권, 비운동권을 넘어서려는 움직임들, 그리고 학생회 후보자들이 생겨나고 있다는 것이다. 2009년 9월에 필명 단편선이 붙였던 '정치 좀 하자'는 대자보와 2008년 '썩은 이기주의를 넘어'라는 학생의 권리를 주장하던 'ㅎ 선본'이 대표적인 사례다. 물론 기존에 있던 단체들도 조금씩 변하고 있다. 2009년 'ㅅ 총학생회'도 그러한 변화의 산물이다. 이 총학생회는 소위 운동권이라 분류되었고, 또 다른 한편으로 인기를 얻기 위한 시혜

성 공약이 없었던 것은 아니다. 하지만 학생들에 의한 직접민주주의를 이야기하고, 또 그것을 실현하려 했다는 점에서 기존 운동권의 틀을 벗어나기 위해 노력했다.

하지만 운동권, 비운동권의 틀을 넘어서기 위해선 학생들의 정치 활동이 더 필요하다. 운동권, 비운동권과 같은 비생산적인 말이 등장하게 된 데는 학생들의 책임도 있다. 개인의 정당한 요구와 욕망을 이야기하지 않았기 때문에, 운동권이나 비운동권과 같은 비생산적 논의가 대학 정치를 지배해왔다는 것은 부정할 수 없다. 최소한 운동권, 비운동권을 말하는 자들이 어떤 이유로 그것을 말하는지는 설명할 수 있어야 하지 않을까.

위기의 대학 언론, 그럼에도 불구하고

박채리

칼 맞은 교지, 대학 언론의 현실

나는 꽤 오랫동안 교지편집위원회에서 활동했다. 편집부 생활을 하면서 얻은 것도, 배운 것도 많기 때문에 '대학 교지' 라는 매체에 애정을 갖고 있지만, 현실은 대학교지에 호의적이지 않았다. 한 번은 칼집이 난 채 화장실에 버려져 있는 교지를 주워 편집실에 가져다 놓은 적이 있다. 내가 교지편집위원회에 입회한 지 얼마 안 됐을 때의 일이었다. 어쩜 이럴 수가 있냐면서 흥분했는데 정작 그 책의 편집장이었던 선배는 씁쓸하게 웃으면서 '이젠 익숙하다' 고 말했다.

교지가 한 학기에 몇 권이나 발간되는지, 또 학기 중 언제 발간되는지를 아는 학생은 많지 않다. 지난 주 대학주보의 주요 기사를 아는 학생도 많지 않다. 우리는 왜 대학 내 언론을 멀리할까. 아니 그보다 먼저, 왜 '대학 언론' 이 존재하는 걸까. 대학생들이 대학 언론을 멀리

하는 게 사실이라면, 대학 언론은 어떤 행보를 보여야 하는 걸까?

대학 언론이 위기라고?

대학 언론들은 제때에 약속된 만큼의 결과물을 낸다. 이것은 꼭 지켜야 하는 약속이고, 학내 언론사가 제대로 활동하고 있는 것을 보여줄 수 있는 가장 확실한 증거이기 때문이다. 대학 언론은 겉보기에는 아무 문제가 없어 보인다. 하지만 조용히 활동하고, 기사를 쓰고, 결과물을 낸다고 해서 대학 언론이 바람직한 활동을 하고 있다고 볼 수 있을까. 물론 아니다. 대학 언론이 '조용히' 활동하는 것. 그것이 곧 대학 언론의 위기다.

언론은 그 사회의 문제를 공론화시킬 수 있어야 한다. 누구든 비판할 수 있어야 하고, 그 비판이 설득력이 있어야 한다. 갈등의 중심에 있어야 하는 것이 곧 언론인 셈이다. 그런데 지금 대학 언론들은 어떤가? 여론 형성은 커녕, 지나치게 무기력하고 소극적이다. 몇몇 대학의 학보사 기자들은 아예 '학교를 비판하는 기사는 쓰지 않겠다'는 각서를 쓰고 활동을 시작한다. 그러니 비판의식이 없는 기사, 찬반의견을 적당히 배치한 양비론적인 기사를 쓰게 된다. 당연히 그런 기사가 영향력이 있을 리 없다. 눈치를 보는 기사가 인기 있을 수 없다. 대학 언론 고유의 정체성이 보이지 않기 때문이다.

물론 대학 언론이 언제나 위기였던 것은 아니다. 대학 언론도 소위 '잘나가던' 시절이 있었다. 어떤 문제를 공론화시킬 정도로 영향력이 있던 시절이, 주도적으로 여론을 만들던 시절이, 학생들의 신뢰를 바탕으로 깊이 있는 기사를 생산해 내던 시절이 있었다. 반면 지금의 대학 언론은 어떨까? 부끄럽지만 《고황》의 자체 설문 조사 결과를 공개하겠다(2005년, 352명 답변). 이 조사에 따르면, 《고황》을 '모른다'는 대답이 무려 33퍼센트를 차지했다. 교지의 문제점으로 '재미가 없다(30퍼센트)', '학생들의 다양한 목소리를 잘 반영하지 못한다(24퍼센트)' 는 점을 지적한 학우들도 많았다. 그만큼 교지 《고황》은 별로 인기 없는 언론매체다. 가끔 다른 학교 교지편집부의 편집위원들을 만나 이야기를 들어보면 다른 학교도 상황은 크게 다르지 않다. 아니, 더 심각한 경우도 많다.

대학 언론이 외면 받는 이유?

대학 언론이 비교적 활발한 활동을 했던 70년대와 80년대, 누구나 '팔뚝질' 을 하던 시절에는 모두가 같은 문제의식을 공유했다. 눈에 보이는 명백한 적이 있었기 때문이다. 그때의 대학 언론은 치열하게 고민하고 현실에 맞서며 기사를 생산했다. 대학 언론은 운동의 선봉장이기도 했다. 그러나 문제는 그 이후였다. 소련이 붕괴되고 눈앞의 적이 후퇴를 선언했다. 절차상의 민주주의가 실현되고 IMF가 닥치면서 모두가 '먹고사는 문제' 에 매달리기 시작했다. 거대담론과 관련된 이야기, 사회적 약자에 대한 이야기, 정치적인 이야기는 철 지나고 허황된 이상으로 치부되기 시작했다.

대학 내의 분위기는 더욱 빠르게 변했다. 서울의 4년제 대학을 졸업하면 취업은 문제없던 시절은 전설이 되었다. 취업전선에 이상이 생기면서, 아버지들이 IMF의 직격탄을 맞는 것을 보고 자란 세대들이 입학하기 시작하면서, 대학생의 탈정치화는 눈에 띄게 빠르게 진행됐다. '비운동권' 을 공약으로 내세운 총학생회가 당선되는가 하면, 한때는 대학문화의 상징이기도 했던 구호와 그 구호를 적은 강렬한 플래카드들이 자취를 감췄다. 대자보는 각종 자격증 학원의 광고 선전물로 도배되고 급기야 학교 안에는 '여론' 이라는 것이 사라졌다. 심지어 지난 2008년에 대규모 촛불집회가 일어났을 때에도, 대학생들이 가장 늦게, 소극적으로 참여했다.

상황이 이렇다 보니 주로 사회적인 문제에 대한 토론의 장이 되었던 대학 언론의 활동은 크게 위축됐다. 대학생 기자들이 쓰는 글이 더 이상 학내의 이슈가 되지 못했다. 그러다 보니 대학 언론에서 다루는 기사는 갈수록 '조용한 외침'이 되어갈 뿐이고, '이렇게 써봤자 누가 보기나 하나'라는 자괴감에 스스로 무기력해지는 상황까지 오게 됐다. 더 나아지려는 노력보다 현상유지에 급급하다 보니 빠르게 변하는 독자들의 속도에 맞추지 못하고, 독자들과의 거리는 점점 더 벌어지게 됐다.

대학 내에서 학내언론의 입지가 좁아지자 존폐 위기에 놓인 대학 언론사들도 점점 늘어났다. 재정적인 압박을 받거나, 기사의 편집권을 침해받는 대학 언론도 생기기 시작했다. 명지대 신문은 대학 정책을 비판하는 기사를 실었다가 해당 기사가 통째로 편집되는 수모를 겪었다. 울산대에서는 총학생회에 비판적인 기사를 썼다는 이유로 총학생회가 학내 신문을 전량 수거해 가는 경우도 있었다. 중앙대는 대학 본부에서 여성주의 교지 《녹지》와 《대학원보》를 폐간하려는 움직임을 보여 해당 매체의 기자들이 크게 반발하기도 했다.

대체 대학 언론이 뭐길래

현재 대학 언론이 독자인 대학생들에게 인기가 없는 것은 사실이다. 대학 언론이 현재 학교 내의 여론을 주도하지 못하는 것도 사실이다. 심지어 대학생들에게 영향력 있는 매체는 따로 있다. 교내에선 《대학내일》의 인기가 더 많다. 그럼에도 불구하고 왜 우리는 대학 내에서 대학 언론의 입지를 공고히 해야 하는 것일까. 대학 언론이 대체 뭐길래.

좋은 언론은 정당한 비판을 통해 소속된 사회가 보다 나은 사회가 되도록 자정작용을 한다. 대학 언론 역시 소속된 대학이 더 나은 공동체가 되도록 고민하고, 비판하고, 대안을 제시해야 한다. 바로 여기에서 다른 매체들과 구별되는 대학 언론의 정체성이 나온다. 이를테면 교내에서 풍물패의 소음으로 인한 실랑이가 벌어졌다고 하자. 대학 언론은 '실랑이가 벌어졌다'에서 끝낼 것이 아니라, 실랑이가 벌어진 배경 중 연습 공간이 부족하다는 점을 지적하고, 학생 자치 공간이 부족함을 비판할 수 있어야 한다.

청소년에게는 청소년의 문제가, 노년에게는 노년의 문제가, 대학생에게는 대학생의 문제가 가장 급박하고 절실한 법이다. 그런데 이 시대에 대학생의 문제를 이야기하는 것은 어른들인가, 우리 자신인가. 안타깝게도 우리는 주로 어른들의 입장에서 해석된 우리의 이야기를 듣는다. 대학 언론은 기성세대의 논리와 상관없는 '우리의 이야기'를 할 수 있는 공간, 새로운 담론이 생성될 수 있는 공간이 되어야 한다. 정체성을 잃은 대학 언론, 조용한 대학 언론이 위험한 이유는, 그것이 곧 대학생만의 담론이 빈곤한 것을 반증하기 때문이다.

그렇다면, 좋은 대학 언론은 무엇인가

한때, 일부 교지에서는 독자들에게 외면 받는 교지의 현실을 자각하고 스스로를 변화시키려는 노력을 보인 적이 있다. 그 노력은 여러 양상으로 나타났지만, 가장 특징적인 것이 '교지의 잡지화'였다. 디자인을 좀 더 팬시하게 만드는 것뿐만 아니라, 이전의 논조를 버리고 보다 말랑한 기사, 정보성 기사를 주로 실었다. 그 결과는? 참패였다. 말랑한 기사, 정보성 기사라면 훨씬 능란하게 다룰 수 있는 매체들이 많다. 일련의 정보를 얻기 위해 교지를 찾아 볼 학생은 거의 없다. 결국 스스로 대학 언론의 정체성을 흐리게 만든 셈이다.

반면 고려대학교 교지 《고대문화》는 대학 언론의 정체성을 뚜렷이 해서 교내의 입지를 굳건히 했다(《고대문화》는 많은 교지들 중에 몇 안 되는 '안정적으로 운영되면서 학우들의 지지를 얻고 있는' 매체 중 하나다). 《고대문화》의 기사들을 살펴보면, 대학 내의 문제와 사회 전반의 문제들에 대해 뚜렷한 비판의식을 드러낸다. 특히 학내 사안에서 시작된 문제를 보다 확장된 시각과 뚜렷한 관점으로 풀어내는 기사들이 눈에 띄었다. 재개발 바람과 함께 학교 앞 자취생의 주거권이 위협받는 문제를 다룬 것은 그 중에서도 탁월했다.

그러나 한 가지, 《고대문화》가 스스로 성찰하고 꾸준히 책을 낼 수 있는 것은 재정적으로 독립돼 있기 때문이다. 《고대문화》는 학생들로부터 교지대금을 받아 책을 만든다. 학교당국에서 재정을 지원받아 매체를 만들면 재정적인 압박을 무기로 편집권을 침해당할 가능성이 농후하다. 앞에서 대학 언론은 기성세대의 논리에 침잠되지 않고 대학생만의 담론을 만들어야 한다고 말한 바 있다. 그렇게 하기 위해서는 필연적으로 어떤 이해 관계에도 발목 잡히지 않아야 한다. 어떤 외부의 압박에서도 자유로워야 한다. 재정적인 압박은 가장 치명적이다.

대학 언론은 학생들의 돈으로, 학생들의 손으로 만들어야 한다. 그래야 학생들을 염두에 둔 기사를 쓸 수 있다. 그래야 기성 언론이 다루지 않는 문제들, 그래서 대학생들이 미처 모르고 지나가는 문제들을 공론화할 수 있는 힘이 생긴다. 이것은 곧 학생들의 알 권리를 보장하는 일이며, 사회의 균형을 맞추는 일이기도 하다.

대학생들의 목소리가 대학의 심장을 뛰게 한다

대학 언론의 내일은 불투명하다. 모르긴 몰라도 대학생들의 정치의식이 위축된 것은 단기간에 해결될 문제는 아니다. 외부에서 재정적으로 압박을 가하는 것에 맞서 싸우는 것도 쉬운 일은 아닐 것이다. 하지만 그렇다고 해서 손 놓고 가라앉는 배를 바라볼 수만은 없지 않은가.

일단 대학 언론을 만드는 사람들은 불안한 상황을 정확하게 파악하고 언제든지 자기쇄신을 할 준비를 해야 한다. 《고대문화》의 경우, 2003년부터 한 학기에 한 권씩 내던 책을 한 달에 한 번씩 내기 시작했다. 또 '글을 쓸 때 논조는 그대로 유지하되, 대중성 있는 글을 쓰기 위해 애썼다' 고 한다(전 《고대문화》 편집위원인 정철운 학우가 '고재열의 독설닷컴' 에 기고한 글 참고). 대학 언론을 만드는 사람들은, 스스로 이와 같은 치열한 고민과 노력의 시간을 가져야 한다.

총학생회, 대학 본부는 대학 언론이 자율적으로 기사를 작성하고 편집할 수 있도록 재정적인 독립을 약속해야 한다. 위에서 말했듯이, 그래야 더 좋은 기사와 담론이 형성될 수 있는 힘이 생긴다. 그리고 대학 언론을 읽는 사람들은, 좀 더 관심을 갖고 지켜봐야 한다. '소통' 은 쌍방의 노력 하에 가능한 것이다. 그러니 기사를 읽고 적극적으로 피드백을 하자. 혹은 대학 언론을 만드는 데 직접 참여해도 좋겠다.

혹자는 '20대가 아무 말도 안 하니까 만만해서' 사회의 변두리로 내몰린다고 한다. 대학 언론이 위기인 것과 대학생의 목소리가 사라진 것은 무엇이 먼저라고 단정하기는 힘들지만, 대학 언론의 침체와도 긴밀하게 얽혀 있다. 대학 언론이 지금보다 생명력 있는 매체가 되려면 먼저 대학생의 목소리가 모이고 활력을 얻어야 할 것이다.

7

열심히 공부한 대학생이여, 지금 당장 세계로 떠나라

유학생 손요의 좌충우돌 적응기

손요

매력적인 한국어

어릴 때부터 어렴풋이 새로운 세계를 동경하던 나는 고등학교를 졸업하고 외국에 있는 대학에 진학하는 것이 목표였다. 마침 2000년도부터 중국에서는 일본 유학 열풍이 불고 있었다. 나도 막연하게 일본에 있는 대학 진학을 목표로 일본유학 준비반을 다니고 있을 때였다.

어느 날 학교를 마치고 귀가하는 길에 한국인 유치원 옆을 지나게 되었다. 노란색 옷을 입은 남자아이와 여자아이가 서로 손을 잡고 걸어가면서 노래를 하고 있었다. 그때는 한국에 대해 잘 모르는 때였지만 그 아이들의 노래와 언어는 내 발걸음을 붙잡을 정도로 매력이 있었다. 마치 병아리가 '삐약 삐약' 하는 것처럼 귀엽고 부드러운 노래였다.

옆에 있던 친구가 아이들이 부르는 노래가 한국 노래라는 것을 알려 준 뒤로 나는 한국어에 관심을 가지게 되었다. 논리적으로 표현하기는 힘들지만 일본 유학을 접고 한국으로 온 것은 한국어가 가진 묘한 매력 때문이었다. 그때의 느낌은 "그래 바로 이거야. 내가 원하는 게 이거였어!"였다.

20세의 나이에 일본도 아닌 한국으로 유학을 간다고 했을 때 집안의 반대는 무척 심했지만 한국말에도 '자식 이기는 부모 없다'는 말이 있듯이 부모님도 결국 내 의견을 존중해주셨다. 물론 부모님을 설득하던 6개월간은 '전쟁'이나 마찬가지였지만 말이다.

경희대로 가자!

한국에 온 뒤 유학 회사를 통해 바로 외국어대학교 어학원에 들어가서 한국어 공부를 시작했다. 외국인이 한국의 수학능력시험을 통해 대학에 들어가는 것은 거의 불가능하기 때문에 한국의 대학들은 한국어 평가를 통해 학생을 선발한다. 물론 고등학교 성적도 포함이 되므로 아무나 들어갈 수 있는 것은 아니다. 한국어는 정확히 구사하기가 쉽지 않지만 한국어를 좋아해서 한국에 왔고 1년 동안 '미친 듯이' 공부하던 나에게는 대학이 요구하는 한국어능력시험이 무섭지 않았다. 그래서 나는 속 편하게 어떤 대학에 갈까를 고민할 수 있었다.

내 최종선택은 경희대였다.

이유를 말한다면? 봄이 되면 벚꽃이 무척 아름답게 피는 경희대 캠퍼스를 보고 반했기 때문이다. 4년간 이런 학교에서 대학생활을 하면 매우 행복할 것 같았다. 무엇보다 경희대는 실력있는 대학이기 때문이다. 60년이 넘는 전통과 우수한 교수진, 학생들이 많다. 그리고 한국어 스터디를 하는 동안 경희대 학생들에게 도움을 받으면서 이러한 생각은 더 굳어졌다. 다행히 경희대 입학 시험에 합격한 2003년부터 좌충우돌 한국 유학생활 1기가 막을 내리게 되었다.

이제부터 화려한 대학생활 2기다. 그러나 합격한 기쁨은 잠시였다. 입학일이 다가오면서 느낀 것은 두려움과 걱정이었다. 나는 대학생활에 대해 아무것도 몰랐다.

"친구는 어떻게 사귀지? 과사무실은 어디에 있지? 수강신청은 어떻게 해야 할까?"

약육강식 수강신청

수강신청은 예나 지금이나 정말 어렵다. 특히 외국에서 온 학생들에게는 더욱 두렵다. 한국의 빨리빨리 문화와 새벽부터 대기하는 열성적인 학생들 앞에 온라인 수강신청은 거대한 장벽이다. 부끄러움을 참고 물어물어 찾아간 국제통상학부 과사무실의 조교님은 매우 친절했다.

"어? 한국사람 아니에요? 수강신청이 힘드시겠네요."

내가 수강신청 때문에 힘들어하자 과 조교님이 나를 선배들에게 소개시켜주었다.

"얘들아. 우리 새 후배야! 외국인이니깐 많이 신경 써줘라. 재원아. 네가 우리 과 소개 좀 해주고, 지은이 너는 우리 '후배' 수강신청 좀 도와줘라."

수강신청 때문에 쌓인 태산 같던 고민이 무릎팍 도사에게 물어본 것처럼 몇 분 만에 사라지는 순간이었다. 내가 한국의 선후배 문화를 접한 첫 순간이기도 했다.

1학년 1학기는 선배들 덕분에 수강신청이 잘 해결되었지만 그 후가 문제였다. 나도 어엿한 대학생인데 언제까지 다른 사람 손을 빌려 수강신청을 할 수는 없었다. 그러나 결과는 항상 참패였다. 나는 4년 내내 듣고 싶은 과목을 제대로 수강한 적이 없었다.

한국 학생들의 수강신청 실력은 놀랍다. 아예 수강과목 코드를 메모장에 쳐 놓고 복사+붙이기 신공으로 수강신청 시작 시간이 1분도 지나기 전에 이미 수강신청을 끝내는 것이다. 나도 나중에 그 방법을 알아내서 시도해 보았지만, 그래도 늦다. 세계적인 게임 강국이라서 그런 걸까, 학생들의 마우스 손놀림을 따라갈 수가 없다.

지금도 수강신청을 떠올리면 아쉬움이 많이 남는다. '그때 조금만 더 빨리 코드를 넣었으면 좋았을 걸' 이라는 생각이 든다. 학교에서 외국인 학생에 대한 배려가 조금만 더 있었으면 하는 작은 원망과 함께 말이다. ^^

MT: 마시고, 또 마시고, 토하고, 또 마시고 해 뜨면 라면 먹고

'드. 디. 어. 개강이다! 이제부터 열심히 공부해야지!' 라고 생각했던 나는 개강하는 날 학교에 왔다. 그런데 과 사람들이 강의실에 없었다. 정문에 모여 있었다. 여기서 뭐하고 있지? 하는 의문이 사라지기도 전에 사람들이 말을 걸어왔다.

"오우~ 요우~ 왔어 요우? 우리 지금 MT가. 너도 같이 가자! 응?"

"MT? MT가 뭐지?"

알고 보니 MT는 선후배 간의 인간관계를 돈독히 하고 신입생들을 축하하기 위해 선후배들이 같이 가는 여행을 뜻하는 것이었다. 여행이라는 말에 귀가 번쩍 뜨인 나는 사람들과 함께 MT를 갔다. 동기들과 인사를 하면서 2시간 동안 기차를 타고 즐거운 기분으로 목적지에 도착. 공기도 좋고 물도 맑고 산도 좋고. 이런 게 한국의 자연인가라는 생각이 들었다. 하지만 그런 생각도 잠시, 사람들이 짐을 챙겨 숙소로 들어가자고 한다. 짐을 놓고 어디든 가려니 하고 생각했는데 아무도

밖에 나갈 생각을 하지 않고 식사 준비에 몰두했다. 그래서 물었다.

"우리 밖에 놀러 안 나가요?"

"놀러 나가? 우리 지금 놀 준비하고 있는데? 여기(방)가 목적지야. 더 갈 데 없어."

나는 신입생 환영 MT를 겪은 후 내가 들었던 MT의 정의를 수정해야만 했다. MT란 서울을 벗어나 큰 방에 모여서 술 마시고 게임하고, 또 술 마시고 게임하고, 힘들면 잠시 쉬었다가 또 술 마시고 게임하고, 누군가가 토하고 지쳐서 쓰러질 때까지 버티다가 잠들고, 그 다음날에 일어나서 단체로 라면을 먹고 퀭한 눈으로 서울로 다시 돌아오는 것이다!

MT를 가면 친한 친구도 많이 생기고 한국인의 술 문화나 게임도 배울 수 있고 선후배 간의 진지한 이야기도 할 수 있어서 좋지만 밤새도록 지칠 때까지 놀다가 남녀가 한 방에서 쓰러져 자고 다음날 라면을 먹고 돌아오는 것만큼은 영원히 익숙해지기 힘들 것 같다. 하지만 지금 생각하면 재미있는 일들이 많았다. 첫 MT 때 생긴 재미있는 에피소드가 하나 있는데 MT 간 다음 날 일어난 일이다. 어떤 남자 동기가 아침에 방귀를 뀌었다.

그래서 "너 방구했어?"라고 물었더니 사람들이 배를 잡고 웃기 시작했다.

그 후부터 학교에서 사람들은 나를 보면 "요 ~ 방 아직도 안 구했어?" 아니면 "요~ 방 구했어?"라는 말로 놀렸다. 덕분에 이제 '뀌다'와 '하다'의 용법을 헷갈리는 경우는 없게 되었다.

테니스부, 미안했어요, 그리고 고마워요

한국 대학의 동아리 문화는 독특하다. 학과에 소속되어 있는 동시에 자신이 원하는 취미나 관심이 있는 분야에 대해 따로 모임을 만들어 집중한다. 또한 동아리가 활성화되어 있어 누구나 하나씩 동아리를 가지는 분위기다. 나도 동아리에 가입하는 것이 좋다는 친구들의 조언을 받고 평소에 관심이 있던 스포츠였던 테니스 동아리에 가입했다.

그때는 몰랐다. 스포츠 관련 동아리가 선후배 관계와 규율이 가장 철저하게 지켜지는 곳이라는 것을. 술마시고 노는 것이 평소의 할 일이라던 다른 동아리와는 달리 테니스부는 매일 수업이 끝나면 바로 운동장에 모여 테니스 훈련을 받아야 했다. 나는 외국인이라서 행동이나 말투가 어눌했기 때문에 선배들이 어디에서 왔냐고 물어봤다. 나는 중국에서 왔다고 대답했다. 그런데 선배들은 여전히 나를 너무 엄하게 가르쳤다. 말을 잘 알아듣지 못했기 때문이다.

"요. 왜 내 말을 그리 못 알아들어? 이렇게 하라구."

"요. 말할 때 왜 이리 말꼬리를 늘려? 딱딱 절도 있게 못하겠어?"

나중에는 너무 억울해서 선배들에게 외쳤다.

"저는 중국사람이니까 당연히 잘 못 알아듣죠. 너무해요!"

선배들의 반응은 뜻밖이었다. 선배들은 내가 중국에서 온 한국사람인 줄 알았지 중국인이라고는 생각하지 않았던 것이다. 내가 그렇게 자연스럽게 학교 생활을 했는가라는 생각보다는 억울함이 밀려왔다. 테니스부의 규율은 외국인이 감당하기에는 조금 힘든 면이 있었다. 게다가 내가 외국인이라고 너무 감싸주면 다른 부원들에게 형평성이 문제가 된다는 것도 나중에 깨닫게 되었다.

그러나 진짜 문제는 내가 유학생이다 보니 하루하루의 학업과 유학생 관련 모임 등에 대해 신경을 더 많이 쓸 수밖에 없었다는 점이다. 내가 정말로 열정적으로 했다면 테니스부에 더 잘 적응할 수 있었을 텐데 하는 후회도 있다. 그래도 동아리에 다니는 동안 많은 것을 배웠다. 선후배의 우정, 한국 사람의 단체 정신, 후배 사랑 등 단순한 학과

생활만으로는 알 수 없는 것들을 배울 수 있는 계기였다.

내 인생의 유일한 동아리~ 테니스부 미안해요, 그리고 고마워요.

선후배 관계를 돈독하게 해주는 밥의 힘!

재학시절 머리를 아프게 것은 하나는 시험. 또 하나는 선후배 사이의 예절이다.

한국어를 배우느라 22세에 대학에 입학했다. 그래서 동기들보다 두 살이 더 많았고 2학년 선배들보다도 한 살이 더 많았다. 동기들이 반말을 쓰든 누나나 언니라고 하든 상관이 없는데 문제는 선배들이었다. 선배들을 어떻게 불러야 하지? 선배님? 오빠? 언니? 반말로 할까? 내가 나이가 더 많은데. 어쩌지? 선배들도 나를 어려워하는 것 같았다. 학교에서 마주칠 때 선배들은 말로는 "안녕?"이라고 하지만 머리는 반쯤 숙여져 있다. 머리를 숙이지 않더라도 "안녕?"이라고 하면서 짓는 웃음이 '내가 웃는 게 웃는 게 아니야' 라고 말하는 것처럼 보였다.

한국의 예절문화와 중국식 문화와의 차이 때문에 더욱 적응이 힘들었다. 왜냐하면 중국에서는 인사를 할 때 손을 흔들지 머리를 숙이지는 않는다. 그래서 나는 선배들에게 인사를 하면서 손을 흔들 때가 많았다. 언제나 후회를 하지만 몸에 배어버린 습관이 쉽게 고쳐지지 않았다. 후배의 무례를 용인해 주셨던 선배님들, 지금이라도 감사의 말을 전하고 싶다.

선후배 관계를 돈독하게 해주는 것은? 그것은 밥이다. 1학년 때 선배들이 밥을 사준다고 하면 왠지 미안해서 괜찮다고 했다. 나이 어린 선배들과의 서먹함도 있지만 내가 밥을 얻어먹어야 할 이유도 없다고 생각했기 때문이다. 그러나 오마이 갓! 누가 나에게 밥 사준다는 말은 2학년이 되면 사라진다는 것을 뒤늦게 알게 되었다. 그리고 1학년들에게는 똑같이 사줘야 한다는 것을 알게 되었다. 그때는 후배들이 정말이지 너무 무서웠다. 후배들은 나만 보면 병아리 엄마 닭 보듯이 '누나 밥 사줘. 배고파요~' 를 계속해서 말한다. 나는 고양이를 본 쥐 같은 심정인데 말이다.

그리고 대학교 2학년이 되면서 '직장에서 승진하는 것도 아닌데 왜 후배들이 선배들을 못 잡아 먹어 안달일까?' 라는 생각을 한 적이 있다. 그러나 나중에 이해할 수 있었다. 선배나 후배를 가르는 것은 나이가 아니라 후배를 챙길 줄 아는 마음이라는 것을 말이다. 후배를 챙겨주면 후배는 다시 자신의 후배들에게 자신이 받은 관심과 사랑을 대물림하는 것이 한국의 독특한 정이고 선후배 문화라는 것을 알게 된 것이다. 앞에서 나는 밥을 얻어먹지 않은 것처럼 말했지만 사실 밥을 많이 얻어먹었다. 그때 밥 사준 나이 어린 '선배' 님들께 고마움을 전하고 싶다.

한국 대학의 자연현상, 벼락치기

한국의 대학에는 1년에 4번 폭풍우가 몰아친다. 학기마다 돌아오는 중간고사와 기말고사가 그것이다. 물론 중간고사와 기말고사 그 자체가 폭풍우는 아니다. 그것을 준비하는 학생들의 벼락치기가 만들어낸 기현상이 폭풍우처럼 보인다.

한국 학생들은 무섭다. 특히 시험 기간이 되면 더욱 그렇다. 중국 친구들에게 시험에 관한 이야기를 하면서 자주 하는 말은 '못 봤으면 말을 하지 마세요' 다.

평소에는 공부를 거의 하지 않던 학생들이 시험 기간이 되면 눈빛이 달라진다. 책만 보면 졸음이 쏟아져서 공부를 못하겠다던 학생들이 3일을 철야로 공부해도 끄떡없다. 더욱 놀라운 것은 이 벼락치기를 한 학생들의 성적이 아주 좋다는 것이다. 시험은 외국인 학생들에게는 가장 큰 장벽이다. 한국 학생들이 공부할 때 우리는 책에서 모르는 단어를 알아내기 위해 사전을 펼친다. 한국 사람은 30분에 30페이지를 독파하지만 우리는 30분에 한 페이지를 읽는다.

그러나 이러한 것들이 변명이 되지 않는다는 것은 잘 알고 있다. 나도 벼락치기를 해보려고 몇 번이나 시도를 했지만 새벽 3시면 머릿속이 하얗게 되고 멍해진다. 한국 학생들의 정신력과 체력, 그리고 명석함이 어우러져야만 벼락치기의 효과도 나오는 것이다. 하지만 벼락치기로 한 공부는 결국 금방 잊어버린다. 한국 친구들에게 시험 일주일 후에 공부 내용을 물어보면 기억상실증 환자가 자신의 과거를 떠올리려고 애쓰는 것 같은 표정이 된다. 벼락치기식 노력의 반만 평소에 투자하면 아무도 한국의 대학생들을 따라올 수 없을 텐데……. 여러분들 평소에도 그렇게 좀 해봅시다.

노병은 죽지 않는다, 다만 입대와 어학연수가 있을 뿐

2학년이 되면 동기들이 한두 명씩 안 보이기 시작한다. 한동안 보이지 않아 소식을 물으면 십중팔구는 입대나 어학연수로 휴학을 했다고 한다. 2~3학년 정도 되면 어느 순간 동기들이 다 없어진다.

한국 남자들은 의무적으로 2년 동안 군에 복무해야 한다. 처음에는 너무 놀랐다. 내가 생각하는 군인의 이미지와 내 남자 동기들의 이미지는 어울리지 않았기 때문이다.

어느 날 몇 번 보지도 않은 선배한테 나를 좋아한다는 고백과 함께 꽃다발을 받았다. 알게 된 지는 1년 정도 된 선배인데 그동안 한 번도 나를 좋아할 거라는 생각을 못했다. 그 선배는 군대에 가니까 그 전에 고백하는 것이라고 했다. 고백을 하고 2년이나 못 보는데 왜 고백을 할까?

나중에 친구들에게 들은 것은 한국 남자들은 군대에 가면 외롭기 때문에 여자 친구가 있으면 편지도 하고 면회도 할 수 있어 여자 친구를 원한다는 것이다. 특히 2년간 거의 만날 수 없기 때문에 제대한 이후에는 다시 만나거나 사귈 수 있는 기회가 없기 때문에 미리 고백을 하는 것이라고 했다. 그 말을 듣고 나서야 그 선배의 심정을 이해할 수 있었다. 그래 나라도 그렇게 하겠어. 그러고 보니 한국 남자들이 불쌍해 보인다. 2년간의 청춘의 단절을 어떻게 견딜 수 있을까.

여자 동기들도 하나 둘씩 사라진다. 어학연수를 가기 때문이다. 영어를 익히지 못하면 취직을 할 수 없기 때문이라고 한다. 나는 한국어만으로도 벅찬데 외국으로 어학연수를? 주변에 동기들이 하나 둘씩 사라지고 나 역시도 졸업과 취직을 대비해 3학년 1학기를 마치고 어학연수를 갔다 왔다. 학업에 열중하지 못하고 군대와 취직 때문에 학교를 떠나야 하는 현실에서 한국의 젊은이들이 안고 있는 고민을 나 역시 겪었다.

돈 들어가는 졸업 준비

4년간의 대학생활을 마무리 하는 졸업식. 나는 태평하게 졸업식을 기다리고 있었다. 하지만 내 주변 친구들은 너무 바빴다. 마치 서로 경쟁자가 된 것처럼 서로 만나지도 않고 매일 이력서 작성과 취업·면접 준비에 바빴다. 아무도 졸업 그 자체의 의미를 신경 쓰지 않는 것 같았다. 자신의 경력과 외모에만 신경을 쓰는 느낌이다.

면접 전에 증명사진을 찍으면서 어떤 친구는 10만 원이 넘는 화장을 하고 비싼 정장 드레스를 사 입고 3만 원이 넘는 증명사진을 찍는다. 아무리 이력서 사진이 중요해도 결국은 면접을 보고 뽑을 텐데 꼭 그렇게까지 해야 할까?

더 이해할 수 없는 것은 비싼 정장을 사야 한다고 졸업식에 안 가는 친구들이다. 정장 가격이 얼마나 하냐고 물으니 적어도 70만 원대라고 한다. 여유가 있으면 사는 거야 상관없지만 왜 정장 사는 것 때문에 졸업식에 참석을 못하는 거지? 4년간 열심히 해서 졸업을 하는 건

데 그 하루가 70만 원짜리 정장의 가치만도 못한 것일까?

나는 평소에 입던 정장 한 벌을 입고 졸업식에 참석했다. 학사모를 날릴 때는 나도 함께 날아가는 것 같았다. 졸업식은 나 자신이 주인공인 무대이지 내 화장이나 옷이 주인공이 아니다. 4년간 학교를 충실히 다녔음을 증명하는 자리인 것이다. 자랑스러운 졸업식 날만큼은 내가 무엇을 입어도 예쁘게 보이는 날이라고 생각한다.

사랑합니다, 경희대!

외국인의 입장에서 한국에서의 대학생활은 신기한 것도 있었고 배울 점도 많았다. 다소 비판적인 시각은 내가 외국인이라서가 아니라 고친다면 더 나아질 것이라는 애정에서 비롯된 것이라고 생각하고 예쁘게 봐주셨으면 좋겠다.

개인적으로 경희대를 선택한 것은 행운이라고 생각한다. 대학생활을 이끌어 준 선배들과 후배이지만 한국생활에 대한 조언을 아끼지 않은 후배님들, 지도해주신 교수님들과 함께 아름다운 경희대 캠퍼스에서 공부했다는 사실은 지금 생각해도 감사한 일이다. 경희대를 선택한 것은 내 인생에서 최고의 선택이었다. 사랑합니다. 경희대학교!

Welcome to the Employment Academy!

이현주

취업사관학교에 오신 것을 환영합니다!

대학은 이제 취업사관학교가 되었다. 교양 수업으로 취업 특강 강좌가 있다. 우리는 학점도 딸 수 있고 취업과 관련된 각종 콘텐츠를 받을 수 있는 과목을 마다할 수 없다. 취업 관련 과목이 1학년 때 들었던 철학 강의보다 현실에 더 유용한 건 사실이다. 대학은 더 이상 학문의 전당이 아니다. 우리는 취업을 위해 비싼 등록금을 내고 좋은 학점, 졸업장 그리고 이력서에 넣을 몇몇 스펙들을 만들고 있다. 그렇다면 취업을 위해 가장 중요하고, 철저히 준비해야 하는 것은 무엇일까. 아마 대학생 십중팔구가 '첫째도 영어, 둘째도 영어, 셋째도 영어, 닥치고 영어!' 라고 대답할 것이다. 연 천만 원짜리 취업학원에 다니고 있는 것이 지금, 대한민국 영어교육의 현실이다.

사교육에서 벗어날 수 없는 대학생

겨울바람보다도 매서운 사교육 열풍이 분다. 아직 한글도 모두 익히지 못한 유치원생부터, 특목고 입시를 위해 초·중·고등학생은 이미 사교육에 적응한 상태다. 대학에 들어 오면 끝날 줄 알았던 사교육은 옛말이 되어버린 지 오래다. 대학 연간등록금 1,000만 원 시대에 들어서면서 사교육비까지 더해 이중고에 시달리는 대학생은 취업이라는 좁은 관문을 통과하기 위해 또다시 사교육에 의존하고 있다.

어떤 사교육을 받나(1518명 복수응답)

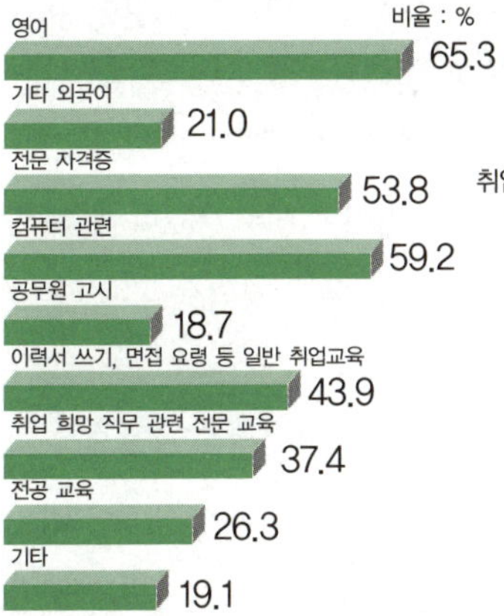

사교육을 받는 이유

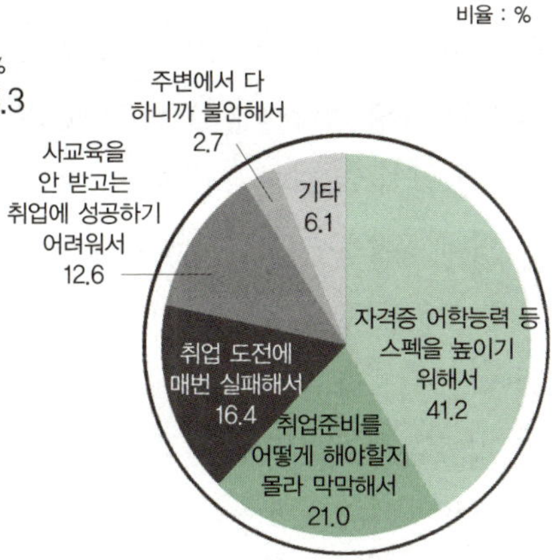

자료 : 인쿠르트

전공을 불문하고 대한민국 대학생과 떼려야 뗄 수 없는 단어가 '토익'이다. 인턴십뿐만 아니라 일반 기업에 들어가거나 카투사 입대, 국가고시 응시 등을 위해 토익 점수는 필수다. 대학생의 대부분은 토익을 공부하고 있으며 그들 중 대다수가 학원과 인터넷 강의 등 사교육에 의존하고 있다. 고득점을 얻기 위해서는 강의 하나로만 끝나는 것이 아니라 다른 강의와 교재에 비용이 들어가고 매달 시험 응시료만 해도 3만 7,000원씩 꼬박꼬박 들기 때문에 적지 않은 부담이 된다.

영어 노예의 성지 순례

MBA를 준비하기 위해 영어 공부(토플, GRE)를 하고 있는 대학생 이명호 씨의 하루 일상은 다음과 같다. 아침 7시 기상 후 강남에 있는 H영어학원에 갈 준비를 한다. 학원으로 향하는 지하철 안에서 단어를 외우고 오전 10시부터 오후 2시까지는 학원 수업이 있다. 수업 후 오후 4시까지 스터디 모임으로 그룹 공부를 한다. 저녁 7시부터 새벽 2~3시까지 개인 공부 후 취침한다. 이러한 생활 패턴이 지속된다. 영어 공부를 위해 유명 어학원에 몰리는 현상을 보고 그는 "공교육보다는 사교육에 거의 대부분의 학생들이 의존한다고 생각한다. 이에 대한 해결책은 영어 공용화인데 그것은 현실적으로 어렵다. 나는 사교육에 대해 좋은 교육상품이라고 생각하고 있고 그렇기 때문에 강남의 유명한 학원에 다닌다"라고 답했다.

강남 유명 어학원에 다니는 대학생 이정은 씨는 "영어의 사교육이 빈부 격차를 더욱 심화한다고 생각한다. 지금 다니고 있는 토플 학원비도 60만 원 정도 되고, 상위 반으로 올라가게 되면 70만 원 이상의 학원비가 든다. 돈이 없으면 영어공부를 할 수 없다. 이를 해결하기 위해선 공교육의 부활이 시급하다. 하지만 구체적으로 생각해보지는 않았다"라고 답했다. 그녀는 한 달 학원비(교재 포함) 60만 원과 함께 하루 생활비(식비, 교통비 등) 1만 원 등 전부를 부모님이 지원해 주신다고 했다.

이들은 공통적으로 졸업, 취업, 장래를 위해선 어쩔 수 없이 영어라는 관문을 통과해야만 하는 것이 당연하며 이를 위해 학원을 등록할 수밖에 없다고 생각한다. 이는 마치 '영어고시' 라고 할 만큼 심각한

현상이다. 전공과 무관하게 일괄적으로 영어의 쇠사슬에 묶여 있는 '영어 노예' 의 모습이 현 대학생의 자화상은 아닐까.

취업아 문을 열어라, 나 어학연수 하고 왔다!

서울 소재 명문 대학들이 10퍼센트 이상의 수업을 모두 영어로 진행하는 등 캠퍼스 내에서 영어의 중요성이 강조되면서 어학연수도 늘고 있다. 취업 시에도 영어는 최대 복병이기 때문에 해외 어학연수 경험이 있는 대학생은 10명 중 4명일 정도다. 과거에 비해 다양한 경로로 해외 어학연수를 떠나는 학생들이 늘어난 것이다. 일반적으로 2~3학년을 마치고 휴학 후 어학연수를 떠나는 대학생들이 가장 많다. 작년 해외 어학연수를 준비하고 있는 대학생은 평균 9.3개월의 기간 동안 1천 500만 원 이상의 비용을 쓴 것으로 조사된 바 있다.

왜 이렇게 많은 젊은이들이 외국으로 나가면서까지 외국어 공부에 매달리고 있을까. 1년 혹은 2년을 어학능력 습득에 투자하는 것이 취업 전쟁에서 충분한 보상을 받을 것이라고 확신하는가. 해외 어학연수가 1~2년 젊음을 송두리째 바칠 만큼 가치가 있는가.

대학생 김성희(25, 충북대학교) 씨는 "해외 어학연수를 통해 충분한 보상이 주어질 수 있음을 확신하기 때문에 대학에서 하던 공부를 중단하고 막대한 금전적, 시간적 손실까지 감수하면서 해외 어학연수를 나간다"고 답했다. 특히 최근 몇 년간의 국내 취업시장에서 보듯이 대학 졸업이라는 말이 실업자가 된다는 말로 여겨지는 현실에서 마땅한 도피처가 없기 때문일 것이다. 실제로 많은 대학생들이 졸업을 두려워하여 휴학을 하고 해외 어학연수를 다녀온다. 이처럼 많은 대학생들이 해외 어학연수를 다녀오면 그들의 어학실력이 대단히 향상되고, 취업에 매우 큰 도움이 될 것이라고 짐작한다. 하지만 해외 어학연수를 성공적으로 마치는 비율은 유감스럽게도 상당히 낮다. 아일랜드에서 10개월간 어학연수를 마치고 돌아온 대학생 김다혜(23, 경희대학교) 씨는 영어의 기초가 너무 부족한 상태에서 가거나, 현지에서 한국 사람과의 인간관계가 상당히 폭넓은 경우 어학연수에 실패할 수 있다고 말했다. 즉 기본적인 문법 체계나 어휘력을 제대로 갖추지 않은 상태에서 연수를 가는 경우에는 제대로 효과를 보지 못한다는 것이다. 그리고 현지에서 한국 사람들과 어울려 생활하다 보면 본래의 연수 취지와는 다른 방향으로 생활이 바뀔 수 있다. 영어를 쓸 기회보다는 한국말을 쓰는 시간이 훨씬 많기 때문이다.

이런 현실에도 불구하고 막대한 시간과 경비를 들여가며 구태여 해외 어학연수를 다녀올 필요가 있을까? 언어는 수학문제 풀듯 단순히 공식에 넣어 문제를 푸는 방법을 '공부하는' 것이 아니라 생활에서 '익히는' 것이다. 외국어를 잘 하기 위해서는 많이 읽고 기억하고 이해하는 수밖에 없다. 따라서 단순히 통과의례로서 해외 어학연수를 가는 대신 우리 주변에서 쉽게 접할 수 있는 서적과 영화, 또는 테이프를 이용하는 것이 더욱 효과적이지 않을까?

I am a University student. I am a girl. OK?

대학생 김유미(23, 동의대학교) 씨는 영어 사교육 돌풍의 원인은 학교에서는 가르쳐주지 않는 것을 학원에서는 가르쳐주기 때문이라고 주장한다. 대학교 영어수업은 교수의 일방적인 수업이 대부분이고 대규모 인원이 듣기 때문에 첨삭이나 개인지도가 불가능하다. 그리고 학생들은 학점을 위해서 듣게 되고 중간, 기말시험을 위해서 단기간에 공부하다 보니 집중도가 떨어지는 것이 현실이다. 반면 학원에서의 독해나 작문, 문법 강좌는 소규모 인원으로 공부하기 때문에 첨삭이나 개인지도를 많이 받을 수 있다. 또한 영어자격시험 대비에서도 학교와 학원 사이의 괴리가 크다. 물론 영어에서 기초가 중요하다고 하지만 토익, 토플 등 자격시험에서 필요한 것은 따로 있기 때문에 그에 맞춰 준비하려면 학원에 가야 한다. 학교의 영어회화 수업과 실제 토플 시험에 대비하는 영어회화는 많이 다르기 때문이다.

미국 원어민 영어강사 알렉산더 브란덴버그Alexander Brandenburg(28, 건양대학교) 씨를 만나보았다. 그는 "솔직히 나는 학생들로부터 많은 것을 기대하지 않는다. 일주일에 고작 두 시간 하는 외국인과의 영어교육으로는 충분하지 않다. 언어를 배우려면 매일 지속적인 노력이 필요하다는 것은 이미 모두가 아는 사실이다." 이에 덧붙여 대학 교양영어 수업의 문제점에 대해 "영어 프로그램의 목표는 정해진 체계에 따라 정렬된 게 아니다. 내가 여태껏 본 여느 프로그램에서의 학습목표는 그저 시험 통과였다. 일반적으로 말하자면, 프로그램은 영어를 언어로써 배우고 언어 숙달 습득을 위해 설정되지 않았다. 목표는 다른 무언가를 위한 요구의 한 부분으로써 시험을 통과하기 위한 것이다. 아마도 학생들은 좋은 직장, 성적을 얻기 위해 영어가 필요한 것뿐이다. 이건 초등학생들의 영어실력이 심지어 대학생들의 영어실력보다 훨씬 월등한 것에서 볼 수 있다. 어린이들은 영어를 숙달하는 데 호기심을 가지며 배우는 것을 즐긴다. 중학교 이후에는 이러한 영어에 대한 관점이 그저 시험을 위한 외우기식 수업 자료로 바뀌게 된다"고 지적했다.

우리는 학교에서 수업을 받을 때마다 계속 영어 초급 단계만 밟고 있다. 만약 10년 이상 영어를 공부하면서도 영어로 "음식이 맵다" 또는 "힙합 음악을 좋아한다"밖에 말을 하지 못한다면 그들은 영어 공부를 포기해야 할 것이다.

열린 미국 교육, 머리 뚜껑을 '여는' 한국 교육

그렇다고 미국에도 사교육이 없는 것은 아니다. 미국에서도 교육을 위한 개인 학원이 있다. 대개 그러한 학원들은 한국사회만큼 미국사회에 많지 않고 또한 많은 부분을 차지하지도 않는다. 알렉산더 브란덴버그 씨는 "한국 학생들은 좋은 점수를 받아 명문대학에 진학하는 것에만 급급한 반면, 미국 학생들은 각 과목을 충분히 이해하고 익히는 것에 의미를 둔다"고 지적하였다. 그에 따르면 미국 대학 과정에서는 초급 단계 반복과정 또는 역류 현상-고등학교 때 열심히 공부하고 대학교에서는 그저 편하게 쉰다는 불균형-이 없다. 미국 대학 과정은 실용성과 숙달에 초점을 둔다.

암기는 배우는 과정에서 중요하다. 하지만 한국에서 문제는 암기가 시험 결과를 좌우한다는 점이다. 미국에서는 그렇지 않다. 미국의 학생은 과목에 대한 이해를 증명해 보일 수 있어야만 한다. 게다가 미국에서 좋은 직업들은 일류대학교 학생들에게만 한정되어 있지 않다. 확실히 대학교에서도 다양한 레벨이 있지만 사람들은 그들의 대학교 이름에만 얽매이고 통제당하지 않는다. 학생들은 여전히 열심히 공부할 수 있고 필요한 경험을 쌓으면서 경쟁력을 얻는다. 학생들은 학습 의욕을 고취할 수 있고 이에 따라 대학들은 질 좋은 프로그램을 구성하고 새로 만들도록 탄력을 받는다.

미국의 열린교육은 교사 중심의 주입식 강의가 아니고, 교사가 학생 스스로 문제를 발견하게 하고 참여하게 하며, 토론과 연구를 통해 문제를 풀어가도록 도와주는 교육방법이다. 수업 후 교사가 거의 매일 학생에게 숙제를 내준다. 그리고 숙제 평가 점수와 중간고사, 기말고사 점수를 합하여 학기 말 종합 성적을 매긴다. 과제에서 잘못된 철자법이나 형식에 맞지 않는 부분을 성의껏 지적해주고 점수를 매긴다.

또 어려서부터 논문 쓰는 법을 철저히 가르친다. 답을 주기보다 많은 질문으로 답을 유도한다.

반면 한국의 수업은 어떠한가. 교사는 강의하고 학생은 듣는 식으로 진행된다. 성적도 대개 중간고사와 기말고사만 잘 보면 된다. 미국 교사들이 숙제 평가에 많은 시간을 할애하는 반면, 한국 교사들은 행정 업무로 보내는 시간이 많다. 미국식 열린교육은 두뇌를 더 조직적이고 창의적으로 사용할 수 있도록 교사 중심이 아닌 학생 중심 교육을 한다. 단기적 성과 면에서 한국의 교사 중심 주입식 교육이 우수하지만, 장기적으론 미국의 열린교육이 훨씬 더 효과적이다. 학년이 올라가면서 학문을 연구하는 능력에 가속도가 붙기 때문이다.

영어만 외국어인가? 희소가치가 빛나는 제2외국어

요즘 아랍어를 구사할 줄 알면 곧바로 귀하신 몸 반열에 오른다. 아랍어가 희귀 언어이다 보니 넓어진 취업문에 싱글벙글이다. 학생과외가 시간당 8만원이고 기업체에서는 이보다 더 받는다고 한다. 아랍어뿐만 아니라 최근 기업 진출이 이어지고 있는 베트남어, 스페인어, 포르투갈어 등도 인기가 많다.

현재 독일에서 유학중인 대학생 강혜영(24, Berlin, Deutschland) 씨는 "이미 세계는 영어와 더불어 제2외국어 교육에 대한 투자도 아끼지 않고 있다"고 지적한다. 세계화와 국제화를 지향한다는 우리나라의 외국어 교육은 방향을 잘못 잡았다. 영어가 세계 공용어인 것은 맞지만 영어를 잘한다고 해서 각각 다른 문화와 역사적 배경을 가진 나라의 아픔을 공유할 수는 없다. 또한 5억 인구가 사용하는 힌디어, 3억이 쓰는 아랍어, 12억이 쓰는 중국어와 같이 세상에는 영어만 있는 것이 아니다. 이러한 언어를 쓰는 사람들은 굳이 영어를 잘 해야 할 필요를 느끼지 못한다. 영어를 잘하는 것이 곧 국제 경쟁력을 갖추는 일은 아니라는 것이다.

하지만 우리는 제2외국어를 쓸모 없는 것으로 치부한다. 우리나라에서 영어를 모르면 부끄럽지만 독일어나 중국어를 모른다고 부끄러워 할 필요는 없기 때문이다. 세계적 인재가 나오려면 영어만큼이나 독일어, 일본어, 프랑스어, 중국어 등을 잘 하는 인재가 나와야 하는데 지금과 같은 영어 일색의 교육에서는 불가능한 일이다.

살아 숨 쉬는 영어 교육

우리나라 영어 교육의 문제점은 표현 위주의 창의력 개발 교육보다는 주입식 위주의 교육에서 기인한다고 본다. 한국의 대학생들은 초등학교 시절부터 자신이 보고 느낀 것을 자유롭게 표현하는 창의적인 교육을 받을 기회가 많지 않았다. 표현 훈련을 받지 않아 읽기는 그런 대로 하지만 쓰기와 말하기에 유난히 약점이 많다. 외국어 공부는 강의실, 백화점, 공항 등에서 질문을 하거나, 물건을 사거나, 길을 물을 때 필요한 몇 가지 상황 표현만을 암기하는 것으로 결코 되지 않는다. 기존의 글을 읽고 자신의 독창적인 생각을 표현하는 훈련과정으로 이루어진다. 고도의 영어 구사 능력은 바로 이러한 창의적인 교육이라는 전체적인 교육방식에서 얻어지는 자연스러운 산물이다. 암기 위주의 공부, 암기 위주의 학교 시험, 암기 위주의 입사 시험을 통해서는 결코 영어 구사력의 근본적 향상이 이루어질 수 없다. 이것은 근본적인 교육제도의 개혁과 함께 얻어질 수 있는 부수적 결과여야 할 것이다.

마지막으로 알렉산더 브란덴버그 씨의 표현을 빌려 보겠다.

"자신에게 거짓말을 하지 말라. 언어를 공부하는 것은 많은 시간과 노력이 필요하다. 이해하겠는가?"

교환학생 고군분투기

-노르웨이에는 피오르드만 있는 것이 아니었다

박재영

나는 경희대학교와 오슬로대학교 간의 교환학생 상호교류 프로그램에 지원하여 오슬로대학교로 1년간 유학을 떠나게 되었다. 본래의 전공과는 전혀 상관없는 사회학을 복수 전공으로 택했다. 사회학이라는 학문을 사회라는 테두리 내에서 제도라는 시스템으로 어떻게 현실화시킬 수 있을까 고민하던 차, '복지' 로 대표되는 분배정책에 대한 궁금증을 조금이나마 해소하고자 우리와 가장 다르게, 그러나 적극적으로 평등의 이념을 실현하고 있는 국가들로 눈을 돌려 사민주의를 표방하고 있는 국가들 중에서도 복지제도가 잘 구비되어 있다는 북유럽 국가 중 한 곳으로 유학을 떠나기로 결심했다. 이것으로 교환학생 '고군분투기' 가 시작되었다.

복지의 나라 노르웨이

세계 열 손가락 안에 꼽히는 산유국임에도 불구하고, 소형차가 거리의 대부분을 이루고 그나마도 대중교통을 이용하는 탓에 차량 운행도 많지 않을 만큼 석유 소비량이 적은 나라. 석유 자본들은 공공 기금으로 조성하여 대부분 원금은 비축하고 이자와 수익금은 복지비용으로 충당하고 있는 나라가 노르웨이다. 물론 대학교육까지 무료다. 외국인 학생에게도 차별 없이 무상 교육을 실시하고 있는 세계 유일의 학제를 갖추고 있다(물론 가끔 박사과정에 지원한 외국인 학생들에 대하여 '올해는 선발 계획이 없다'는 이유로 그럴듯한 퇴짜를 놓은 경우도 종종 있기는 하다) 이러한 이유로 사립학교는 몇몇의 기술, 특수학교를 제외하고는 거의 없고, 공립학교의 학사과정에서는 사회과학, 인문학, 자연과학 등의 기초 학문에 주력하고 있다. 의무 교육 기간인 고등학교 이후 학업에 대한 의지가 있는 사람이면 누구나 대학에 지원하여 공부할 수 있도록 하였다.

자신이 놀 판은 스스로 만들자

사립학교가 대학교육의 대부분의 비율을 차지하고 있는 한국의 실정과 노르웨이의 대학교육 환경을 절대 비교할 수는 없다. 그러나 교육의 질과 방향에 대해서는 얼마든지 비판적인 수용이 가능하며, 본받아야 할 부분이 있다. 현재의 한국 대학생들에게 가장 취약한 점은 첫째로, '자신이 놀 판을 만들지 못한다'는 것이다. 약 3년간 학교를 다니면서 가장 불만이었고, 아쉬웠던 것이 대부분의 학생들이 기업이나 학교에서 만들어 놓은 프로그램에 참여하는 것은 이해를 따져서 영리하게 결정하지만 그 이외의 모험은 기피한다는 것이다. 기업이나 학교에서 만든 프로그램과 같이 경력상 자신에게 유리하게 작용할 수 있는 것이면 발

벗고 나서지만 그 외의 프로그램에는 거의 관심을 가지지 않는다.

둘째, 학교 생활이나 활동에 대한 진지한 고민이 부족하다. 학교나 기업에서 만들어 놓은 프로그램에 대한 참여는 결국 그 프로그램에 대한 소비에 불과하다. 기업의 기호에 맞춘 맞춤형 봉사활동이나 대학 이미지 제고를 위한 대학생 탐방단의 참여는 우리 이웃들에 대한 관심을 점점 멀어지게 만들고 있다. 멀리 내다보고 큰 것을 생각한다는 거창한 뜻을 본인 역시 이해 못하는 바는 아니지만 상대적으로 가장 자주, 흔히 마주치는 생활 커뮤니티의 구성원들에 대한 고민과 관심이 부족하다.

생각해보자. 학생들은 동대문구 그것도 학교 바로 옆에 위치해 있는 동대문구 나눔연대, 회기동 아름다운가게를 찾기보다 국제 엠네스티, 해외 봉사활동, 국제 영화제 봉사 스텝 등에 많은 관심을 가지고, 참여를 위해서 경쟁도 불사한다. 가끔 학교 게시판에 올라오곤 하는 '동대문구 시민과 함께 하는……' 등의 학생들의 도움이 필요한 게시물은 상대적으로 조회수가 적다. 이러한 예시만으로 어설프게 '요즘 대학생들은 지역사회에 관심이 없다' 라는 논리를 설파하고 싶은 마음은 전혀 없다. 해외의 난민 어린이를 돕자는 구호에 '국내 급식아동도 책임 못 지는데 무슨 해외 난민 돕기냐' 라는 논리로 응대하는 보수 언론의 의견과 맥을 같이하자는 것도 아니다. 다만 우리는 의식적으로 어떠한 프로그램에 참여함으로써 착한 시민, 국민이 되려는 행위들에만 너무 집중해온 것은 아닌가 하는 생각이 든다. 겉으로 그럴싸해 보이고, 이력서에 한 줄 추가할 수 있는 봉사활동 이력을 선호하는 것은 당연한 이치일 수 있다. 그러나 봉사활동으로 얻을 지역사회와의 자연스러운 연대와 나눔은 잘 짜인 프로그램의 도움을 받을 수도 있지만, 습관처럼 늘 그런 일을 익숙하게 접하는 분위기 속에서 사회의 일원으로서 행동하는 것이 가능하다.

에라스무스 프로그램 Erasmus programme

노르웨이에서의 경험은 내 인생의 전환점이 될 것이라고 생각한다. 시야가 넓어지고 새로운 경험을 통해 사고력과 적응력을 단련할 수 있다. 사람은 경험을 통해 자신을 완성해 나갈 수 있다. 그러므로 기회가 된다면 새로운 경험을 할 각오가 있어야 한다. 나는 내 경험을 바탕으로 한국의 교환학생 제도와 노르웨이의 교환학생 제도를 비교해 보고자 한다. 이런 기회를 통해 소중한 경험을 쌓은 친구들의 이야기와 본인의 경험을 공유해보려고 한다.

우선, 대부분의 유럽권 교환학생들이 가장 먼저 교환학생 제도와 연관하여 떠올리는 것, 그리고 가장 많은 학생들이 이용하는 제도는 에라스무스 프로그램Erasmus programme이다. 1987년부터 이미 그 교류가 시작되었고, 유럽의 여러 국가들을 돌아다니면서 연구활동을 했던 네덜란드의 철학자 에라스무스의 이름을 따서 이 프로그램의 의의와 성격을 표현하였다. 현재까지 유럽과 준 유럽 지역(터키, 아이슬란드, 노르웨이) 31개국의 160만 학생들이 이 프로그램을 이용하여 다른 나라로 교환학생을 다녀왔다. 이 프로그램의 가장 큰 장점은 영어권 국가 이외에도 다양한 나라를 자신의 관심사나 전공에 맞게 선택하고 약간의 지원을 받으면서 수학할 수 있다는 점이다. 오랜 역사로 말미암아 에라스무스 재단의 재정이 꽤 튼튼하게 확보되어 있다는 점도 그렇지만 각 나라별로 다른 물가, 체류 비용, 학업에 드는 비용들을 상대적으로 측정하여 물가 수준에 맞게 지원하고 있다. 본인이 재학하고 있는 학교에서 처음 1년을 수학해야 한다는 조건과 일련의 선발 절차를 거쳐서 학생들을 지원하고 있고 최근에는 EU(유럽연합)의 회원국들 간에 문화적 교류 및 통합 수준이 점차 높아지고 있어 학생들에게도 보다 많은 기회와 혜택이 주어지는 추세다. 또한 일종의 재단 형식으로 운영되고 있어 대학 간 당장의 이해득실을 따지기보다는 에라스무스 정신을 표방한다는 명목 하에 대학별로 긴밀한 협력관계를 맺을 수 있고, 이러한 프로그램이 잘 운영될 수 있도록 기부금을 낸다거나 금전적인 지원도 보다 원활하게 이루어지고 있다. 개별 학교에서 고려해야 할 많은 부담스러운 부분들이 경감되는 부분이다.

미래의 에라스무스를 위해
–교환 학생은 내놓은 자식이 아니다

한국의 경우, 대부분의 교환학생 제도는 각 사립학교에서 개별적으로 담당, 추진하고 있다. 그렇기 때문에 학교별로 상호 프로그램Bilateral programme, 즉 상호 협정의 형태로 교류에 대한 내용을 체결하게 되고 그 규정에 맞추어 학생들을 파견한다. 아쉽게도 한국의 경우 많은 수의 학생들이 '영어권 국가'에서 얻을 혜택들을 계산하여 자신의 전공과 학문적 연계성보다는 어학 측면에 집중하고 있다. 또한 이 과정에서 가장 의문스러웠던 것은 개별 학교에서 이러한 선발 과정을 갖추어 놓고는 있지만 개인적인 경험상 학교에서 일련의 선발 절차에 대하여 전혀 공개하고 있지 않다는 점이다. 경희대는 해가 더해갈수록 많은 학교와 상호 협정을 통해 더욱 다양한 나라로 많은 학생을 파견하고자 국제교류처에서 총력을 다하고 있다. 그럼에도 학생들이 개인적으로 준비해야 하는 사항들에 대한 지원이 많지 않고, 기본적인 고려 요소가 될 수 있는 경쟁률에 대한 공개조차 되어 있지 않다.

개인적인 견해와 주변의 교환학생 제도를 이용하여 학업을 하고 온 친구들의 이야기들을 소개해보면 대부분 교환학생 시절의 경험에 대해서는 즐거웠지만 파견 학교의 태도에 불만을 갖고 있었다. 학생들은 정보가 공개되지 않은 선발 과정을 거치는데, 학교에서 '우리 학교의 교환학생으로 선발된 것을 자랑스럽게 생각해야 한다는' 호혜성 논리를 자주 듣게 된다. 이에 대한 반발심으로 '내 능력으로 선발되었으니, 우선 가고 나면 나와 학교는 더 이상 아무 상관 없다' 라는 생각을 쉽게 갖게 된다. 더욱이 학교에서 별다른 지원 혜택이나 교환학생으로 파견한 학생들에 대한 꾸준한 연락, 관리가 없기 때문에 이러한 생각은 더욱 팽배해진다. 더욱이 외국에서 어렵게 연락을 취해 도움을 받은 경우에도 '우리학교의 이미지를 훼손하지 않도록 조심스럽게 행동하라' 는 식의 훈계로 마무리되는 경우가 많았기 때문에 학생들은 더욱 반감을 갖거나, 교환학생으로 다녀오고 난 이후 의무적으로 작성하는 보고서 제출 이외에는 자신의 개인적인 느낌, 배운 점 등에 대해 공유하고자 하는 의지가 없는 듯한 태도를 보인다. 교환학생 제도 자체의 무의미성보다는 선발 과정에서, 그리고 파견 이후 학생들이 얻게 된 경험과 지식, 여러 가지 감상들에 대한 공유가 활발히 이루어지지 않는 것은 이러한 이유에서 발현된 것으로 보인다.

타 문화에 대한 여러 가지 태도와 그 사회에 적응하기 위한 시행착오들에서 느꼈을 생생한 생각과 고민들은 학생 개인에게는 물론, 학교를 포함한 지역사회에도 많은 도움이 될 것이다. 대학 평가에 들어 있는 국제화 지수에 연연하여 더욱 많은 학교에 많은 학생을 파견하기 위한 노력에만 힘을 기울이기보다 이러한 귀중한 경험들을 잘 가공하여 발현할 창구를 마련하는 것이 미래의 에라스무스들을 위해 더욱 중요한 일이 아닐까. 부끄러운 고백이지만 평등과 지역사회와의 호흡, 국제적인 평화에 대한 관심을 강조하는 노르웨이에서 수학하고 온 나조차도 이후 같은 나라로 교환학생으로 갈 소수의 후배들 이외에는 노하우를 나누고자 적극적으로 행동하지 못했다. 그곳에서 느끼고 결심했던 일들이 한국에 돌아오자 그대로 물거품이 되는 느낌을 이미 경험한 것이다.

지역사회와의 소통

다행스러운 것은 이번 제안을 통해 적으나마 도움이 될 만한 이야기들을 게재할 지면을 얻었다는 것이다. 이곳의 아이들도 여느 대학생들과 다를 바 없이 가난하다. 유독 높은 물가 때문에 무이자로 학자금 대출을 받았지만 생활비로 사용하기 위해 돈을 쪼개어 쓰고, 주말에는 아르바이트도 한다. 나에게 가장 인상적이었던 장면은 아직 눈이 쌓인 추운 겨울 아침, 자신이 들 수 있는 숫자만큼의 배구공을 그물 가득 넣고 'The worst of the best' 라며 지역의 초등학생들에게 배구를 가르치기 위해 지하철을 타던 한 여학생의 모습이었다. 이들 역시 대학생으로서의 삶을 살고 있지만 그 지역 내에서 자신이 할 수 있는 일에 대해서는 적극적이다.

지역 주민과의 소통, 대학교라는 집단의 특성을 가장 상징적으로 보여주는 곳은 도서관이다. 몇 년 전, 서울의 주요 대학에서 벌였던 도서관 함께 쓰기 운동인 '올리브' 운동은 학생들에게 별 호응을 얻지 못하고 끝이 났다. 카이스트에서도 동네 주민에게 수영장을 개방하자는 작은 캠페인이 있었다. 노르웨이에서 대학의 도서관은 지역 주민에게 개방하고 말고 할 논의의 대상이 아니다. 도서관에서 실제로 사용 여부를 확인하기 전에도 '일반인들도 도서관을 사용할 수 있을까.' 라는 나의 의문에 '이용하는 것이 당연하다' 는 반응이었다.

학생들의 자율성을 보장하는 풍토

학교에서 교육 서비스를 소비하는 동시에 그 체계가 운영될 수 있도록 대부분의 예산을 분담하는 층은 누구일까. 한국에서는 불행히도 아직 학생층이다. 상식적인 자본주의 논리에 위배되는 기이한 현상이 벌어지는 곳도 이곳이다. 학생들은 비록 휴학생을 제외하고 재학생에 한해서 나누어 내게 되지만 개별적으로도 많은 금액을 부담해야 함에도 불구하고 그에 대한 의사 결정권 및 교육 서비스에 대한 권리는 전무하다. 노르웨이의 오슬로 대학의 경우, 학생들에게 직접 교수를 평가하고 임용할 수 있는 권한이 주어져 있다. 이는 학생 대표들이 직접 교수, 교직원과 함께 교수의 수업에 대해서 평가회 및 간담회를 진행하고 교수 재임 및 해임에 대한 결정권을 갖고 있기 때문에 학교 내의 권력 구조를 떠나서 자신의 수업의 질과 밀접한 영향을 미치는 부분에 대해서는 의사 개진이 가능하다.

이 시대를 살아가는 청춘들에게

공간과 지식을 공유하는 곳으로써의 대학. 이를 적극적으로 실천하려는 대학생. 이것이 가능한 이유는 학교 내에서도 서로간의 벽을 허물기 위해 노력하기 때문이다.

사실 절대적인 공간이나 지식의 부족보다 계속해서 차별과 배제의 논리로 대학교를 구획하고 우리들만의 성을 쌓으려고 할 때, 흐르지 않는 물이 썩듯, 지식과 배움도 썩는다. 대학은 그 자체로 머리에 좀 더 많은 지식을 밀어 넣기 위한 곳, 처세의 핵심이 되기보다는 앞으로 어떻게 살 것인가에 대한 근본적인 물음을 던질 수 있는 인생의 멘토가 되어야 한다. 이러한 관점에서 대학을 든든한 버팀목 삼아 나뭇가지에 걸릴지라도 보다 높이 날아보자. 그래서 청춘靑春 아니겠는가.

You are always welcome!

서은석

2008년 8월 중순 어느 날, 나의 인생을 통째로 바꾼 한 통의 이메일이 날아든 핸드폰이 쩌렁쩌렁하게 울렸다. 지난 7개월 동안 보낸 인고의 시간을 단번에 녹여버린 유엔 뉴욕 본부 인턴십 합격 이메일이었다. 지금부터 유엔 인턴의 내막을 열어보자.

UN 인턴 지원하기

통상적으로 유엔은 석사 과정 혹은 그 이상의 학력이 필요하며, 영어로 원활한 의사소통을 할 수 있는 능력을 기본적으로 요구한다. 유엔 인턴십은 웹사이트를 통해 매년 봄, 여름, 가을로 나누어 선발한다. 각 세션은 최소 4개월 전에 마감하고 인턴십 사무실에서 모든 지원서를 분류, 선별하여 각 사무실로 추천한다. 각 세션에 정해진 선발 인원은 대략 100~200명 사이고 정확한 경쟁률은 알려진 바 없으나 꽤 높은 편이며, 자격 조건과 서류 구비 미비로 인한 허수도 많을 것이라 생각된다. 한 세션의 인턴 선발 시기가 마감되면 인턴십 사무실에서 각 사무실에 필요한 인턴 조건을 파악하여 1차 선발을 하게 된다. 선별 과정에서 서류상 누락 요소가 있으면 선발 대상에서 제외되고, 선발된 지원자는 각 사무실로 추천되어 해당 사무실의 결정에 따라 선발된다. 합격된 지원자에게는 인턴십 합격 및 참여 의향을 묻는 이메일을 보내는데, 비자 발급에 필요한 유엔 인턴 초대장과 계약서가 동봉된다.

사무실과 협의가 이루어지면 인턴 시작과 마감일이 정해진다. 사무실마다 다르지만 특이한 경우에는 일주일을 남겨놓고 인턴 시작 날짜를 통보하는 곳도 있다. 인턴 계약 기간은 최소 2개월부터 최대 6개월까지며, 본인이 원하면 상관과 협의를 통해 연장할 수 있도록 배려해준다. 최대 6개월이라는 규정을 두고 있지만 사무실 상황과 본인의 의향에 따라 예외적인 경우도 있다. 인턴은 무급을 기본으로 하며, 일체의 재정적인 보조는 없다.

석사 과정에 있거나 혹은 그 이상의 학력에 못 미치는 학부생들에게도 기회가 없는 것은 아니다. 인터넷을 통해 유엔이나 기타 국제기구에서 학부생 인턴을 모집하는 정보를 접할 수 있는데 공식적인 학부생 인턴 모집과 비공식적인 모집 정보가 있다. 비공식 정보는 해당 기구에 소속되어 근무하고 있는 직원을 통해 알 수 있거나 그 직원이 직접 여러 대학교에서 몇 명의 학생들을 추천받아 뽑곤 한다. 비공식 정보는 어디까지나 비공식이니 스스로 정보 발굴에 많은 노력을 기울여야 한다. 공식 인턴은 학부생 3학년 이상부터 지원 자격에 해당되며 꽤 많은 국제기구에서 학부생을 인턴으로 모집하고 있으니 한국 대학생들이 많이 지원했으면 한다.

껍질 벗긴 유엔 인턴 생활

2008년 뜨거운 여름이 다 지나갈 무렵인 8월의 끝자락에 뉴욕 맨해튼에 도착했다. 선선한 날씨를 기대했지만 뉴욕은 매우 더웠다. 덕분에 방을 구하고 출근 준비를 하는 데 꽤나 고생했다. 인턴 시작 통보를 2주 전에야 받았고 1주 만에 비자를 발급받고 한국 생활을 정리하며 다급히 준비하는 바람에 뉴욕에서 머물 방을 구하지 못한 채 출발했다. 유학 온 친구 방에서 신세를 지며 인턴 시작 직전에야 겨우 작은 방 하나를 구할 수 있었다. 뉴욕에는 한국인들이 상당히 많이 거주하고 있고 인터넷상으로도 탄탄한 커뮤니티를 형성하고 있기 때문에 한인끼리의 정보 교환은 그리 어렵지 않다. 그러나 영어에 익숙하지 않은 한인들의 경우, 온라인 한인커뮤니티를 이용하지 않고 미국인커뮤니티를 이용하다 생필품 구입이나 방을 구하는 데 사기를 당하는 경우가 종종 있다고 한다.

그렇게 방을 구하고 드디어 첫 출근 날이 다가왔다. 떨리는 마음으로 깔끔하게 정장을 차려입고 유엔 본부 사무실로 향했다. 내 시계는 분명 오전 8시 50분을 가리키고 있었으나 벨기에에서 온 한 인턴 학생만이 나를 맞을 뿐 정직원은 아무도 없었다. 나는 출발 전 한국에서 결심한 것이 몇 가지 있었는데 그중 한 가지가 아침 출근 시간 10분 전에 사무실에 반드시 도착하자는 것이었다. 한국 사회에서도 당연히 그렇듯 먼저 도착하는 것이 예의이고 대부분 그럴 것이라고 생각했으나 유엔의 직원들은 대부분 눈치를 보지 않고 9시에서 10시 사이에 자유롭게 출근했다. 세계 각국에서 상이한 사회적, 종교적, 문화적 특성을 가진 사람들이 한 장소에 모이다 보니 상호 존중과 공동체 의식이 절실히 필요했다. 그래서 출퇴근뿐만 아니라 사무실 자체가 강압적이지 않고 자유로운 분위기를 가질 수밖에 없었다. 실제로 내가 있었던 사무실의 업무 분위기는 한국에서 학교 생활 중 잠깐씩 몸을 담았던 몇몇 기관들과는 달리 수평 관계에서 서로 존중하며 일을 진행하고, 소속감과 협동심에서도 판이하게 차이가 났다. 자국을 대표해 유엔이라는 하나의 기구 아래서 전 세계인들과 함께 세계 문제 해결이라는 목적을 위해 국제적인 업무를 본다는 것, 그 업무를 통해 이익 창출이 아닌 '안녕질서'와 '평화'라는 단어에 부합한 목적을 이루는 것, 그 성취감과 자부심은 말로 형용할 수 없을 만큼이나 직원들의 소속감이 대단했다. 벨기에에서 온 학생에게 사무실을 소개받으며 기본 업무에 대한 설명을 듣던 참에 나를 뽑아준 상관이 출근을 하며 해준 말이 있다. "Finally you made it!" 사실 인턴 합격 전까지 전화와 이메일로 많이 괴롭혔기 때문에 상관도 나도 많은 고생을 했다. 나를 각인시키기 위해 수십 통의 이메일과 전화를 했었고 덕분에 많은 정보도 받아냈었다. 수많은 지원자들 중에서 나의 관심과 열정을 표현할 방법은 이것밖에 없었고, 그 와중에 가슴속 깊이 내재되어 있던 나와 유엔과의 필연이랄까, 그 강한 끌림에 더욱 힘을 얻었던 것 같다.

내가 근무했던 곳은 바로 'UN United Nations DESA Department of Economic and Social Affairs NGO Non Governmental Organization Section'이었다. 전 세계 NGO 단체들과 협력 활동을 하는 부서인데, 세계 각지에서 구호활동과 세계 문제 해결을 위해 노력하고 국제 여론을 유엔에 반영하는 곳이 바로 NGO 단체들이다. 매일 다루는 기본 업무는 매년 전 세계에서 보내오는 NGO 가입 지원서와 4년간의 활동 보고서를 검토하여 NGO위원회 심사로 올려 보내는 일이었다. 서류 검토와 NGO위원회의 심사를 통해 협의적 지위를 발행하여 상호 협력할 수 있도록 한다. 한국에서도 많은 단체들이 지원서를 보내왔다. 해마다 수백 개 NGO 단체들이 지원서를 보내온다. 나는 프랑스 정치 명문대학교에서 온 학생과 함께 인턴을 시작했는데 각각 세 단체 이상의 서류를 검토했다. 검토 과정에서 수정 사항과 누락 사항이 수없이 발견되는데, 이메일과 팩시밀리를 통해 해당 단체와 약 1개월간 추가로 작업한다. 이렇게 검토가 완료되면 매년 1월과 5월에 있는 NGO위원회 심사를 위해 모든 서류를 유엔 번역사무소로 발송하며, 약 1개월 뒤 모든 서류가 유엔 공용어인 영어, 불어, 중국어, 러시아어, 아랍어, 스페인어 6개 버전으로 번역되어 나온다. 이를 다시 NGO위원회의 각국 대표단을 위해 재분류하고 NGO위원회에서 배포한다.

나는 1년에 두 번 열리는 NGO위원회에서 'Note Taking'과 'Paperless System'을 총괄하게 되었다. 현재 유엔은 종이 문서를 디지털화하고 있는데, 그 의의는 유엔이 좀 더 앞장서서 IT 개발과 종이 절약을 통해 환경 문제를 개선한다는 데 있다. 유엔 조직 내에서 많은 반대도 있었다. 대표단과 고위 직원들 대부분은 나이가 많아 디지털 문화에 익숙하지 않고, 문서로 된 서류가 자료로 반드시 남아야 한다는 과거의 문화적 관습에 사로 잡혀 있어 디지털 작업을 반기지 않았다고 한다. 대표적인 사례가 바로 'NGO Section'에서 개발한 'Paperless System'이다. 'Paperless System'은 문자 그대로 '비문서 시스템'이다. 여기에 의견 충돌이 많았다. 이 시스템은 온라인 기반이며 모든 NGO 단체의 관련 정보 저장과 업데이트, NGO위원회와 관련된 제반 과정이 이 시스템으로 이루어지고 있다. 유엔 측과 소속 사무실의 입장은 부서가 개발한 'Paperless System'을 잘 이용해서 문서를 최소화하고 한 회라도 빨리 앞당겨서 시대에 맞게 변화하는 NGO위원회를 구성해보자는 것이었다. 그러나 대표단의 입장은 달랐다. 덕분에 모든 자료를 문서화하고 분류하여 배분하는 작업을 하게 되었는데, 완료가 될 때쯤 동료와 나의 손은 'Paper cut'과 종이 냄새로 아주 지쳐 있었다. 사실 작업이야 그렇다 하더라도 이 무슨 시간 낭비와 자원 낭비인가. 상관이 작업 중 사무실에서 했던 말이 있다. "Wow, that is pretty Paper Ness!" 눈치 있는 독자들은 알아챘으리라 믿는다.

이사회 또는 NGO위원회가 열릴 때가 되면 굉장히 분주해진다. 나는 'Note Taking'과 'Paperless System' 두 가지 작업을 동시에 진행하느라 정신이 없었다. 포디엄 바로 옆에서 업무를 보다 보니 수백 명의 참석자들 및 대표단들과 시선이 마주쳤다. 대표단들은 디지털 시스템에 익숙하지 않아 수도 없이 나를 불러 도움을 청하곤 했다. 아직 유엔 조직이 고도로 집약된 IT 기술을 도입하여 유용하게 쓰기에는 많은 시간이 필요할 것 같다.

이외에도 상관이 주관하는 크고 작은 프로젝트에 참가하였다. 인턴을 시작하고 1개월이 지나서였다. 과장(P-5)이 프로젝트를 주겠다며 날 불렀다. 1990년대 중반부터 1999년까지 러시아 시장 경제에 급격한 인플레이션이 나타난 원인을 조사하고, 1990년대 후반부터 살아난 경제와 유가와의 관계에 대해 자료 조사 및 리포트를 작성하라는 것이었다. 어렵고 심도 있는 주제는 아니었지만 프랑스 출신인 과장에게 직접 지시를 받았을 때 무척이나 참담했던 것은, 그의 지시 내용을 정말 알아듣기 힘들다는 것이다. 나의 상관도 나에게 4개월간 큰 프로젝트를 맡긴 적이 있는데, 불어권 아프리카 출신이라 불어와 영어의 억양을 함께 사용하는 바람에 그의 말을 처음에는 이해하기가 굉장히 까다로웠다. 나는 유엔에 오기 전까지 미국 교환학생 1학기 외에는 해외 거주 경험이 없었고, 카투사로 군 복무를 하면서 영어를 습득했기에 정통 영어와 불어에는 약한 편이었다. 불어도 유엔 인턴 합격 전 4개월간 급하게 준비를 했다. 불어를 준비했던 것도 대부분의 유엔 사무실은 영어와 불어를 함께 쓰기 때문에 조금이라도 배워서 업무에 큰 차질이 없도록 하기 위해서였다. 실제로 사무실에서는 과장과 내 상관이었던 부국장(D-1)을 포함해 다수의 직원들이 불어로 대화를 나누었고, 유엔 192개 가입국 가운데 54개국이 불어권 국가라는 점을 감안하면 불어가 국제무대에서 영어만큼이나 상당히 많은 영향력을 끼친다고 할 수 있다. 이런 환경 속에서 다시 한 번 불어가 국제사회에서 필수적인 요소라는 것을 뼈저리게 느낄 수 있었다. 참고로 같은 사무실에서 일했던 다른 인턴들은 영어와 불어를 모두 자국어처럼 구사하는 유럽권 학생들이었다.

외국어 공부 제대로 하기

지금까지 수도 없이 이런 질문을 받아왔다. "외국어 공부 어떻게 해요?", "어학연수는 다녀오셨어요?", "교재와 학원 추천 좀 부탁합니다."

사실 중고등학생들과 마찬가지로 대학교에 갓 입학한 학생들에게도 외국어 공부는 숙명이자 골치 아픈 존재다. 대학 시절 여러 교외 활동을 하면서 다양한 국적의 학생들을 만날 수 있었는데 한 가지 분명한 사실을 깨달았다. 토종 아시아권 학생들은 타국에서 오래 거주하지 않은 이상 영어 구사 능력과 제2외국어 능력이 대동소이하지만, 유럽과 미주 학생들은 외국어를 아주 빠른 속도로 습득하며 외국어에 대한 접근성에서도 대단히 많은 차이가 있다는 것이다. 옆에서 꾸준히 지켜보고 고심해본 결과는 이러하다. 바로 문자의 차이라는 것.

한국인들이 초등 교육부터 고등 교육까지 10년 이상 영어를 배우는데도 왜 영어나 불어보다 일본어나 중국어를 비교적 쉽게 익히는 걸까. 왜 유럽인들이 한국어를 세계에서 가장 과학적인 언어로 판단하면서도 배우기 어려운 언어로 선택했을까? 바로 라틴어와 한글이 그 이유다. 그 차이점을 간단히 지인의 사례를 들어 살펴보겠다. 이탈리아 출신인 친구 스테파니는 이탈리아어, 불어, 독일어, 영어라는 무려 4개 국어를 완벽하게 구사한다. 이 언어들은 한 가지 공통점이 있다. 모두 알파벳을 사용한다는 것이다. 그들은 그저 어순과 단어를 익힌 채 조금만 연습하면 큰 어려움 없이 구사할 수 있으나 우리는 이야기가 다르다. 훈민정음이 창제되기 전까지 우리는 중국의 한자를 사용했고, 그로 인해 우리 한글 속에는 한자어가 많이 남아 있다. 우리는 알파벳보다 한자에 더 익숙하고 라틴어와는 전혀 다른 형상과 체계를 가진 한글을 사용하기에 외국어를 처음 접할 때 한국인 입장으로서는 참 곤혹스러울 수밖에 없다.

그렇다면 한국인으로서 이러한 한계를 극복하고 외국어를 보다 수월하게 익힐 수 있는 방법은 없을까. 이제부터 말하는 개념을 잘 이해하고 몸소 제대로 실천만 한다면 굳이 어학연수를 가지 않아도 평균 이상의 외국어 능력을 습득할 수 있을 것이라 확신한다. 다시 한 번 강조하지만 무조건으로 실천을 해야 한다는 것이다.

초등학교 교육과정을 되돌아보면 국어國語라는 큰 범주가 있다. 이것은 말하기, 듣기, 읽기, 쓰기로 나누어진다. 이렇듯 우리는 사회인이 되기 위한 첫 교육 과정인 초등교육에서 제일 먼저 국어를 습득하기 위해 말하기, 듣기, 읽기, 쓰기를 배운다. 모국어인 한국어를 이렇게 배웠듯 외국어도 같은 방법으로 습득해야 한다. 유아들의 최초 언어 배움의 과정은 오감을 통해서임을 잘 알 것이다. 'Apple'이라는 단어를 써보고, 만져보고, 먹어보고, 눈으로 보고, 냄새를 맡음으로써 머리에 단어가 입력된다. 이와 같이 외국어를 습득하려면 입과 귀, 눈과 손을 모두 사용해야 한다. 눈으로 보고 손으로만 쓰는 외국어 공부는 전혀 진전이 없고 시간이 지날수록 퇴보하게 될 것이다. 당장 영문법 책을 펴고 1형식 문장의 어순을 손으로 써보고 영어 문장을 직접 말하고 자신의 귀로 들어보라. 자기의 발음과 억양을 자신이 직접 들어봐야 타인의 발음을 알고 뜻을 알 수 있다. 뇌의 구조가 그렇단다. 자신이 단 한 번도 발음해보지 않았던 단어를 타인이 발음할 때 그 뜻과 철자를 알 수 있는 것은 불가능한 일이다. 그리고 외국어 공부는 절대 암기하는 것이 아니다. 한국어 어순 비교와 문법 비교를 하며 연상을 하는 공부이지 단순 문법 암기로는 해결이 나지 않을 것이다. 유아들도 쓰고 암기하면서 문법을 익히는 것은 아니며 제일 먼저 입과 귀로 습득한다는 것을 잊지 않았으면 한다.

더불어 영어 학습에 한 가지 강조하고 싶은 것이 있다. 수많은 친구와 후배를 가르쳤는데, 간단하지만 아주 중요한 부분에서 쉽게 놓치는 것을 봐왔다. 토목공학도로서 굳이 비교하자면 교량을 건설할 때 가장 신경을 많이 쓰는 곳이 바로 기초 작업이다. 기초 공사를 위해 땅을 파는 세굴작업이라는 것을 하게 되는데, 이때 오차가 생기게 되면 교량은 한순간에 무너질 수 있다. 기초가 정확하게 설계되어야 하고 단단하고 튼튼하게 다리를 받치고 있어야 그 전체의 합이 아름답게 이루어지는 것이다. 마찬가지로 영어도 같은 맥락으로 해석하면 된다. 영어 문법을 공부하기 전에 8품사의 정확한 역할을 확실하게 배우는 것이 그 무엇보다도 중요하다. 8품사의 종류도 모르고 영어 공부를 시작하는 사람이 태반이다. 아니 대부분 다 그렇게 시작한다. 8품사의 역할과 특징을 완전히 익히는 것만 해도 족히 한 달은 걸릴 것이다. 나는 8품사 가운데 세 가지 필수 동사 Have, Get, Take 공부에만 수십 시간이나 걸렸다. 일반동사 역할을 할 때의 Have와 사역동사 역할을 할 때의 Have라는 동사의 의미 차이를 깨우치는 것은 단순 암기를 통해서 익힐 수 없다. 그 미묘한 차이는 8품사에서 동사가 하는 역할을 잘 알고 있고 예시 문장으로 꾸준한 반복학습을 통해 해결될 수 있다. 시간을 가지고 기초 공사에 많은 시간을 투자하기 바란다. 그리고 대부분 학생들의 관심사인 토익이니 토플이니 하는 것은 영어 공부가 아니다. 바로 토익 과목 공부이고 토플 과목 공부인 것이다. 기초 없는 영어로 매달리니 점수가 잘 나올 리 만무하다. 그 과목 학습을 위해서는 기초 공사가 확실하게 된 영어와 함께 각 과목에 맞는 공부 방법으로 공부해야 한다. 이렇게만 한다면 금방 고득점에 가까워질 것이다.

방문을 열고 세상과 부딪쳐라

국제무대라, 사실 막상 해외로 눈을 돌리려니 걸림돌이 한두 가지가 아니다. 우선 학생이라면 비용이 가장 신경 쓰일 것이다. 해외 체류 비용 때문에 망설이며 물어오는 친구들이 많은데, 소속 학교 홈페이지는 들여다보는지 되묻고 싶다. 요즘 대학교는 국제화 시대에 발맞춰 그 어느 때보다 해외 연수 프로그램이 활발하게 운영되고 있고, 실제로 본인도 국외 항공료와 숙박비 정도는 전부 학교와 장학단체 지원으로 다녀왔다. 장학금 프로그램은 많이 생겨나지만 여전히 지원율은 미미하다. 안타까운 현실에 동기들과 후배들을 챙겨봤지만 대부분 경험부족과 자신감 결여로 쉽게 선택하지 못하는 모습을 봐왔다.

두 번째는 바로 학기 중의 수업 불참이다. 나는 얼마 전 태국 방콕에 위치한 유네스코(UNESCO United Nations Educational Scientific and Cultural Organization)가 주최한 국제 포럼에 패널리스트 자격으로 다녀왔다. 물론 학기 중에 말이다. 주말을 포함한 4박5일 일정이었는데, 이 또한 학습과 배움의 연장이라 대부분의 교수님께서 많은 배려를 해주신다. 빠진 수업은 당연히 동기나 선후배를 통해 보충을 받으면 금방 회복할 수 있다. 그러나 상황이 허락하지 않는다면 방학 기간을 잘 활용해보자. 오히려 방학 기간에 더 많은 기회를 만날 수 있을 것이다. 처음엔 기업이나 봉사단체의 행사나 세미나 참석 등의 간단한 교외활동을 통해 첫발을 가볍게 내딛어 보자. 자신이 원하는 성격을 가진 행사에 참여해 즐거운 마음으로 활동한다면 보람과 예상 밖의 결과물로 다음에 있을 기회에 반드시 큰 원동력이 될 것이다.

국내무대에서만 활동한 A와 국제무대에서 경험이 많은 B를 비교, 가정해보자. A와 B는 인터넷 접속이 가능한 컴퓨터를 가진 방안에서 살고 있다. A는 이 방안이 세상의 전부고 인터넷을 통해 세상을 봤기 때문에 방안에서만 열심히 살아도 별 다를 게 없다는 생각이다. A가 방 밖 모습에 대한 동경, 호기심이나 궁금증은 있다 하더라도 모두 방안에서 눈으로만 해결을 하고 있을 뿐이다. 반면 B는 A가 컴퓨터를 통해 세상을 바라 보는 동안 닫혀있던 커튼을 걷고 창문을 통해 누군가로부터 방문의 열쇠를 구했다. 열쇠로 문을 열고 나가는 순간 B는 또 다른 세상을 직접 밟게 되고 완전히 새로운 공기를 통해 활력을 얻어 많은 것을 몸소 체험하게 된다. A와 B의 차이를 느끼겠는가. A는 여전히 방 안의 공기를, B는 방 밖의 새로운 공기를 마시고 있다.

특강을 들었던 한 고등학생이 어느 날 이메일로 질문을 해왔다. 미국으로 교환학생으로 가는 것이 지금 3학년 입장에서 올바른 선택이냐는 것이었다. 나의 대답은 Yes였고 명심해야 할 두 가지를 알려줬다.

첫째는 자신에 대한 확실한 믿음과 자신감, 둘째는 뚜렷한 목표와 계획이라 했다. 교환학생의 내용이 어찌됐던 자기가 계획한 것이 있고 그것을 이룰 수 있는 믿음이 있다면 세상 어딜 가나 그 투자한 시간과 노력은 반드시 자신에게 가치 있는 결과물을 가져올 것이다. 도전에 실패라는 단어는 없다. 하늘로 솟으면 나는 법을, 땅으로 떨어지면 착지하는 방법을 배우니 망설이지 말고 떠나라 했다. 방 밖의 공기가 궁금하지 않은가? 세상은 부지런한 자들의 것이요, 움직이지 않는 자는 앉은 자리밖에 모르니, 자신이 꿈꾸는 무언가와 그에 대한 열정만 있다면, 지금 당장 움직여라. 꾸준히 하루하루 걷다보면, 후에 급하게 뛰지 않아도 됨을 꼭 명심하라. 세상은 우리에게 언제나 이렇게 외치고 있다.

"You are always welcome."

준 대학에서 무엇을 좋아하는지 알고, 사회에 나아가 내가 좋아서 선택한 일을 하며, 사는 내내 노동의 즐거움을 느끼고, 싱
거듭날 수 있는 사회를 꿈꿔본다/김민혜 시험을 통해 '시험에 드는 자'가 되는 것이 아니라 '시험을 통해 시험을 이겨내는 자'가 되는

대학생이 **꿈꾸고** 대학생이 **만드는**

대학문화 저자와의 만남

*경희대학교 99학번부터 08학번에 이르는 학번과 다양한 전공의 학생들이 한 자리에 모였다. 오늘날 캠퍼스 안팎의 대학문화가 어떤 모습인지 대학생들에게 직접 들어본다.

갈홍식 / 사회과학부
운동권과 비운동권 모두 학생들의 실질적인 삶의 문제로 다가가야 한다.

고아라 / 무용학부
장애인이기 때문에 어떠한 일을 할 때 제외당하는 것은 보이지 않는 폭력이다.

김민혜 / 국어국문학과
대학에서 무엇을 좋아하는지 알아내고, 사회에 나가 자신이 좋아하는 일을 선택해야 한다.

김병희 / 동서의과학부
21세기는 멀티형 인간을 요구한다. 다양한 분야의 지식을 융합해서 응용하는 창의성이 필요하다.

김보미 / 생활과학대학
학생회는 주체의식을 가진 학생들이 예비사회를 경험하고, 행동하는 인간형으로 사회화를 겪어 가는 공간이다.

김수연 / 영어통번역학과
대학 등록금에 고통받고 있는 많은 학생과 가정을 위해 국가는 하루 빨리 대책을 마련해야 한다.

김수현 / 시각디자인학과
대학생은 변화에 수동적으로 편승하기 보다는 비판적이고 창의적이 되기 위해 노력해야 한다.

김유진 / 사학과
봉사정신이 결여된 대학생의 자원봉사 활동은 지양되어야 한다.

김지민 / 경제학과
자취 경력이 오래될수록 자신의 삶 안에서 소소한 행복을 잡아내는 능력이 향상된다.

노유진 / 법학과
'참여해야 합니다. 관심을 가져야 합니다. 우리 모두 함께 해야 합니다'라는 말보다 알찬 콘텐츠가 먼저 준비돼야 한다.

류보미 / 건축공학과
출세를 위한 공부를 하지 말고 학문을 위한 공부를 하자.

문주영 / 정치외교학과
대학은 다양한 구성원들 간의 소통이 합의점을 이루어 어떠한 곳이어야 한다는 고민이 필요하다.

박기완 / 기계공학과
공대생을 열매로만 이용하지 말고 투자를 해서 질 좋은 토양과 튼실한 뿌리를 만들어야 할 때다.

박소연 / 경영학과
내 관심사는 무엇인지, 목표, 학기와 학년 별 계획까지 나만의 포트폴리오를 만들자.

박영휘 / 체육학과
교양체육은 스스로 즐겁게 즐기도록 만들어 주고 자발적인 참여를 유도해주어야 한다.

박인정 / 경제학부
대학생들도 어쩌면 초등학생들처럼 '참 잘했어요' 도장을 받고 싶어하는 것은 아닐까.

박재영 / 컨벤션경영학과
대학은 앞으로 어떻게 살 것인가에 대한 근본적인 물음을 던질 수 있는 곳이 되어야 한다.

휘 어떤 일을 할 때 무엇을 어떻게 선택하느냐는 상당히 중요한 문제다. 아르바이트도 마찬가지로 수없이 많은 종류의 아르바
주으로 무엇을 위해 선택하느냐에 따라 아르바이트가 득이 될 수도 혹은 약이 될 수도 있다/유소라 참여해야 합니다. 관심을 가

최원준 대학에서 무엇을 좋아하는지 알고, 사회에 나아가 내가 좋아서 선택한 일을 하며, 사는 내내 노동의 즐거움을 느끼
으로 거듭날 수 있는 사회를 꿈꿔본다/김민혜 시험을 통해 '시험에 드는 자'가 되는 것이 아니라 '시험을 통해 시험을 이겨내는 자'가

박종윤 / 언론정보학부
아마 우리가 질문해야 할 것은 '안정적인가?'가 아니라 '정말로 행복한가?'일 것이다.

박준호 / 국제학과
기숙사는 학생들의 의견을 적극 수렴하고, 학생들의 편의와 안락한 삶을 위해 운영되어야 한다.

박진연 / 국제경영학부
대학은 취업 준비를 위한 곳이 아니라, 인간이 인간답게 살아갈 수 있을지 삶의 본질을 탐구하는 곳이어야 한다.

박채리 / 영어학부
대학 언론이 위기인 것은 대학 언론의 침체와도 긴밀하게 얽혀 있다.

서은석 / 건설환경공학부
세상은 부지런한 자들의 것이요, 움직이지 않는 자는 앉은 자리밖에 모르니, 열정만 있다면 지금 당장 움직여라.

손　요 / 무역학과
일본 유학 대신 한국 유학을 선택한 것은 한국어가 가진 묘한 매력 때문이었다.

안정열 / 전자전파공학부
학생들의 민원에 대한 학교 측의 신속한 대안 마련이 뒷받침될 때, 비로소 학생들은 더욱 학교에 대한 주인의식을 가지게 되고 학교 문제에 관심을 가지게 될 것이다.

오세욱 / 물리학과
학생들과 교수들은 서로 좀 더 친근해지기 위해 노력해야 한다.

원용웅 / 체육학과
불확실한 미래, 구조화된 사회에서 적응하기 위해서는 비판이나 도전보다는 순응이 필요하다.

윤소라 / 일어일문학과
아르바이트는 어떤 기준으로, 무엇을 위해 선택하느냐에 따라 독이 될 수도 약이 될 수도 있다.

이예하 / 평화복지대학원
대학원은 스펙이 아닌, 학문 탐구를 통해 이루고자 하는 자신만의 목표 의식이 있어야 한다.

이한수 / 컴퓨터공학과
그저 '살아지는 삶'이 아니라 '살아가는 삶'을 살 수 있어야 한다.

이현주 / 응용물리학과
우리나라 영어 교육의 문제는 표현위주의 창의력 개발이 아닌, 주입식 위주의 교육에서 기인한다.

이혜라 / 응용과학부
강의평가는 강의의 장단점을 파악해 조금 더 높은 질의 강의를 제공하고자 시행되어야 한다.

장경국 / 법학부
시험을 통해 '시험에 드는 자'가 되는 것이 아니라 '시험을 통해 시험을 이겨내는 자'가 돼야 한다.

장지영 / 영미어문학부
홍보대사 학생들은 학교를 대표하는 사람이기 전에 그 학교에 소속되어 있는 재학생들이다. 그렇지만 정작 소속되어 있는 다른 학생들이 그들에 대해 제대로 알지 못하고 있다면, 과연 홍보대사로서 본래의 대표성을 가질 수 있을까.

주영욱 / 한의학과
야식과 패스트푸드 문화 속에서도 대학생들은 스스로의 건강을 지켜야 한다는 인식을 갖고 있다.

최상배 / 관광학부
학생은 이방인이 아니라 자연스러운 대학의 구성원이 되어야 한다.

최원준 / 정치외교학과
독서는 경험의 한계를 극복해주는 좋은 도구이며, 좋은 스승이고, 감동과 카타르시스를 선사한다.

다/박영휘 어떤 일을 할 때 무엇을 어떻게 선택하느냐는 상당히 중요한 문제다. 아르바이트도 마찬가지로 수없이 많은 종류의